DR. OETKER

SUPPEN UND EINTÖPFE VON A–Z

Dr. Oetker Verlag

Abkürzungen

EL	=	Esslöffel
TL	=	Teelöffel
Msp.	=	Messerspitze
Pck.	=	Packung/Päckchen
g	=	Gramm
kg	=	Kilogramm
ml	=	Milliliter
l	=	Liter
evtl.	=	eventuell
geh.	=	gehäuft
gestr.	=	gestrichen
TK	=	Tiefkühlprodukt
°C	=	Grad Celsius
Ø	=	Durchmesser

Kalorien-/Nährwertangaben

E	=	Eiweiß
F	=	Fett
Kh	=	Kohlenhydrate
kcal	=	Kilokalorie
kJ	=	Kilojoule

Hinweise zu den Rezepten

Lesen Sie vor der Zubereitung – besser noch vor dem Einkauf – das Rezept einmal vollständig durch. So werden Arbeitsabläufe oder -zusammenhänge klarer. In jedem Rezept ist die Anzahl der Portionen angegeben.

Zutatenliste

Die Zutaten sind in der Reihenfolge ihrer Bearbeitung angegeben.

Arbeitsschritte

Die Arbeitsschritte sind einzeln hervorgehoben, in der Reihenfolge, in der sie von uns ausprobiert wurden.

Backofeneinstellung

Die in den Rezepten angegebenen Gartemperaturen und -zeiten sind Richtwerte, die je nach individueller Hitzeleistung Ihres Backofens über- oder unterschritten werden können. Die Temperaturangaben beziehen sich auf Elektrobacköfen. Beachten Sie bitte bei der Einstellung des Backofens die Gebrauchsanleitung des Herstellers. Die Temperatur-Einstellmöglichkeiten für Gasbacköfen variieren je nach Hersteller sehr stark, sodass wir keine allgemeingültigen Angaben machen können.

Zubereitungs- und Garzeiten

Die Zubereitungszeit ist ein Anhaltswert für die Zeit der Vorbereitung und die eigentliche Zubereitung. Sie variiert je nach Geschick und Übung. Die Garzeiten sind, in der Regel, gesondert ausgewiesen.
Bei einigen Rezepten setzt sich die Gesamt-Garzeit aus mehreren Teil-Garzeiten zusammen. Längere Wartezeiten, z. B. Kühl- und Auftauzeiten, sind nicht miteinbezogen.

Vorwort

Suppen und Eintöpfe von A–Z – Genuss zum Auslöffeln.

Der ältesten Zubereitungsart von Essen ist dieses Buch gewidmet – klaren und gebundenen Suppen, Eintöpfen und Kaltschalen. Alle diese Gerichte werden in einem Topf zubereitet und sind in verschiedenen Formen in allen Kulturen bekannt.

Von Ajvar-Zucchini-Eintopf bis Zwiebelsuppe finden Sie in diesem Lexikon alles, was Suppenkaspars Herz begehrt. Klassiker und moderne Rezepte und Beispiele aus aller Herren Länder haben wir in diesem Buch zusammengestellt.

Entdecken Sie also die Vielfalt der Suppen und Eintöpfe, von pikant bis süß, von leicht bis gehaltvoll, von einfach bis aufwendig. Empfangen Sie Ihre Freunde, Verwandten oder die Liebsten ganz entspannt und überraschen Sie sie mit schmackhaften Suppen und Eintöpfen.

Probieren Sie, wie lecker Suppen und Eintöpfe schmecken können: nach knackigem Gemüse, zartem Fleisch, delikatem Fisch, frischen Kräutern und appetitlichen Gewürzen.

Bohneneintopf, Fischsuppe, Feuertopf, Griechischer Eintopf, Hochzeitsuppe, Käsesuppe, Mexikanischer Eintopf, Pot au feu, Wan-Tan-Suppe – dies ist nur eine kleine Auswahl der über 250 meist herzhaften Köstlichkeiten aus unserer Suppenküche, die wir für Sie zusammengestellt haben. Dabei zeigt eine Buchstabenleiste Ihnen, wo Sie sich im Alphabet befinden.

Alle Rezepte sind am Ende des Buches noch einmal thematisch sortiert nach Suppen für Gäste, für die Party oder für Kinder, schnell und einfach, vegetarisch, deftig, international, mit Alkohol und gut vorzubereiten.

Alle Rezepte wurden von Dr. Oetker ausprobiert und sind so beschrieben, dass sie auf Anhieb gelingen.

Guten Appetit!

Ajvar-Zucchini-Topf | Vegetarisch

4 Portionen

Pro Portion:
E: 5 g, F: 13 g, Kh: 9 g, kJ: 719, kcal: 171

2 rote Zwiebeln
2 Knoblauchzehen
2 gelbe Zucchini (etwa 400 g)
2 grüne Zucchini (etwa 400 g)
4 EL Olivenöl
Salz
frisch gemahlener Pfeffer
½ Glas Ajvar (150 g, Paprikamus)
1 ½ l Gemüsebrühe
1 Bund glatte Petersilie

Zubereitungszeit: 30 Minuten
Garzeit: etwa 20 Minuten

1. Zwiebeln und Knoblauch abziehen. Zwiebeln in grobe Würfel schneiden. Den Knoblauch in Scheiben schneiden. Die Zucchini waschen, abtrocknen und die Enden abschneiden. Zucchini in Scheiben schneiden.

2. Das Olivenöl in einem Topf erhitzen. Zwiebelwürfel und Knoblauchscheiben darin andünsten. Zucchinischeiben hinzugeben und portionsweise andünsten. Mit Salz und Pfeffer würzen. Ajvar unterrühren und Gemüsebrühe hinzugießen. Den Eintopf zum Kochen bringen und etwa 20 Minuten bei schwacher Hitze kochen lassen. Den Eintopf nochmals mit den Gewürzen abschmecken.

3. Petersilie abspülen und trocken tupfen. Die Blättchen von den Stängeln zupfen und in Streifen schneiden. Den Eintopf mit Petersilienstreifen bestreuen.

Beilage: Geröstetes Fladenbrot.

Allgäuer Käsesuppe I

Schnell – mit Alkohol

4 Portionen

Pro Portion:
E: 33 g, F: 32 g, Kh: 23 g, kJ: 2304, kcal: 550

200 g Weißbrot
750 ml (3/4 l) heiße Fleischbrühe
400 g geriebener Allgäuer Emmentaler-Käse
250 ml (1/4 l) Weißwein
Salz
Zucker

fein gehackte Kräuter, z. B. Petersilie, Dill, Kerbel

Zubereitungszeit: 30 Minuten

1. Vom Weißbrot die Rinde entfernen. Brot in Würfel schneiden und in einen Topf geben. Heiße Brühe hinzugießen und kurz aufkochen lassen. Den Topf von der Kochstelle nehmen. Die Suppe mit einem Stabmixer pürieren.

2. Den Käse langsam nach und nach unter die Suppe rühren. Weißwein hinzugießen. Die Suppe erhitzen, mit Salz und Zucker abschmecken.

3. Die Käsesuppe in Tellern verteilen und mit Kräutern bestreut servieren.

Tipp: Weißbrotwürfel in zerlassener Butter anrösten und in die Suppe geben.

Amerikanische Muschelsuppe I

Raffiniert – mit Alkohol

6 Portionen

Pro Portion:
E: 6 g, F: 8 g, Kh: 6 g, kJ: 644, kcal: 154

1 kg Venusmuscheln
600 ml Fischfond
200 ml Weißwein

40 g Butter
2 EL Frühstücksspeckwürfel
je 2 EL grüne und gelbe Paprikawürfel
2 EL Zwiebelwürfel
4 EL Kartoffelwürfel
Fond von den Muscheln
200 ml Milch
Salz, frisch gemahlener Pfeffer
frisch geriebene Muskatnuss
2 EL gehackte Petersilie
2 EL Tomatenwürfel

Zubereitungszeit: 40 Minuten
Garzeit: etwa 20 Minuten

1. Die Muscheln in reichlich kaltem Wasser gründlich waschen, einzeln abbürsten, bis sie nicht mehr sandig sind (Muscheln, die sich beim Waschen öffnen, sind ungenießbar).

2. Fischfond mit Wein in einem hohen Topf zum Kochen bringen. Die Muscheln darin maximal 5 Minuten kochen lassen, bis sie sich öffnen (Muscheln, die sich nach dem Kochen nicht öffnen, sind ungenießbar).

3. Muscheln in ein Sieb geben und den Fond dabei auffangen. Das Muschelfleisch aus den Schalen lösen und beiseitelegen.

4. Butter in einer Pfanne zerlassen. Speckwürfel darin auslassen. Die Paprika-, Zwiebel- und Kartoffelwürfel hinzufügen und mitdünsten lassen.

5. Aufgefangenen Muschelfond und Milch hinzugießen, zum Kochen bringen und etwa 15 Minuten kochen lassen. Mit Salz, Pfeffer und Muskat würzen.

6. Anschließend gehackte Petersilie, beiseitegelegtes Muschelfleisch und Tomatenwürfel in die Suppe geben und miterhitzen.

Andalusischer Gemüsetopf | Deftig

4 Portionen

Pro Portion:
E: 10 g, F: 23 g, Kh: 9 g, kJ: 1178, kcal: 281

2	*rote Zwiebeln*
1	*Knoblauchzehe*
2	*Zucchini*
300 g	*grüne Bohnen (Brechbohnen)*
2	*große Tomaten*
2–3 EL	*Olivenöl*
	Salz
	frisch gemahlener, grober schwarzer Pfeffer
4 Stängel	*Thymian*
2 l	*Gemüsebrühe*
8 Scheiben	*Chorizo (spanische Paprikawurst) oder 24 kleine Scheiben Frühstücksspeck*
20	*grüne Oliven*
1–2 EL	*Olivenöl*

Zubereitungszeit: 35 Minuten
Garzeit: etwa 20 Minuten

1. Zwiebeln abziehen, zuerst in Scheiben schneiden, dann in Ringe teilen. Knoblauch abziehen und durch eine Knoblauchpresse drücken.

2. Zucchini waschen, abtrocknen und die Enden abschneiden. Zucchini in grobe Würfel schneiden. Von den Bohnen die Enden abschneiden. Bohnen eventuell abfädeln, waschen, abtropfen lassen und halbieren. Die Tomaten waschen, trocken tupfen, vierteln und die Stängelansätze entfernen. Von den Tomatenvierteln die Kerne herausnehmen. Tomatenviertel grob würfeln und beiseitelegen.

3. Olivenöl in einem großen Topf erhitzen. Zwiebelringe und Knoblauch darin andünsten. Zucchiniwürfel, Bohnen und Tomatenkerne mit andünsten. Mit Salz und Pfeffer würzen. Thymian abspülen, trocken tupfen, zu dem angedünsteten Gemüse in den Topf geben.

4. Gemüsebrühe hinzugießen und zum Kochen bringen. Den Gemüsetopf zugedeckt etwa 20 Minuten bei mittlerer Hitze kochen lassen.

5. In der Zwischenzeit die Paprikawurst- oder Frühstücksspeckscheiben in einer Pfanne von beiden Seiten kross anbraten und herausnehmen.

6. Die beiseitegelegten Tomatenwürfel und die abgetropften Oliven in den Eintopf geben und miterhitzen. Den Eintopf mit Salz und Pfeffer abschmecken.

7. Den Eintopf mit grobem Pfeffer, Olivenöl und den krossen Wurst- oder Speckscheiben anrichten.

Asia-Suppe | Einfach

4 Portionen (im Foto vorne)

Pro Portion:
E: 25 g, F: 9 g, Kh: 11 g, kJ: 964, kcal: 231

1 Hähnchenbrustfilet (250–300 g)

Für die Marinade:
1 rote Chilischote
3–4 EL helle Sojasauce
Currypulver

2 große Fenchelknollen (je etwa 250 g)
2 Möhren
1 Bund Frühlingszwiebeln
2 EL Speiseöl
1 l Gemüsebrühe
Sojasauce
frisch gemahlener Pfeffer
evtl. etwas Currypulver

Zubereitungszeit: 25 Minuten, ohne Marinierzeit
Garzeit: etwa 15 Minuten

1. Hähnchenbrustfilet unter fließendem kalten Wasser abspülen, trocken tupfen und quer in Streifen schneiden. Filetstreifen in eine flache Schale legen.

2. Für die Marinade Chilischote waschen, abtrocknen, längs halbieren und entkernen. Schotenhälften klein hacken. Chili mit Sojasauce und Curry verrühren und auf den Fleischstreifen verteilen. Die Fleischstreifen mit Frischhaltefolie zugedeckt und kalt gestellt etwa 15 Minuten marinieren. Dabei die Fleischstreifen ab und zu wenden.

3. In der Zwischenzeit von den Fenchelknollen die Stiele dicht oberhalb der Knollen abschneiden. Braune Stellen und Blätter entfernen (etwas Fenchelgrün zum Garnieren beiseitelegen). Die Wurzelenden gerade schneiden. Die Knollen waschen, abtropfen lassen, halbieren und in Streifen schneiden.

4. Die Möhren putzen, schälen, abspülen, abtropfen lassen und in Scheiben schneiden. Frühlingszwiebeln putzen, waschen, abtropfen lassen und in feine Scheiben schneiden.

5. Speiseöl in einem Topf erhitzen. Fenchelstreifen, Möhren- und Frühlingszwiebelscheiben darin 3–4 Minuten unter Rühren bei mittlerer Hitze dünsten. Brühe hinzugießen. Die Zutaten zum Kochen bringen und zugedeckt etwa 6 Minuten bei mittlerer Hitze garen.

6. Die Fleischstreifen mit der Marinade hinzufügen. Die Suppe wieder zum Kochen bringen und zugedeckt weitere 6–8 Minuten bei mittlerer Hitze garen, dabei ab und zu umrühren.

7. Die Suppe vor dem Servieren mit etwas Sojasauce, Pfeffer und nach Belieben mit Curry abschmecken. Beiseitegelegtes Fenchelgrün abspülen, trocken tupfen und klein schneiden. Die Asia-Suppe mit Fenchelgrün bestreut servieren.

Backofensuppe | Einfach

4 Portionen

Pro Portion:
E: 34 g, F: 37 g, Kh: 28 g, kJ: 2553, kcal: 610

500 g Putenbrust
3 EL Sojasauce
1 EL Currypulver
Salz, frisch gemahlener Pfeffer
1 Dose Pfirsichhälften (Abtropfgewicht 250 g)
1 Glas Champignonscheiben (Abtropfgewicht 315 g)
150 g TK-Erbsen
500 g Schlagsahne
1 Pck. Currysauce mit Paprikastücken (für 250 ml [1/4 l] Wasser)
100 ml Curry-Ketchup
250 ml (1/4 l) Gemüsebrühe

Zubereitungszeit: 45 Minuten
Garzeit: etwa 60 Minuten

1. Den Backofen vorheizen.
Ober-/Unterhitze: etwa 200 °C
Heißluft: etwa 180 °C

2. Putenbrust unter fließendem kalten Wasser abspülen und trocken tupfen. Putenbrust zuerst in Scheiben, dann in Streifen schneiden. Fleischstreifen mit Sojasauce und Curry mischen, in einen Bräter geben und mit etwas Salz und Pfeffer bestreuen.

3. Pfirsichhälften in einem Sieb abtropfen lassen, in Spalten schneiden und zu den Fleischstreifen geben. Champignonscheiben in einem Sieb abtropfen lassen, mit den Erbsen unterrühren.

4. Sahne mit Currysaucenpulver verrühren, Ketchup und Brühe unterrühren. Dann die Sauce in den Bräter geben und gut untermischen. Den Bräter auf dem Rost in den vorgeheizten Backofen schieben und die Backofensuppe etwa 60 Minuten garen.

Tipp: Sie können **Curry-Ketchup** auch selbst zubereiten. Dazu 200 ml Wasser mit je 1 leicht gehäuften Teelöffel Currypulver (indisch) und Zucker zum Kochen bringen. Dann den Topf von der Kochstelle nehmen und je 2 Messerspitzen Paprikapulver rosenscharf und Sambal Oelek unterrühren. 350 ml Tomatenketchup ebenfalls unterrühren und alles unter Rühren bei schwacher Hitze etwas köcheln lassen. Den fertigen Curry-Ketchup sofort in Flaschen füllen oder gleich verwenden (ergibt 400–500 ml Ketchup).

Badische Schneckensuppe I

Schnell – mit Alkohol

4 Portionen

Pro Portion:

E: 3 g, F: 24 g, Kh: 6 g, kJ: 1194, kcal: 285

1	*Zwiebel*
1	*Knoblauchzehe*
150 g	*Frühlingszwiebeln*
1	*große Möhre (etwa 70 g)*
20 g	*Butter*
1–2 EL	*Weizenmehl*
375 ml (3/8 l)	*Gemüsebrühe*
250 g	*Schlagsahne*
1 Dose	*Schnecken (etwa 25 Stück)*
125 ml (1/8 l)	*Weißwein*
	Salz, frisch gemahlener Pfeffer
1 EL	*gehackte Petersilie*

Zubereitungszeit: 25 Minuten
Garzeit: etwa 10 Minuten

1. Zwiebel und Knoblauch abziehen, in kleine Würfel schneiden. Frühlingszwiebeln putzen, waschen, abtropfen lassen und in Scheiben schneiden. Möhre putzen, schälen, abspülen, abtropfen lassen und in kleine Würfel schneiden.

2. Butter in einem Topf zerlassen. Die Zwiebelwürfel darin glasig dünsten. Die Knoblauchwürfel, Frühlingszwiebelscheiben und Möhrenwürfel hinzufügen und kurz mitdünsten lassen. Mit Mehl bestäuben und kurz andünsten.

3. Brühe und Sahne hinzugießen, zum Kochen bringen. Schnecken abtropfen lassen, grob hacken und in die Suppe geben. Die Suppe wieder zum Kochen bringen und etwa 10 Minuten leicht kochen lassen.

4. Den Topf von der Kochstelle nehmen. Wein unterrühren. Mit Salz und Pfeffer würzen.

5. Die Suppe in 4 Suppentassen verteilen und mit Petersilie bestreut servieren.

Balinesischer Bakso | Für Gäste

4 Portionen

Pro Portion:
E: 22 g, F: 33 g, Kh: 36 g, kJ: 2221, kcal: 531

2 l Hühnerbrühe
2 feine Kalbsbratwürste (je etwa 100 g)
8 Schalotten
2–3 EL Sesamöl
1 Bund Frühlingszwiebeln
20 fertige, vegetarische Wan-Tans (TK-Produkt, erhältlich im Asialaden)
Salz
süße Sojasauce
asiatische Fischsauce (erhältlich im Asialaden)
200 g gegarter Jasminreis

Zubereitungszeit: 30 Minuten
Garzeit: etwa 15 Minuten

1. Hühnerbrühe in einem Topf zum Kochen bringen. Die Bratwurstmasse so aus der Haut direkt in die Brühe drücken, dass kleine Klößchen entstehen. Die Klöße in der Suppe etwa 5 Minuten gar ziehen lassen (nicht mehr kochen).

2. Schalotten abziehen, zuerst in Scheiben schneiden, dann in Ringe teilen. Sesamöl in einer Pfanne erhitzen. Schalottenringe darin unter mehrmaligem Wenden kross anbraten, herausnehmen und auf Küchenpapier abtropfen lassen.

3. Frühlingszwiebeln putzen, waschen und abtropfen lassen. Das zarte Grün abschneiden. Die Zwiebeln in etwa 2 cm lange Stücke schneiden. Das Frühlingszwiebelgrün in sehr feine Scheiben schneiden und beiseitelegen.

4. Die Frühlingszwiebelstücke und die gefrorenen Wan-Tans in die Brühe geben. Wan-Tans nach Packungsanleitung garen. Den Eintopf mit Salz, süßer Sojasauce und etwas Fischsauce abschmecken. Den gegarten Reis hinzugeben und miterhitzen.

5. Anschließend den Eintopf in 4 großen Suppenschalen verteilen und mit den krossen Schalottenringen und den beiseitegelegten Frühlingszwiebelgrünstreifen bestreuen.

Blumenkohl-Frischkäse-Suppe

Vegetarisch – für Kinder

6 Portionen

Pro Portion:
E: 8 g, F: 17 g, Kh: 18 g, kJ: 1128, kcal: 269

1	*Blumenkohl (1–1,2 kg)*
1 l	*Gemüsebrühe*
250 ml (1/4 l)	*Milch*
100 g	*Doppelrahm-Frischkäse*
1–2 EL	*Zitronensaft*
	Salz
	frisch geriebene Muskatnuss
4 Scheiben	*Weißbrot*
50 ml	*Traubenkernöl*
2–3 Stängel	*Kerbel*

Zubereitungszeit: 30 Minuten
Garzeit: 10–12 Minuten

1. Vom Blumenkohl die Blätter und schlechten Stellen entfernen. Den Strunk abschneiden. Blumenkohl in kleine Röschen teilen, waschen und abtropfen lassen.

2. Gemüsebrühe in einem Topf zum Kochen bringen. Die Blumenkohlröschen und Milch hinzugeben, zum Kochen bringen und zugedeckt bei schwacher Hitze 10–12 Minuten köcheln lassen.

3. Blumenkohlröschen mit der Kochflüssigkeit pürieren. Frischkäse, Zitronensaft, Salz und Muskatnuss hinzufügen, nochmals kurz pürieren oder mixen. Die Suppe erhitzen.

4. Weißbrot in kleine Würfel schneiden. Traubenkernöl in einer Pfanne erhitzen. Weißbrotwürfel darin von allen Seiten goldbraun rösten. Kerbel abspülen und trocken tupfen. Die Blättchen von den Stängeln zupfen.

5. Die Suppe in Tellern verteilen, mit Brotwürfeln und Kerbelblättchen garniert servieren.

Blumenkohlsuppe mit Nussnocken | Raffiniert – für Gäste

4 Portionen

Pro Portion:
E: 12 g, F: 22 g, Kh: 14 g, kJ: 1267, kcal: 303

Für die Nussnocken:

1 Eiweiß (Größe M)
40 g Semmelbrösel
60 g gemahlene Haselnusskerne
2 Eier (Größe M)
Salz, frisch gemahlener Pfeffer

Für die Suppe:

1 Blumenkohl (etwa 1,2 kg)
1 Zwiebel
1 Knoblauchzehe
2 Sardellenfilets (in Öl, aus dem Glas)
Salzwasser
1 EL Butter oder Margarine
1 EL Olivenöl
850 ml Gemüsebrühe
3 EL Schlagsahne
2 EL frisch gepresster Zitronensaft
1–2 EL gehackte Petersilie

Zubereitungszeit: 60 Minuten
Garzeit Suppe: 12–15 Minuten
Garzeit Nocken: etwa 8 Minuten je Portion

1. Für die Nussnocken das Eiweiß mit Handrührgerät mit Rührbesen auf höchster Stufe steif schlagen. Die Semmelbrösel, Haselnusskerne und Eier in eine zweite Schüssel geben und mit Handrührgerät mit Rührbesen auf mittlerer Stufe gut verrühren. Mit Salz und Pfeffer würzen. Eischnee unter die Nussmasse heben und etwa 10 Minuten quellen lassen.

2. In der Zwischenzeit für die Suppe vom Blumenkohl die äußeren Blätter und schlechten Stellen entfernen, den Strunk abschneiden. Den Blumenkohl in Röschen teilen, waschen und abtropfen lassen. Zwiebel und Knoblauch abziehen, in kleine Würfel schneiden. Die Sardellenfilets abspülen, trocken tupfen und fein hacken.

3. Salzwasser in einem flachen, weiten Topf erhitzen. Aus der Hälfte der Nockenmasse etwa 10 Nocken formen, dafür mit einem Teelöffel etwas von der Nockenmasse abstechen und in das leicht siedende (nicht kochende) Wasser gleiten lassen. Die Nocken unter Wenden je Seite etwa 4 Minuten gar ziehen lassen. Nocken mit einer Schaumkelle herausnehmen und in Suppentellern verteilen. Die restliche Nockenmasse ebenso abstechen, im siedenden Salzwasser gar ziehen lassen und in den Tellern verteilen.

4. Die Butter oder Margarine in einem Topf zerlassen, Olivenöl miterhitzen. Zwiebel-, Knoblauchwürfel sowie Sardellenfiletstückchen darin andünsten. Die Blumenkohlröschen hinzufügen und mit andünsten, Brühe hinzugießen. Die Zutaten zum Kochen bringen und zugedeckt 12–15 Minuten bei mittlerer Hitze garen lassen. Einen Teil der Blumenkohlröschen herausnehmen (1–2 Schaumkellen) und beiseitelegen. Die Suppe mit dem restlichen Blumenkohl fein pürieren.

5. Beiseitegelegte Blumenkohlröschen in der Suppe erwärmen. Sahne und Zitronensaft unterrühren. Die Suppe mit Salz und Pfeffer abschmecken, mit Petersilie bestreuen.

6. Die Blumenkohlsuppe in die Suppenteller mit den Nussnocken füllen.

Tipp: Statt Blumenkohl können Sie auch Romanesco oder Brokkoli verwenden.

Bohneneintopf mit Knoblauchwurst | Deftig

5 Portionen

Pro Portion:
E: 31 g, F: 45 g, Kh: 29 g, kJ: 2665, kcal: 637

Zum Vorbereiten:
250 g weiße, getrocknete Bohnen

150 g Zwiebeln
1 rote Chilischote
600 g Knoblauchwurst
1 gelbe Paprikaschote
Salz
frisch gemahlener Pfeffer
750 ml (3/4 l) Rindfleischbrühe
1 Bund Bohnenkraut
4 mittelgroße Tomaten (etwa 200 g)
4 EL Olivenöl

Zubereitungszeit: 25 Minuten, ohne Einweichzeit
Garzeit: etwa 60 Minuten

1. Zum Vorbereiten die weißen Bohnen in ein Sieb geben und mit kaltem Wasser abspülen. Die Bohnen in eine große Schüssel geben und mit reichlich kaltem Wasser übergießen. Die Bohnen über Nacht einweichen. Anschließend die Bohnen in einem Sieb abtropfen lassen.

2. Zwiebeln abziehen und in Spalten schneiden. Chilischote abspülen, trocken tupfen, halbieren, entkernen und klein hacken. Knoblauchwurst in etwa 1/2 cm dicke Scheiben schneiden. Paprikaschote halbieren, entstielen, entkernen und die weißen Scheidewände entfernen. Schotenhälften waschen, trocken tupfen und in kleine Stücke (in Größe der Bohnen) schneiden.

3. Die Bohnen, Zwiebelspalten, Chilistückchen, Wurstscheiben und Paprikastückchen in einen gewässerten Römertopf® (4-Liter-Inhalt) geben und mischen. Mit Salz und Pfeffer würzen. Brühe hinzugießen. Die Zutaten nochmals gut vermischen. Bohnenkraut abspülen und trocken tupfen. Die Hälfte des Bohnenkrautes hinzufügen.

4. Den Römertopf® mit dem Deckel verschließen und auf dem Rost in den kalten Backofen schieben.
Ober-/Unterhitze: etwa 200 °C
Heißluft: etwa 180 °C

5. Die Blättchen des restlichen Bohnenkrautes von den Stängeln zupfen. Blättchen klein schneiden. Die Tomaten waschen, abtrocknen, vierteln und entkernen. Tomatenviertel in feine Streifen schneiden.

6. Nach etwa 50 Minuten Garzeit die Tomatenstreifen unter den Bohneneintopf rühren. Den Bohneneintopf mit Deckel in weiteren etwa 10 Minuten fertig garen.

7. Den Bohneneintopf nochmals mit Salz und Pfeffer abschmecken und in Tellern verteilen. Den Bohneneintopf mit Olivenöl beträufeln und mit Bohnenkraut bestreut servieren.

Bohneneintopf mit Lammfleisch

Klassisch

6–8 Portionen

Pro Portion:
E: 29 g, F: 10 g, Kh: 16 g, kJ: 1164, kcal: 277

800 g Lammfleisch (aus der Keule, ohne Knochen)
3 EL Speiseöl
Salz
frisch gemahlener Pfeffer
1 l Gemüsebrühe
300 g kleine Zwiebeln
2 Knoblauchzehen
1 kg grüne Bohnen
500 g Kartoffeln
2 grüne Paprikaschoten
2–3 Stängel Bohnenkraut

1–2 EL frisch gehackte Petersilie

Zubereitungszeit: 40 Minuten
Garzeit: etwa 75 Minuten

1. Das Lammfleisch unter fließendem kalten Wasser abspülen und trocken tupfen. Das Fleisch in Würfel schneiden.

2. Das Speiseöl in einem Topf erhitzen. Die Fleischwürfel darin von allen Seiten gut anbraten und mit Salz und Pfeffer würzen. Etwas Gemüsebrühe hinzugießen, zum Kochen bringen und zugedeckt etwa 45 Minuten garen.

3. Zwiebeln abziehen und halbieren. Den Knoblauch abziehen und klein würfeln. Zwiebelhälften und Knoblauchwürfel zu den Fleischwürfeln in den Topf geben.

4. Von den Bohnen die Enden abschneiden. Bohnen eventuell abfädeln, abspülen, abtropfen lassen, in Stücke schneiden oder brechen. Kartoffeln waschen, schälen, abspülen, abtropfen lassen und in Achtel schneiden. Paprikaschoten vierteln, entstielen, entkernen und die weißen Scheidewände entfernen. Die Schotenviertel waschen, abtropfen lassen und in Streifen schneiden.

5. Dann die vorbereiteten Zutaten zu den vorgegarten Fleischwürfeln geben. Bohnenkraut abspülen, abtropfen lassen und ebenfalls hinzufügen.

6. Restliche Brühe hinzugießen. Den Eintopf zum Kochen bringen und zugedeckt weitere etwa 30 Minuten garen. Mit Salz und Pfeffer abschmecken.

7. Den Bohneneintopf mit Petersilie bestreuen und servieren.

Tipp: Zu dem Bohneneintopf ein selbst gebackenes **Olivenbrot** reichen. Dafür 20 g schwarze und 100 g grüne Oliven (entsteint) mit etwas Olivenöl und Kräutern marinieren. Danach 250 g Weizenmehl in eine Rührschüssel geben. In die Mitte eine Vertiefung drücken. ½ Päckchen (21 g) frische Hefe hineinbröckeln. Etwa 20 ml lauwarmes Wasser hinzufügen, mit etwas Mehl verrühren und zugedeckt 10–15 Minuten gehen lassen. 2 Esslöffel Olivenöl, 100 ml warmes Wasser, ½ Teelöffel Brotgewürz und die marinierten Oliven zum Vorteig geben und zu einem glatten Teig verkneten. Den Teig zu einem runden oder ovalen Brot formen und auf ein Backblech (gefettet) legen. Den Teig zugedeckt so lange an einem warmen Ort gehen lassen, bis er sich sichtbar vergrößert hat. Das Backblech in den vorgeheizten Backofen schieben und das Brot bei Ober-/Unterhitze: etwa 200 °C, Heißluft: etwa 180 °C etwa 30 Minuten backen.

Bohneneintopf mit Oliven | Klassisch

12 Portionen

Pro Portion:
E: 22 g, F: 9 g, Kh: 56 g, kJ: 1716, kcal: 410

1,2 kg	*festkochende Kartoffeln*
2 Bund	*Majoran*
1 Bund	*Frühlingszwiebeln*
4 EL	*Olivenöl*
1 l	*Gemüsebrühe*
	Salz
	frisch gemahlener Pfeffer
2 Dosen	*weiße Bohnen (Einwaage je 800 g)*
240 g	*schwarze Oliven, ohne Stein*

Zubereitungszeit: 35 Minuten
Garzeit: etwa 45 Minuten

1. Die Kartoffeln waschen, schälen, abspülen, abtropfen lassen und in kleine Würfel schneiden. Majoran abspülen und trocken tupfen. Die Blättchen von den Stängeln zupfen. Blättchen klein schneiden. Frühlingszwiebeln putzen, waschen, abtropfen lassen und in kleine Stücke schneiden.

2. Olivenöl in einem großen Topf erhitzen. Kartoffelwürfel und Frühlingszwiebelstücke darin andünsten. Die Brühe hinzugießen und zum Kochen bringen. Mit Salz und Pfeffer würzen. Den Eintopf zugedeckt etwa 30 Minuten bei schwacher Hitze kochen lassen. Den Majoran unterrühren.

3. Bohnen mit dem Sud und Oliven hinzugeben. Den Eintopf wieder zum Kochen bringen und zugedeckt weitere etwa 15 Minuten garen. Den Eintopf nochmals mit den Gewürzen abschmecken.

Beilage: In Knoblauchöl geröstetes Weißbrot.

Bohnensuppe mit Mettwurst

Gut vorzubereiten

6 Portionen

Pro Portion:
E: 35 g, F: 17 g, Kh: 33 g, kJ: 1906, kcal: 455

375 g weiße, getrocknete Bohnen
2 l Wasser

250 g geräucherte Schweinerippchen
500 g Kartoffeln
1 Bund Suppengrün (etwa 250 g, Knollensellerie, Möhren, Porree [Lauch])
250 g geräucherte Mettwurst
gerebeltes Bohnenkraut
Salz, frisch gemahlener Pfeffer
2 EL gehackte Petersilie

Zubereitungszeit: 30 Minuten, ohne Einweichzeit
Garzeit: etwa 65 Minuten

1. Bohnen abspülen und in einen Topf geben. Wasser hinzugießen. Die Bohnen 12–24 Stunden einweichen.

2. Die Rippchen unter fließendem kalten Wasser abspülen und trocken tupfen. Mit den Bohnen in dem Einweichwasser zum Kochen bringen und zugedeckt etwa 40 Minuten garen. Die Bohnen sollten fast weich sein. Rippchen herausnehmen und beiseitestellen.

3. In der Zwischenzeit Kartoffeln waschen, schälen, abspülen, abtropfen lassen und in Würfel schneiden.

4. Sellerie und Möhren putzen, schälen, abspülen, abtropfen lassen und in Würfel schneiden. Den Porree putzen, die Stange längs halbieren, gründlich waschen und in kleine Stücke schneiden.

5. Kartoffelwürfel mit dem Gemüse und der Mettwurst zu den Bohnen in den Topf geben. Mit Bohnenkraut, Salz und Pfeffer würzen. Dann die Zutaten zum Kochen bringen und zugedeckt etwa 25 Minuten garen.

6. Mettwurst aus der Suppe nehmen, mit den beiseitegelegten Schweinerippchen in kleine Stücke schneiden, wieder in die Suppe geben und erhitzen.

7. Die Suppe mit Salz und Pfeffer abschmecken. Mit Petersilie bestreut servieren.

Bohnensuppe mit Tomaten | Einfach

4 Portionen

Pro Portion:
E: 34 g, F: 42 g, Kh: 13 g, kJ: 2535, kcal: 606

250 g weiße, getrocknete Bohnen
1 1/2 l Wasser
1 Stange Porree (Lauch)
8 mittelgroße Tomaten
3 EL Olivenöl
2 EL Tomatenmark
Salz
gerebelter Thymian
gekörnte Brühe
etwa
5 Tropfen Tabasco
4 Wiener Würstchen

evtl. einige vorbereitete Thymianblättchen

Zubereitungszeit: 25 Minuten, ohne Einweichzeit
Garzeit: etwa 65 Minuten

1. Bohnen abspülen und in einen Topf geben. Wasser hinzugießen und die Bohnen etwa 12 Stunden einweichen. Die Bohnen in einem Sieb abtropfen lassen, dabei die Einweichflüssigkeit auffangen. Die Bohnen mit einem Teil der Einweichflüssigkeit in einem Topf zum Kochen bringen und zugedeckt etwa 40 Minuten garen.

2. In der Zwischenzeit Porree putzen, dann die Stange längs halbieren, gründlich waschen, abtropfen lassen und in Streifen schneiden. Porreestreifen zu den Bohnen in den Topf geben und noch weitere etwa 15 Minuten garen.

3. Einen Teil der garen Bohnen zerstampfen. Tomaten waschen, kreuzweise einschneiden und dann einige Sekunden in kochendes Wasser legen. Die Tomaten kurz in kaltes Wasser legen, enthäuten, halbieren, entkernen und die Stängelansätze herausschneiden. Die Tomatenhälften klein schneiden.

4. Olivenöl in einem Topf erhitzen. Tomatenstücke und Tomatenmark hinzugeben und andünsten. Dann die Bohnen mit der Kochflüssigkeit und die restliche Einweichflüssigkeit hinzufügen, zum Kochen bringen und etwa 10 Minuten kochen lassen.

5. Die Suppe mit Salz, Thymian, gekörnter Brühe und Tabasco abschmecken.

6. Wiener Würstchen in Scheiben schneiden, in die Suppe geben und erhitzen. Die Suppe nach Belieben mit Thymian garnieren.

Tipps: Es können auch Bohnen aus der Dose verwendet werden. Diese müssen nicht mehr eingeweicht werden, sondern nur mit dem Porree etwa 15 Minuten köcheln. Statt Wiener Würstchen können auch kleine, gut gewürzte Mettbällchen etwa 10 Minuten miterhitzt werden.

Bohnensuppe, ungarisch

Gut vorzubereiten

4 Portionen

Pro Portion:

E: 42 g, F: 49 g, Kh: 20 g, kJ: 2996, kcal: 715

200 g gemischte, bunte Bohnen

350 g geräucherte Schweinehaxe (beim Metzger vorbestellen)
1 1/2 l kaltes Wasser

250 g Möhren
150 g Petersilienwurzeln
50 g Staudensellerie
1 Lorbeerblatt
200 g Debrecener Wurst
Salz

3 Zwiebeln
2 Knoblauchzehen
4 EL Maisöl
2 EL Paprikapulver edelsüß
50 g Weizenmehl

200 g saure Sahne

Zubereitungszeit: 40 Minuten, ohne Einweichzeit
Garzeit: 70–75 Minuten

1. Die Bohnen abspülen und in kaltem Wasser über Nacht einweichen.

2. Bohnen abgießen. Schweinehaxe unter fließendem kalten Wasser abspülen und trocken tupfen. Wasser in einem Topf zum Kochen bringen, die Haxe und die Bohnen hinzugeben, wieder zum Kochen bringen und etwa 40 Minuten bei mittlerer Hitze kochen lassen.

3. Möhren und Petersilienwurzeln putzen, schälen, abspülen, abtropfen lassen und in Würfel schneiden.

4. Sellerie putzen und die harten Außenfäden abziehen. Sellerie mit dem Grün waschen und abtropfen lassen. Den Sellerie ebenfalls in Würfel schneiden. Selleriegrün klein schneiden.

5. Das vorbereitete Gemüse mit dem Lorbeerblatt, dem Selleriegrün und der Wurst zu der Haxe in den Topf geben, wieder zum Kochen bringen und weitere etwa 20 Minuten garen.

6. Wenn die Haxe und Bohnen gar sind, die Haxe und die Wurst aus der Suppe nehmen. Die Suppe eventuell mit Salz abschmecken.

7. Zwiebeln und Knoblauch abziehen, in kleine Würfel schneiden. Maisöl in einer Pfanne erhitzen. Zwiebel- und Knoblauchwürfel darin andünsten. Die Pfanne von der Kochstelle nehmen. Paprika und Mehl gut unterrühren, in die Suppe geben und unter Rühren aufkochen lassen. Die Suppe damit binden.

8. Saure Sahne unter die Suppe rühren. Die Suppe weitere 10–15 Minuten kochen lassen.

9. In der Zwischenzeit die Haxe von dem Knochen lösen. Das Fleisch in Würfel schneiden und die Wurst in Scheiben schneiden.

10. Fleischwürfel und Wurstscheiben in die Suppe geben und erhitzen. Diese gehaltvolle Suppe wird in einer großen Suppenschüssel serviert.

Bohnentopf mit Tafelspitz

Etwas aufwendiger

6 Portionen

Pro Portion:
E: 42 g, F: 9 g, Kh: 27 g, kJ: 1572, kcal: 375

1 kg Tafelspitz
Salz, frisch gemahlener Pfeffer
4 Schalotten
2 EL Butter
200 g Schneidebohnen
300 g grüne Bohnen (Brechbohnen)
1 kg festkochende Kartoffeln, z. B. Bio-Linda
1 Bund Bohnenkraut
200 g gepulte, dicke Bohnenkerne (ohne weiße Haut)

Zubereitungszeit: 45 Minuten
Garzeit: etwa 75 Minuten

1. Tafelspitz von Fett und Sehnen befreien. Das Fleisch unter fließendem kalten Wasser abspülen und trocken tupfen. Tafelspitz in etwa 2 cm große Würfel schneiden. Mit Salz und Pfeffer würzen. Schalotten abziehen, zuerst in Scheiben schneiden, dann in Ringe teilen.

2. Butter in einem großen Topf zerlassen. Schalottenringe darin andünsten. Fleischwürfel hinzugeben und von allen Seiten leicht anbraten. So viel kaltes Wasser hinzugießen, dass die Fleischwürfel bedeckt sind. Das Wasser zum Kochen bringen und abschäumen. Die Fleischwürfel zugedeckt etwa 45 Minuten bei schwacher Hitze kochen lassen.

3. In der Zwischenzeit von den Schneidebohnen die Enden abschneiden. Die Schneidebohnen abfädeln, waschen, abtropfen lassen und schräg in etwa 3 cm lange Stücke schneiden. Von den grünen Bohnen ebenfalls die Enden abschneiden. Bohnen eventuell abfädeln, waschen, abtropfen lassen und halbieren. Die Kartoffeln waschen, schälen, abspülen, abtropfen lassen und in kleine Würfel schneiden.

4. Nach etwa 45 Minuten Garzeit Schneidebohnen, grüne Bohnen und Kartoffelwürfel zu den Fleischwürfeln in den Topf geben. Wieder so viel heißes Wasser hinzugießen, dass die Zutaten bedeckt sind. Mit Salz würzen.

5. Das Bohnenkraut abspülen und trocken tupfen. 3 Stängel von dem Bohnenkraut in den Eintopf geben. Den Eintopf wieder zum Kochen bringen und zugedeckt weitere etwa 30 Minuten bei schwacher Hitze kochen lassen.

6. Kurz vor Ende der Garzeit die Bohnenkerne hinzufügen und miterhitzen. Bohnenkrautzweige entfernen. Den Eintopf mit Salz und Pfeffer abschmecken. Restliches Bohnenkraut in kleine Stücke zupfen und in den Eintopf geben.

Bretonischer Eintopf

Raffiniert – für Gäste

6 Portionen

Pro Portion:
E: 69 g, F: 33 g, Kh: 9 g, kJ: 2628, kcal: 627

2 Beinscheiben vom Kalb (etwa 500 g)
1 Schweinehaxe (etwa 500 g)
Salzwasser
4 kleine Zwiebeln
2 Möhren
500 g weiße Rüben (Navets)
1/2 Kopf Wirsing
2 Mettwürste (etwa 250 g)
2 l Kalbsbrühe oder -fond
Salz
frisch gemahlener Pfeffer
2 abgezogene Knoblauchzehen
1 Lorbeerblatt
einige Gewürznelken
1 kleines Bund Petersilie

Zubereitungszeit: 30 Minuten
Garzeit: etwa 90 Minuten

1. Beinscheiben und Schweinehaxe unter fließendem kalten Wasser abspülen, trocken tupfen. Beinscheiben und die Schweinehaxe in kochendem Salzwasser etwa 2 Minuten blanchieren, herausnehmen, in ein Sieb geben, mit kaltem Wasser abspülen und abtropfen lassen.

2. Die Zwiebeln abziehen. Möhren und weiße Rüben putzen, schälen, abspülen und abtropfen lassen. Vom Wirsing die groben äußeren Blätter lösen. Den Wirsing halbieren und den Strunk herausschneiden. Wirsingviertel abspülen, abtropfen lassen und in grobe Würfel schneiden.

3. Vorbereitetes Gemüse, Beinscheiben, Haxe und Mettwürste in einen großen Topf geben. Kalbsbrühe oder -fond hinzugießen und zum Kochen bringen. Mit Salz, Pfeffer, Knoblauch, Lorbeerblatt und Nelken würzen.

4. Petersilie abspülen und trocken tupfen. Die Blättchen von den Stängeln zupfen. Petersilienblättchen in den Eintopf geben. Den Eintopf zugedeckt etwa 90 Minuten bei schwacher Hitze leicht kochen lassen. Den Eintopf während der Garzeit ab und zu abschäumen.

5. Den Eintopf mit Salz und Pfeffer abschmecken und servieren.

Tipp: Das Fleisch nach Belieben herausnehmen, in Portionsstücke schneiden und zu dem Eintopf reichen.

Bretonischer Krebstopf | Etwas teurer

4 Portionen

Pro Portion:
E: 40 g, F: 10 g, Kh: 8 g, kJ: 1207, kcal: 290

2 Schalotten
1 kleiner Blumenkohl
4 große Artischocken
Saft von
1 Zitrone
2 EL Olivenöl
2 l heißes Wasser
Krebspaste für 2 l Flüssigkeit
800 g gekochte Flusskrebsschwänze in Lake
Salz
frisch gemahlener Pfeffer
1 Bund Estragon

Zubereitungszeit: 45 Minuten
Garzeit: etwa 15 Minuten

1. Schalotten abziehen und in kleine Würfel schneiden. Von dem Blumenkohl die Blätter und schlechten Stellen entfernen. Blumenkohl in kleine Röschen teilen, waschen und abtropfen lassen.

2. Jeweils die oberen zwei Drittel der Artischocken abschneiden und die Stiele so abbrechen, dass die harten Fasern jeweils am Stiel hängen bleiben. Die Blätter vom Boden entfernen und das Heu mit einem Löffel herauskratzen. Die Artischockenböden mit Zitronensaft einreiben. Die Böden achteln.

3. Olivenöl in einem Topf erhitzen. Die Schalottenwürfel darin andünsten. Die Blumenkohlröschen und die Artischockenachtel eventuell in 2 Portionen hinzugeben und mit andünsten. Heißes Wasser hinzugießen und zum Kochen bringen. Die Krebspaste unterrühren. Die Flüssigkeit damit binden. Die Gemüsezutaten etwa 15 Minuten garen.

4. Flusskrebsschwänze abtropfen lassen und in den Eintopf geben. Den Eintopf erhitzen, aber nicht kochen lassen. Alles mit Salz und Pfeffer abschmecken.

5. Estragon abspülen und trocken tupfen. Die Blättchen von den Stängeln zupfen. Blättchen klein schneiden und unter der Eintopf rühren.

Brokkolicremesuppe mit Mandeln | Vegetarisch – für Kinder

4 Portionen

Pro Portion:
E: 5 g, F: 14 g, Kh: 7 g, kJ: 770, kcal: 184

1 Zwiebel
500 g Brokkoli
1–2 EL Butter
500 ml (1/2 l) Gemüsebrühe
gerebelter Estragon
Salz
frisch gemahlener Pfeffer
frisch geriebene Muskatnuss
Currypulver
Zucker
3 EL Crème fraîche
2 EL gehobelte, geröstete Mandeln
1–2 EL gehackte Petersilie

Zubereitungszeit: 30 Minuten
Garzeit: etwa 10 Minuten

1. Die Zwiebel abziehen und in kleine Würfel schneiden. Von dem Brokkoli die Blätter entfernen und die Stängel am Strunk schälen. Brokkoli waschen, abtropfen lassen und in Röschen teilen. Die Stängel klein schneiden.

2. Butter in einem Topf zerlassen. Zwiebelwürfel darin glasig dünsten. Brokkoliröschen und -stücke hinzugeben und mitdünsten lassen. Die Brühe hinzugießen. Mit Estragon, Salz, Pfeffer, Muskat, Curry und Zucker würzen. Die Zutaten zum Kochen bringen und etwa 10 Minuten kochen lassen. Den Topf von der Kochstelle nehmen.

3. Die Suppe im Mixer oder mit einem Stabmixer pürieren, Crème fraîche unterrühren. Die Suppe nochmals erhitzen und mit den Gewürzen abschmecken.

4. Die Suppe in Suppentassen anrichten. Mit Mandeln und Petersilie bestreut servieren.

Tipp: Die Suppe zusätzlich mit je 1 Teelöffel Crème fraîche garnieren.

Brokkoli-Käse-Suppe | Schnell

4 Portionen

Pro Portion:
E: 9 g, F: 19 g, Kh: 9 g, kJ: 999, kcal: 240

750 g Brokkoli
800 ml Gemüsebrühe
200 g Sahne-Schmelzkäse
1 Pck. helle Sauce (für 250 ml [1/4 l] Flüssigkeit)
frisch gemahlener Pfeffer
frisch geriebene Muskatnuss

Zubereitungszeit: 30 Minuten
Garzeit: etwa 5 Minuten

1. Von dem Brokkoli die Blätter entfernen. Brokkoli in Röschen teilen. Den Strunk schälen und klein schneiden. Brokkoli waschen und abtropfen lassen. Die Gemüsebrühe in einem Topf zum Kochen bringen und Brokkoli darin etwa 5 Minuten bei mittlerer Hitze garen.

2. Dann gut ein Drittel der Brokkoliröschen mit einer Schaumkelle herausnehmen, in ein Sieb geben, abtropfen lassen und beiseitelegen. Restlichen Brokkoli mit der Brühe pürieren. Käse hinzufügen und unter Rühren schmelzen.

3. Saucenpulver mit einem Schneebesen in die Suppe rühren. Die Suppe unter Rühren aufkochen lassen, mit Pfeffer und Muskatnuss würzen.

4. Vor dem Servieren beiseitegelegte Brokkoliröschen kurz in der Suppe erwärmen.

Tipps: Geben Sie mit den Brokkoliröschen einige Krabben oder etwas in Streifen geschnittenen Räucherlachs in die Suppe.

Brokkoli-Käse-Suppe mit Mandeln | Raffiniert – für Kinder

4 Portionen

Pro Portion:
E: 12 g, F: 27 g, Kh: 5 g, kJ: 1307, kcal: 312

600 g Brokkoli
800 ml Gemüsebrühe
2 Ecken Kräuter-Schmelzkäse (je 62,5 g)
100 g Schlagsahne
2 frische Eigelb (Größe S)
Salz
frisch gemahlener Pfeffer
frisch geriebene Muskatnuss
2–3 EL gehobelte, geröstete Mandeln

Zubereitungszeit: 35 Minuten
Garzeit: 5–8 Minuten

1. Von dem Brokkoli die Blätter entfernen. Den Brokkoli in Röschen teilen. Den Strunk schälen und in Stücke schneiden. Brokkoliröschen und -stücke abspülen und abtropfen lassen. Gemüsebrühe in einem Topf zum Kochen bringen. Die Brokkoliröschen und -stücke hinzufügen und zugedeckt 5–8 Minuten bei mittlerer Hitze garen.

2. Einige Brokkoliröschen mit einem Schaumlöffel aus der Brühe nehmen und in einem Sieb abtropfen lassen. Restliche Brokkoliröschen und -stücke mit der Brühe pürieren.

3. Schmelzkäse hinzufügen und unter Rühren bei schwacher Hitze schmelzen. Den Topf von der Kochstelle nehmen. Sahne mit Eigelb verschlagen und unter die Suppe rühren. Die Suppe nicht mehr kochen lassen. Brokkoli-Käse-Suppe mit Salz, Pfeffer und Muskat abschmecken.

4. Vor dem Servieren die restlichen Brokkoliröschen in die Suppe geben und kurz erwärmen. Die Suppe mit Mandeln bestreut servieren.

Hinweis: Nur ganz frische Eigelb verwenden, die nicht älter als 5 Tage sind (Legedatum beachten!).

Variante: Champignon-Käse-Suppe (4 Portionen). Dafür 600 g Champignons putzen, mit Küchenpapier abreiben, eventuell abspülen, trocken tupfen und in Scheiben schneiden. 4 Zwiebeln abziehen und klein würfeln. 50 g Butter oder Margarine in einem Topf zerlassen. Die Champignonscheiben und Zwiebelwürfel darin portionsweise andünsten. 1 Liter Gemüsebrühe hinzugießen, zum Kochen bringen und zugedeckt 8–10 Minuten bei mittlerer Hitze kochen lassen. 2 Ecken (je 62,5 g) Schmelzkäse unterrühren (Suppe nicht mehr kochen lassen). Die Suppe mit Salz, Pfeffer und nach Belieben mit 6 Esslöffeln trockenem Weißwein abschmecken.

Buchweizensuppe „Gärtnerin“ I

Vegetarisch

4 Portionen

Pro Portion:
E: 4 g, F: 13 g, Kh: 22 g, kJ: 956, kcal: 228

1 l Gemüsebrühe
100 g grob geschroteter Buchweizen
150 g Zwiebeln
3 EL Speiseöl
frisch geriebene Muskatnuss
Meersalz, Selleriesalz
gerebelter Oregano
frisch gemahlener Pfeffer
Knoblauchpulver
20 g geriebener Käse, z. B. Gouda
Schnittlauchröllchen

Zubereitungszeit: 15 Minuten, ohne Quellzeit
Garzeit: etwa 25 Minuten

1. Gemüsebrühe in einen Topf geben. Buchweizen hinzugeben und etwa 60 Minuten in der Gemüsebrühe quellen lassen.

2. Zwiebeln abziehen und fein würfeln. Das Speiseöl in einem Topf erhitzen, Zwiebelwürfel darin andünsten.

3. Den Buchweizenbrei hinzugeben, zum Kochen bringen und in etwa 25 Minuten gar kochen.

4. Die Suppe mit Muskat, Meer-, Selleriesalz, Oregano, Pfeffer und Knoblauch abschmecken.

5. Die Suppe in 4 vorgewärmte Tassen füllen. Mit Käse und Schnittlauchröllchen bestreut servieren.

Buddhas Geburtstagssuppe

Raffiniert – für Gäste

6 Portionen

Pro Portion:
E: 30 g, F: 27 g, Kh: 13 g, kJ: 1894, kcal: 453

1 küchenfertiges Suppenhuhn (etwa 1 1/2 kg)
1 Zwiebel
2 Gewürznelken
1 Lorbeerblatt
1 Chilischote
20 g frisches Zitronengras (erhältlich im Asialaden)
Salz
2 l Wasser
75 g Reis
2 Tomaten
1 Bund glatte Petersilie
1 Bio-Zitrone oder -Limette (unbehandelt, ungewachst)
100 g Shrimps
Peperoniwürfel, mild

Zubereitungszeit: 40 Minuten, ohne Abkühlzeit
Garzeit: etwa 2 Stunden

1. Das Huhn von innen und außen unter fließendem kalten Wasser abspülen und trocken tupfen. Zwiebel abziehen. Die Zwiebel mit Nelken und Lorbeerblatt spicken. Chilischote und Zitronengras abspülen und trocken tupfen.

2. Das Huhn mit gespickter Zwiebel, Chilischote, Zitronengras und Salz in einen großen Topf geben. Wasser hinzugießen, zum Kochen bringen und zugedeckt bei schwacher Hitze etwa 2 Stunden köcheln lassen.

3. Das gare Huhn aus der Brühe nehmen und etwas abkühlen lassen. Das Hühnerfleisch von den Knochen lösen und die Haut entfernen. Das Fleisch in kleine Stücke schneiden.

4. In der Zwischenzeit den Reis nach Packungsanleitung etwa 15 Minuten garen. Den garen Reis in einem Sieb abtropfen lassen.

5. Tomaten waschen, kreuzweise einschneiden und einige Sekunden in kochendes Wasser legen. Tomaten kurz in kaltes Wasser legen, enthäuten, halbieren, entkernen und die Stängelansätze herausschneiden. Tomatenhälften in kleine Würfel schneiden.

6. Petersilie abspülen und trocken tupfen. Die Blättchen von den Stängeln zupfen. Blättchen klein schneiden. Zitrone oder Limette heiß abwaschen, abtrocknen und die Schale mit einem Zestenschneider abziehen oder mit einem Messer dünn abschälen. Die Zitronen- oder Limettenschale in ganz feine Streifen schneiden. Shrimps abspülen und trocken tupfen.

7. Shrimps, Reis, Tomatenwürfel und das Hühnerfleisch in die Brühe geben und erhitzen. Die Suppe mit den Gewürzen abschmecken.

8. Die Suppe mit Petersilie, Zitronen- oder Limettenstreifen und Peperoniwürfeln bestreut servieren.

Bunte Bohnensuppe | Vegetarisch

12 Portionen

Pro Portion:
E: 26 g, F: 18 g, Kh: 52 g, kJ: 2071, kcal: 495

2 gelbe Paprikaschoten (etwa 400 g)
4 Knoblauchzehen
5 EL Speiseöl
800 ml Gemüsebrühe
1 Dose Kidneybohnen (Einwaage 800 g)
1 kleine Dose Kidneybohnen (Einwaage 400 g)
2 Pck. TK-Kräuter der Provence
Salz, frisch gemahlener Pfeffer
400 g Schlagsahne
1 Dose weiße Bohnen (Einwaage 800 g)
1 Dose grüne Bohnenkerne (Flageolets, Einwaage 800 g)

Zubereitungszeit: 20 Minuten
Garzeit: etwa 40 Minuten

1. Die Paprikaschoten halbieren, entstielen, entkernen und die weißen Scheidewände entfernen. Schotenhälften waschen, abtropfen lassen und dann in kleine Würfel schneiden. Knoblauch abziehen und ebenfalls klein würfeln.

2. Speiseöl in einem großen Topf erhitzen. Knoblauch- und Paprikawürfel darin andünsten. Die Gemüsebrühe hinzugießen, zum Kochen bringen und etwa 10 Minuten kochen lassen. Kidneybohnen abgießen und mit den Kräutern in die Brühe geben. Mit Salz und Pfeffer würzen.

3. Die Suppe wieder zum Kochen bringen und etwa 20 Minuten unter gelegentlichem Rühren kochen lassen.

4. Sahne, weiße Bohnen und grüne Bohnenkerne hinzugeben, weitere etwa 10 Minuten leicht kochen lassen. Die Suppe nochmals mit den Gewürzen abschmecken.

Variante: Bereiten Sie auch einmal eine **scharfe Tomaten-Bohnensuppe** zu. Dazu 2 Zwiebeln würfeln, mit den Knoblauch- und Paprikawürfeln andünsten. Anstelle von Sahne 400 g passierte Tomaten hinzufügen und die Suppe kräftig mit Cayennepfeffer abschmecken.

Bunte Dinkelsuppe mit Blumenkohl | Gut vorzubereiten

4 Portionen

Pro Portion:
E: 6 g, F: 4 g, Kh: 15 g, kJ: 525, kcal: 125

Zum Vorbereiten:

60 g Dinkelkörner
250 ml (1/4 l) Wasser

1/2 Blumenkohl (etwa 600 g)
1 Zwiebel
1 Bund Suppengrün (Knollensellerie, Möhre, Porree [Lauch])
1–2 EL Speiseöl
600 ml Gemüsebrühe
1 TL gemahlener Liebstöckel
Salz, frisch gemahlener Pfeffer
TK-Petersilie

Zubereitungszeit: 30 Minuten, ohne Quellzeit
Garzeit: etwa 30 Minuten

1. Zum Vorbereiten den Dinkel in einen kleinen Topf geben, mit dem Wasser übergießen und über Nacht quellen lassen.

2. Den gequollenen Dinkel mit dem Einweichwasser in einem Topf zum Kochen bringen und zugedeckt etwa 20 Minuten bei schwacher Hitze leicht kochen lassen, bis der Dinkel gar ist. Dinkel in ein Sieb geben, abtropfen lassen und beiseitestellen.

3. In der Zwischenzeit von dem Blumenkohl Blätter und schlechte Stellen entfernen. Dann den Strunk abschneiden. Den Blumenkohl in kleine Röschen teilen, waschen und abtropfen lassen. Zwiebel abziehen und in kleine Würfel schneiden.

4. Sellerie und Möhre putzen, schälen, abspülen, abtropfen lassen und in Würfel schneiden. Porree putzen, die Stange längs halbieren, gründlich waschen, abtropfen lassen und in kleine Stücke schneiden.

5. Das Speiseöl in einem großen Topf erhitzen. Die Zwiebelwürfel darin andünsten. Sellerie-, Möhrenwürfel und Porreestücke hinzugeben, unter mehrmaligem Wenden mit andünsten. Blumenkohlröschen hinzufügen und Brühe hinzugießen. Mit Liebstöckel, Salz und Pfeffer würzen. Die Zutaten zum Kochen bringen und zugedeckt 10–12 Minuten bei schwacher Hitze leicht kochen lassen, bis das Gemüse gar ist.

6. Beiseitegestellten Dinkel in die Suppe geben. Die Suppe nochmals kurz erhitzen, mit Liebstöckel, Salz und Pfeffer abschmecken. Die Suppe in Suppentassen verteilen und mit Petersilie bestreuen.

Tipp: Die Suppe eignet sich auch gut zum Mitnehmen an den Arbeitsplatz. Aufgewärmt schmeckt sie noch intensiver nach Gemüse.

Variante: **Dinkelsuppe mit Kohlrabi** (4 Portionen). Kohlrabi (2 Stück, etwa 500 g) putzen, schälen, abspülen, abtropfen lassen und in Streifen schneiden. Kohlrabistreifen statt Blumenkohlröschen in der Suppe garen.

Bunte Gemüsesuppe | Für Kinder

4 Portionen

Pro Portion:
E: 6 g, F: 9 g, Kh: 9 g, kJ: 582, kcal: 139

1 kleiner Blumenkohl (etwa 500 g)
2 mittelgroße Möhren
125 g grüne Bohnen
200 g junge Erbsenschoten
1 Stange Porree (Lauch)
125 g Knollensellerie
40 g Margarine
750 ml (3/4 l) Gemüsebrühe
1 Bund Petersilie
Salz, frisch gemahlener Pfeffer

Zubereitungszeit: 50 Minuten
Garzeit: 15–20 Minuten

1. Von dem Blumenkohl die Blätter und schlechten Stellen entfernen. Den Strunk abschneiden. Den Blumenkohl in Röschen teilen, waschen und abtropfen lassen. Die Möhren putzen, schälen, abspülen und abtropfen lassen. Die Möhren mit einem Buntschneidemesser in Scheiben schneiden.

2. Von den Bohnen die Enden abschneiden. Die Bohnen eventuell abfädeln, waschen und abtropfen lassen. Bohnen in Stücke schneiden oder brechen. Erbsen aus den Schoten palen. Erbsen waschen und abtropfen lassen.

3. Porree putzen, die Stange längs halbieren, gründlich waschen, abtropfen lassen und in etwa 1 cm breite Streifen schneiden.

4. Sellerie putzen, schälen, abspülen, abtropfen lassen und in kleine Würfel schneiden.

5. Margarine in einem großen Topf zerlassen. Das vorbereitete Gemüse darin unter Rühren andünsten. Brühe hinzugießen und zum Kochen bringen. Das Gemüse in 15–20 Minuten bissfest garen.

6. Petersilie abspülen und trocken tupfen. Die Blättchen von den Stängeln zupfen. Blättchen klein schneiden. Die Gemüsesuppe mit Salz und Pfeffer würzen. Mit Petersilie bestreut servieren.

Tipp: Statt frischer Erbsenschoten können Sie auch 150 g TK-Erbsen verwenden. TK-Erbsen jedoch nur 5 Minuten mitgaren lassen.

Bunte Spargelcremesuppe

Raffiniert

4 Portionen

Pro Portion:
E: 17 g, F: 33 g, Kh: 28 g, kJ: 2086, kcal: 498

Für die Brandteigklößchen:
125 ml (1/8 l) Milch
1 Prise Salz
60 g Butter
100 g Weizenmehl
2–3 Eier (Größe M)

Für die Suppe:
700 g weißer Spargel
150 g grüner Spargel
150 g Thai- oder Wildspargel
250 ml (1/4 l) Geflügel- oder Rinderbrühe
Salz
frisch gemahlener Pfeffer
Zucker
125 g Schlagsahne
2 Eigelb (Größe M)

vorbereitete Kerbelblättchen

Zubereitungszeit: 60 Minuten
Backzeit Brandteigklößchen: etwa 15 Minuten
Garzeit Suppe: 10–12 Minuten

1. Den Backofen vorheizen. Für die Brandteigklößchen Milch, Salz und Butter am besten in einem Stieltopf aufkochen. Den Topf von der Kochstelle nehmen. Das Mehl auf einmal in die heiße Flüssigkeit geben. Alles mit einem Kochlöffel zu einem glatten Teigkloß verrühren. Dann etwa 1 Minute unter ständigem Rühren erhitzen (abbrennen) und in eine Rührschüssel geben.

2. Die Eier nacheinander mit dem Handrührgerät mit dem Knethaken auf höchster Stufe unter den Teig arbeiten (die Anzahl der Eier hängt von der Beschaffenheit des Teiges ab, er muss stark glänzen und in langen Spitzen an einem Löffel hängen bleiben).

3. Den Teig in einen Spritzbeutel mit Lochtülle füllen und kleine Häufchen auf ein Backblech (gefettet, gemehlt) spritzen. Das Backblech in den vorgeheizten Backofen schieben.
Ober-/Unterhitze: etwa 200 °C
Heißluft: etwa 180 °C

4. Die Brandteigklößchen vom Backblech lösen und auf einem Kuchenrost erkalten lassen.

5. Für die Suppe den weißen Spargel von oben nach unten schälen. Darauf achten, dass die Schalen vollständig entfernt, die Köpfe aber nicht verletzt werden. Die unteren Enden abschneiden (holzige Stellen vollkommen entfernen).

6. Von dem grünen Spargel das untere Drittel schälen und die unteren Enden abschneiden. Dann den weißen und grünen Spargel in Stücke schneiden, waschen und abtropfen lassen. Den Thaispargel ebenfalls waschen und abtropfen lassen.

7. Die Brühe mit Salz, Pfeffer und Zucker in einem Topf zum Kochen bringen. Vorbereiteten Spargel hinzugeben, zum Kochen bringen und 10–12 Minuten garen (Thaispargel ist schneller gar).

8. Den Spargel mit einer Schaumkelle aus dem Sud nehmen. Weiße Spargelspitzen abschneiden, mit dem grünen Spargel und Thaispargel in Stücke schneiden und beiseitelegen. Den unteren abgeschnittenen weißen Spargel wieder in die Spargelbrühe geben und fein pürieren.

9. Sahne und Eigelb unter die Suppe rühren und cremig aufschlagen. Die Suppe darf aber nicht mehr kochen. Beiseite gelegte Spargelspitzen und Spargelstücke hinzugeben und miterwärmen.

10. Die Spargelcremesuppe in Tellern verteilen und je 3 Brandteigklößchen in die Suppe geben. Mit Kerbelblättchen garniert servieren.

Hinweis: Nur ganz frische Eigelb verwenden, die nicht älter als 5 Tage sind (Legedatum beachten!).

Tipp: Sie können die Brandteigklößchen einfrieren oder in einer gut schließenden Dose etwa 14 Tage aufbewahren.

Toscana

Bunter Eintopf mit Pesto | Preiswert

8–10 Portionen

Pro Portion:
E: 41 g, F: 32 g, Kh: 31 g, kJ: 2419, kcal: 578

2–3	Knoblauchzehen
1,2 kg	Schweinegulasch
6 EL	Olivenöl
	Salz, frisch gemahlener Pfeffer
2 EL	Tomatenmark
1 Pck.	TK-Suppengrün (50 g)
2 ½ l	Gemüsebrühe
600 g	Möhren
400 g	Zucchini
1 Glas	Perlzwiebeln (Abtropfgewicht 190 g)
2 Dosen	Gemüsemais (Abtropfgewicht je 285 g)
200 g	Fadennudeln
1 Glas	Basilikum-Pesto (130 g)
150 g	frisch geriebener Parmesan-Käse

Zubereitungszeit: 45 Minuten
Garzeit: 25–30 Minuten

1. Knoblauch abziehen und in Scheiben schneiden. Gulasch mit Küchenpapier trocken tupfen. Jeweils etwas Olivenöl in einem großen Topf erhitzen. Das Gulasch darin portionsweise von allen Seiten anbraten, mit Salz und Pfeffer würzen. Bei der letzten Fleischportion Tomatenmark, Knoblauchscheiben und Suppengrün kurz mit andünsten. Das angebratene Fleisch wieder in den Topf geben.

2. Brühe hinzugießen. Die Zutaten zum Kochen bringen und zugedeckt etwa 10 Minuten bei schwacher Hitze köcheln lassen.

3. In der Zwischenzeit Möhren putzen, schälen, abspülen, abtropfen lassen und in Scheiben schneiden. Möhrenscheiben zu dem Fleisch in den Topf geben, wieder zum Kochen bringen und zugedeckt weitere etwa 10 Minuten garen.

4. Zucchini waschen, abtrocknen und die Enden abschneiden. Zucchini in Würfel schneiden. Perlzwiebeln und Mais in ein Sieb geben, mit kaltem Wasser abspülen und abtropfen lassen.

5. Zucchiniwürfel, Perlzwiebeln, Mais und Fadennudeln in den Eintopf geben, wieder zum Kochen bringen und zugedeckt 5–10 Minuten köcheln lassen.

6. Den Eintopf mit Salz und Pfeffer abschmecken. Den Eintopf in Tellern verteilen und servieren. Pesto und Parmesan-Käse dazureichen.

Tipp: Wenn die Gulaschstücke sehr groß sind, sie eventuell etwas kleiner schneiden.

Bunter Linseneintopf | Deftig

6 Portionen

Pro Portion:
E: 40 g, F: 30 g, Kh: 59 g, kJ: 2812, kcal: 670

200 g rote Linsen
200 g grüne Linsen
200 g schwarze Linsen
2 rote Zwiebeln
1 Knoblauchzehe
100 g Südtiroler Bauernspeck
500 g Lyoner Wurst (Fleischwurst)
1 dicke Möhre
100 g Knollensellerie
1 kleine Stange Porree (Lauch)
2 EL Olivenöl
1 EL Zucker
2–3 EL Balsamico-Essig
2 l Fleischbrühe
1 Stängel Rosmarin
1 Lorbeerblatt
Salz
frisch gemahlener Pfeffer

1 dickes Bund Schnittlauch
1 Becher (150 g) Crème fraîche

Zubereitungszeit: 35 Minuten, ohne Einweichzeit
Garzeit: 15–20 Minuten

1. Die Linsen in ein Sieb geben, unter fließendem kalten Wasser abspülen, abtropfen lassen und in eine Schüssel geben. Kaltes Wasser hinzugießen, sodass die Linsen ganz bedeckt sind. Linsen über Nacht einweichen. Danach in einem Sieb abtropfen lassen. Das Einweichwasser dabei auffangen.

2. Zwiebeln und Knoblauch abziehen, jeweils in kleine Würfel schneiden. Bauernspeck in feine Streifen schneiden. Die Lyoner Wurst in etwa 1 cm große Würfel schneiden. Möhre und Sellerie putzen, schälen, abspülen, abtropfen lassen und ebenfalls in etwa 1 cm große Würfel schneiden. Porree putzen, die Stange längs halbieren, gründlich waschen, abtropfen lassen und in sehr kleine Stücke schneiden.

3. Das Olivenöl in einem Topf erhitzen. Zwiebel- und Knoblauchwürfel darin andünsten. Speckstreifen und Wurstwürfel hinzugeben und mitdünsten lassen.

4. Linsen, Möhren-, Selleriewürfel und Porreestückchen hinzugeben. Mit Zucker bestreuen. Die Zutaten unter Rühren karamellisieren lassen. Mit Balsamico-Essig ablöschen. Die Brühe und das aufgefangene Einweichwasser hinzugießen, zum Kochen bringen. Den Rosmarin abspülen, trocken tupfen und mit dem Lorbeerblatt hinzugeben. Mit Salz und Pfeffer würzen. Den Eintopf zugedeckt 15–20 Minuten bei schwacher Hitze kochen lassen.

5. Schnittlauch abspülen, trocken tupfen und in kleine Röllchen schneiden. Den Eintopf nochmals mit den Gewürzen abschmecken und mit Schnittlauchröllchen bestreut servieren. Crème fraîche dazureichen.

Bunter Rübentopf mit Geselchtem | Raffiniert

(Österreichisch für gepökeltes, geräuchertes Fleisch)
6 Portionen

Pro Portion:
E: 30 g, F: 18 g, Kh: 45 g, kJ: 1986, kcal: 474

1 Stange Porree (Lauch)
2 Bund Möhren
2 Bund gelbe Möhren
2 Bund Eiszapfen (kleine, weiße Rüben)
1 kg kleine, neue Kartoffeln
800 g gepökelte Schweineschulter (ohne Knochen)
2 EL Butter
Salz, frisch gemahlener Pfeffer
1 Lorbeerblatt
1 Bund Schnittlauch

Zubereitungszeit: 45 Minuten
Garzeit: etwa 45 Minuten

1. Den Porree putzen, gründlich waschen, abtropfen lassen und in Scheiben schneiden. Möhren und Eiszapfen putzen, schälen, abspülen, abtropfen lassen und ebenfalls in Scheiben schneiden. Die Kartoffeln unter fließendem kalten Wasser gründlich waschen, abbürsten, abtropfen lassen und halbieren.

2. Die Schweineschulter unter fließendem kalten Wasser abspülen, trocken tupfen und in etwa 2 cm große Würfel schneiden.

3. Butter in einem großen Topf zerlassen. Das vorbereitete Gemüse darin eventuell in 2 Portionen andünsten. Kartoffeln und Fleischwürfel hinzufügen. So viel kaltes Wasser hinzugießen, dass die Zutaten bedeckt sind. Alles zum Kochen bringen. Mit etwas Salz und Pfeffer würzen. Lorbeerblatt hinzufügen. Den Rübentopf zugedeckt etwa 45 Minuten bei schwacher Hitze leicht kochen lassen.

4. Schnittlauch abspülen, trocken tupfen und in feine Röllchen schneiden. Den Rübentopf mit Schnittlauchröllchen bestreut servieren.

Bunter Weißkohleintopf | Deftig

4 Portionen

Pro Portion:
E: 46 g, F: 42 g, Kh: 28 g, kJ: 2977, kcal: 711

500 g	*Weißkohl*
2	*Möhren (etwa 250 g)*
75 g	*Knollensellerie*
1 Stange	*Porree (Lauch)*
500 g	*mehligkochende Kartoffeln*
100 g	*geräucherter, durchwachsener Speck*
1	*große Zwiebel*
1 EL	*Butter oder Margarine*
500 ml (1/2 l)	*heiße Gemüsebrühe*
	Salz
	frisch gemahlener Pfeffer
	gerebelter Majoran
4	*Kohlwürstchen, geräuchert (je etwa 100 g)*
	vorbereitete Petersilienblättchen

Zubereitungszeit: 45 Minuten
Garzeit: etwa 25 Minuten

1. Den Weißkohl putzen, vierteln und den Strunk herausschneiden. Weißkohlviertel waschen, abtropfen lassen und in dünne Streifen schneiden oder hobeln. Möhren putzen, schälen, abspülen, abtropfen lassen und in kleine Würfel schneiden. Sellerie schälen, abspülen, abtropfen lassen und ebenfalls klein würfeln. Porree putzen, die Stange längs halbieren, gründlich waschen, abtropfen lassen und in Streifen schneiden.

2. Kartoffeln waschen, schälen, abspülen, abtropfen lassen und in Würfel schneiden. Speck ebenfalls in Würfel schneiden. Zwiebel abziehen, halbieren und klein würfeln. Butter oder Margarine in einem großen Topf zerlassen. Die Speckwürfel darin auslassen. Die Zwiebelwürfel hinzugeben und andünsten. Die vorbereiteten Gemüsezutaten und Kartoffelwürfel portionsweise hinzugeben und mitdünsten lassen.

3. Brühe hinzugießen, mit Salz, Pfeffer und Majoran würzen. Die Kohlwürstchen mehrmals mit einem Holzstäbchen einstechen und dann auf das Gemüse legen. Den Eintopf zum Kochen bringen und zugedeckt etwa 25 Minuten garen, dabei ab und zu umrühren.

4. Den Weißkohleintopf mit Petersilienblättchen garniert servieren.

Cancha Mexicana (Mexikanischer Bohnen-Geflügel-Topf) | Für Gäste

8–10 Portionen

Pro Portion:
E: 34 g, F: 7 g, Kh: 24 g, kJ: 1254, kcal: 300

2 gelbe Paprikaschoten (je etwa 150 g)
5 Hähnchenbrustfilets (je etwa 150 g)
4 EL Speiseöl
2 l Hühnerbrühe
1 Dose grüne Bohnenkerne (Flageolets, Abtropfgewicht 250 g)
1 Dose Kidneybohnen (Abtropfgewicht 250 g)
1 Dose Gemüsemais (Abtropfgewicht 285 g)
Salz
frisch gemahlener Pfeffer
4 EL süße Chilisauce

Zubereitungszeit: 15 Minuten
Garzeit: etwa 45 Minuten

1. Die Paprikaschoten halbieren, entstielen, entkernen und die weißen Scheidewände entfernen. Die Schotenhälften waschen, abtropfen lassen und in kleine Würfel schneiden.

2. Die Hähnchenbrustfilets unter fließendem kalten Wasser abspülen, trocken tupfen und klein würfeln.

3. Speiseöl in einem großen Topf erhitzen. Fleischwürfel darin von allen Seiten anbraten. Paprikawürfel hinzugeben und mit andünsten. Hühnerbrühe hinzugießen und zum Kochen bringen. Den Eintopf zugedeckt etwa 35 Minuten bei schwacher Hitze kochen lassen.

4. Beide Sorten Bohnen und Mais in ein Sieb geben, mit kaltem Wasser abspülen, abtropfen lassen und hinzufügen. Den Eintopf mit Salz, Pfeffer und Chilisauce pikant würzen. Den Eintopf wieder zum Kochen bringen und weitere etwa 10 Minuten bei schwacher Hitze kochen lassen.

Tipps: Zu der Suppe Taco-Chips oder ofenwarme Tortillas (dünne Brotfladen aus Maismehl) reichen. Anstelle von Hähnchenbrustfilets können auch Putenschnitzel verwendet werden.

Channa Dal (Indische gelbe Erbsensuppe) | Preiswert

4 Portionen

Pro Portion:
E: 16 g, F: 15 g, Kh: 39 g, kJ: 1492, kcal: 357

240 g getrocknete, gelbe Schälerbsen
1 l Gemüsebrühe
2 Lorbeerblätter
1/2 gestr. TL gemahlener Zimt
Chilipulver
1 TL gemahlener Kardamom
40 g Butter
2 TL Currypulver
1/2 gestr. TL Kurkuma (Gelbwurz)
2 EL Kokosraspel
4 EL Rosinen
1/2 gestr. TL gemahlener Kreuzkümmel

Zubereitungszeit: 15 Minuten
Garzeit: etwa 80 Minuten

1. Schälerbsen in ein Sieb geben, mit kaltem Wasser abspülen und abtropfen lassen. Die Schälerbsen mit der Gemüsebrühe in einem Topf zum Kochen bringen. Dabei die Brühe mehrmals mit einem Schaumlöffel abschäumen.

2. Lorbeerblätter, Zimt, Chili und Kardamom hinzugeben. Die Erbsen zugedeckt etwa 80 Minuten bei mittlerer Hitze kochen lassen, dabei ab und zu umrühren. Die Erbsen sollen weich sein und zerfallen. Die Suppe mit einem Stabmixer fein pürieren.

3. Butter in einer kleinen Pfanne zerlassen. Curry, Kurkuma und Kokosraspel hinzugeben, unter Rühren kurz andünsten. Die Butter-Kokos-Masse unter die pürierte Erbsensuppe rühren. Rosinen und Kreuzkümmel hinzugeben. Die Suppe wieder erhitzen und nach Belieben mit den Gewürzen abschmecken.

Beilage: Fladenbrot.

Tipps: Schälerbsen, z. B. Kichererbsen oder getrocknete Erbsen, müssen nicht eingeweicht werden, da die äußere harte Schale beim Schälvorgang bereits entfernt wurde.
Kardamom wird bei uns vorwiegend in der Weihnachtsbäckerei verwendet und ist ein Bestandteil von Currypulver. Kardamom ist ein rötlich-graues Pulver, das vor allem aus Indien kommt. Es ist leicht scharf im Geschmack.

Variante: Erbsensuppe mit Knoblauch-Crostini (4 Portionen). Dafür 1 Bund Frühlingszwiebeln putzen, waschen, abtropfen lassen und in Scheiben schneiden. 800 ml Gemüsebrühe in einem Topf erhitzen. Frühlingszwiebelscheiben hinzugeben und aufkochen lassen. 600 g TK-Erbsen unaufgetaut in die Brühe geben und wieder zum Kochen bringen. Die Erbsen zugedeckt etwa 8 Minuten bei schwacher Hitze garen. Die Erbsen mit der Brühe pürieren. 1 Becher (150 g) Crème fraîche unter die Suppe rühren. Die Suppe nach Belieben nochmals pürieren. Mit Salz und Pfeffer abschmecken. Die Suppe mit einigen abgespülten und trocken getupften Oreganoblättchen garnieren. Für die Crostini 2–3 Knoblauchzehen abziehen, halbieren und 8 Scheiben Baguette damit einreiben. 4 Esslöffel Olivenöl oder Butter in einer Pfanne erhitzen oder zerlassen. Die Baguettescheiben darin von beiden Seiten goldbraun rösten.

Chinakohleintopf | Deftig – für Kinder

4 Portionen

Pro Portion:
E: 29 g, F: 39 g, Kh: 19 g, kJ: 2425, kcal: 579

750 g Chinakohl
2–3 Zwiebeln
250 g Tomaten
375 g Kartoffeln
40 g Butter oder Margarine
500 g Gehacktes (halb Rind-, halb Schweinefleisch)
Salz, frisch gemahlener Pfeffer
500 ml (1/2 l) Gemüsebrühe
2 EL Tomatenmark
2 EL Schnittlauchröllchen

Zubereitungszeit: 45 Minuten
Garzeit: 25–30 Minuten

1. Chinakohl putzen, vierteln und den Strunk herausschneiden. Kohlviertel in schmale Streifen schneiden, waschen und abtropfen lassen. Zwiebeln abziehen und in kleine Würfel schneiden.

2. Tomaten waschen, abtropfen lassen, kreuzweise einschneiden, kurz in kochendes Wasser legen und in kaltem Wasser abschrecken. Tomaten enthäuten, halbieren, entkernen und die Stängelansätze herausschneiden. Tomatenhälften in Stücke schneiden. Die Kartoffeln waschen, schälen, abspülen, abtropfen lassen und in Würfel schneiden.

3. Butter oder Margarine in einem Topf zerlassen. Die Zwiebelwürfel darin goldgelb dünsten. Gehacktes hinzufügen und unter Rühren anbraten. Dabei die Fleischklümpchen mit einer Gabel zerdrücken. Mit Salz und Pfeffer würzen.

4. Kartoffelwürfel und Gemüsebrühe hinzugeben, zum Kochen bringen und zugedeckt etwa 10 Minuten garen. Chinakohlstreifen hinzufügen. Den Eintopf wieder zum Kochen bringen, weitere 15–20 Minuten garen.

5. Tomatenstücke und Tomatenmark unterrühren. Den Eintopf nochmals erhitzen, mit Salz und Pfeffer abschmecken.

6. Den Chinakohleintopf in Tellern verteilen und mit Schnittlauchröllchen bestreut servieren.

Chinakohl-Stew | Für Gäste

4 Portionen

Pro Portion:
E: 43 g, F: 6 g, Kh: 4 g, kJ: 1004, kcal: 241

250 g Rindfleisch aus der Hüfte (ohne Knochen)
250 g Lammfleisch aus der Hüfte (ohne Knochen)
250 g Schweinefleisch (Schnitzelfleisch)
1 Knoblauchzehe
2 Zwiebeln
Salz, frisch gemahlener Pfeffer
750 g Chinakohl
250 ml (1/4 l) Fleischbrühe
2 Tomaten
gemahlener Kreuzkümmel

Zubereitungszeit: 25 Minuten
Garzeit: etwa 90 Minuten

1. Rind-, Lamm- und Schweinefleisch unter fließendem kalten Wasser abspülen, trocken tupfen und in kleine Würfel schneiden. Den Knoblauch abziehen und durch eine Knoblauchpresse drücken. Zwiebeln abziehen, halbieren und in Scheiben schneiden.

2. Die Fleischwürfel in einen gewässerten Römertopf® (4-Liter-Inhalt) geben. Knoblauch und Zwiebelscheiben hinzufügen. Mit Salz und Pfeffer bestreuen.

3. Chinakohl putzen, vierteln und den Strunk herausschneiden. Kohlviertel in schmale Streifen schneiden, waschen, abtropfen lassen und auf den Fleischwürfeln verteilen. Brühe hinzugießen.

4. Den Römertopf® mit dem Deckel verschließen und auf dem Rost in den kalten Backofen schieben.
Ober-/Unterhitze: etwa 200 °C
Heißluft: etwa 180 °C

5. Die Tomaten waschen, kreuzweise einschneiden, kurz in kochendes Wasser legen. In kaltem Wasser abschrecken, enthäuten, halbieren und die Stängelansätze herausschneiden. Tomatenhälften in Stücke schneiden.

6. Nach etwa 75 Minuten Garzeit die Tomatenstücke zu dem Chinakohl-Stew in den Römertopf® geben und in weiteren etwa 15 Minuten fertig garen.

7. Den Römertopf® aus dem Backofen nehmen. Das Chinakohl-Stew vorsichtig umrühren. Mit Salz, Pfeffer und Kreuzkümmel würzen.

Chinesische Gemüsesuppe mit Hackfleischbällchen | Raffiniert

4 Portionen

Pro Portion:
E: 14 g, F: 15 g, Kh: 17 g, kJ: 1074, kcal: 257

1 Zwiebel
10 g Ingwerwurzel
400 g Möhren
1 Stange Porree (Lauch, etwa 200 g)
1 rote Paprikaschote (etwa 200 g)
1 kleiner Knollensellerie (etwa 200 g)
300 g Chinakohl
100 g Sprossen-Mix oder Sojabohnensprossen

Für die Hackfleischbällchen:
10 g Ingwerwurzel
200 g Schweinegehacktes
Salz
2 EL Speisestärke
½ EL Wasser

1–2 EL Speiseöl
1 l Gemüsebrühe
2–3 TL Sojasauce
frisch gemahlener Pfeffer
etwa ½ TL Chinagewürz

Zubereitungszeit: 50 Minuten
Garzeit: 10–13 Minuten

1. Zwiebel abziehen und in kleine Würfel schneiden. Den Ingwer schälen, abspülen, abtropfen lassen und ebenfalls klein würfeln. Die Möhren putzen, schälen, abspülen, abtropfen lassen und dann schräg in dünne Scheiben schneiden. Porree putzen, die Stange längs halbieren, gründlich waschen und abtropfen lassen. 20 g Porree (ein etwa 4 cm kurzes Stück) für die Hackfleischbällchen beiseitelegen. Restlichen Porree in feine Streifen schneiden. Paprikaschote halbieren, entstielen, entkernen und die weißen Scheidewände entfernen. Schotenhälften waschen, abtropfen lassen und in schmale Streifen schneiden.

2. Sellerie schälen, abspülen, abtropfen lassen und in Rauten schneiden. Dafür Sellerie zuerst in dünne Scheiben, dann jede Scheibe schräg und längs in etwa 1 ½ cm breite Stücke schneiden. Chinakohl putzen, den Kohl vierteln und den Strunk herausschneiden. Kohlviertel waschen, abtropfen lassen und in schmale Streifen schneiden. Die Sprossen in ein Sieb geben, mit kochendem Wasser übergießen, abtropfen lassen und beiseitestellen.

3. Für die Hackfleischbällchen den beiseitegelegten Porree klein scheiden. Den Ingwer schälen, abspülen und ebenfalls klein schneiden. Das Gehackte in eine Rührschüssel geben. Porree-, Ingwerstückchen, Salz, Speisestärke und Wasser hinzufügen. Die Zutaten mit Handrührgerät mit Knethaken zunächst kurz auf niedrigster, dann auf höchster Stufe gut durcharbeiten.

4. Aus dem Fleischteig mit angefeuchteten Händen etwa 20 walnussgroße Bällchen formen und beiseitestellen.

5. Das Speiseöl in einem Topf erhitzen. Zwiebel- und Ingwerwürfel darin andünsten. Die Möhrenscheiben, Porree-, Paprikastreifen und Sellerierauten hinzufügen, mitdünsten lassen. Die Brühe hinzugießen. Die Zutaten zum Kochen bringen und zugedeckt etwa 5 Minuten garen lassen.

6. Chinakohlstreifen, Sprossen und Hackfleischbällchen in die Suppe geben, wieder zum Kochen bringen und weitere 5–7 Minuten garen, dabei gelegentlich umrühren. Die Suppe vor dem Servieren mit Sojasauce, Salz, Pfeffer und Chinagewürz abschmecken.

Clam Showder (Muschelsuppe) I

Gut vorzubereiten – für Gäste

6 Portionen

Pro Portion:
E: 15 g, F: 12 g, Kh: 20 g, kJ: 1054, kcal: 252

400 g	*TK-Chowder-Clam-Muschelfleisch*
100 g	*mild geräucherter Speck*
1	*Zwiebel*
1 kleine Stange	*Porree (Lauch)*
3	*große Kartoffeln*
4 Stängel	*Thymian*
	Salz
	frisch gemahlener Pfeffer
2 EL	*Sonnenblumenöl*
1 l	*Hühnerbrühe*
500 ml (1/2 l)	*Milch*

Zubereitungszeit: 35 Minuten, ohne Auftauzeit
Garzeit: 35–45 Minuten

1. Das Clam-Muschelfleisch nach Packungsanleitung auftauen lassen. Muschelfleisch kurz unter fließendem kalten Wasser abspülen, trocken tupfen und grob würfeln.

2. Den Backofen vorheizen.
Ober-/Unterhitze: etwa 200 °C
Heißluft: etwa 180 °C

3. Speck in kleine Würfel schneiden. Zwiebel abziehen und ebenfalls klein würfeln. Porree putzen, die Stange längs halbieren, gründlich waschen, abtropfen lassen und in Streifen schneiden. Die Kartoffeln waschen, schälen, abspülen, abtropfen lassen und in etwa 1 cm große Würfel schneiden. Thymian abspülen und trocken tupfen. Die Blättchen von den Stängeln zupfen.

4. Das Muschelfleisch mit den Porreestreifen und Kartoffelwürfeln mischen, Thymianblättchen untermengen. Mit Salz und Pfeffer würzen.

5. Das Sonnenblumenöl in einem weiten, flachen, feuerfesten Topf erhitzen. Zwiebel- und Speckwürfel darin andünsten. Muschel-Kartoffel-Mischung hinzugeben. Hühnerbrühe und Milch hinzugießen.

6. Den Topf mit dem Deckel verschließen und auf dem Rost in den vorgeheizten Backofen schieben. Clam Showder 35–45 Minuten garen (die Kartoffelwürfel sollen gar, aber nicht zerfallen sein).

Beilage: Ofenfrisches Baguette.

Couscous mit Lamm und Minze I

Raffiniert

4 Portionen

Pro Portion:
E: 37 g, F: 28 g, Kh: 52 g, kJ: 2572, kcal: 615

600 g Lammschulter
Salz, frisch gemahlener Pfeffer
2 Knoblauchzehen
2 Zwiebeln
2 rote Paprikaschoten
2 EL Olivenöl
1 Msp. gemahlener Zimt
0,1 g gemahlener Safran

250 g Couscous (Instant)
1 EL Olivenöl
2 EL Butter

2 große Tomaten
1 Bund Minze, z. B. marokkanische Minze
2 Limetten

Zubereitungszeit: 35 Minuten
Garzeit: etwa 45 Minuten

1. Lammschulter unter fließendem kalten Wasser abspülen, trocken tupfen und in etwa 2 cm große Würfel schneiden. Mit Salz und Pfeffer würzen. Knoblauch abziehen, durch eine Knoblauchpresse drücken und mit den Lammfleischwürfeln vermengen.

2. Zwiebeln abziehen und in kleine Würfel schneiden. Paprikaschoten halbieren, entstielen, entkernen und die weißen Scheidewände entfernen. Schotenhälften waschen, abtropfen lassen und ebenfalls würfeln.

3. Olivenöl in einem Topf erhitzen. Lammfleischwürfel darin von allen Seiten anbraten. Zwiebelwürfel hinzugeben und mitdünsten lassen. Paprikawürfel ebenfalls hinzufügen und mit andünsten. Mit Zimt und Safran bestäuben. So viel kaltes Wasser hinzugießen, dass die Zutaten gut bedeckt sind. Zum Kochen bringen. Die Lammfleischwürfel zugedeckt etwa 45 Minuten garen.

4. In der Zwischenzeit Couscous mit reichlich kochendem Wasser übergießen. Der Grieß soll das Wasser vollständig aufnehmen und weich werden. Eventuell Couscous in ein Sieb geben und überschüssiges Wasser ablaufen lassen. Den Couscous mit einer Gabel auflockern. Mit Salz und Pfeffer würzen. Olivenöl und Butter untermischen. Couscous warm stellen.

5. Die Tomaten waschen, abtrocknen, halbieren und entstielen. Tomatenhälften in Würfel schneiden. Minze abspülen und trocken tupfen. Die Blättchen von den Stängeln zupfen. Die Blättchen in Streifen schneiden. Limetten heiß abwaschen, abtrocknen und in Spalten schneiden.

6. Das Couscous mit den Tomatenwürfeln und Minzestreifen zu den garen Lammfleischwürfeln geben und untermischen. Couscous mit Lamm und Minze mit Limettenspalten garniert servieren.

Curry-Linsen-Suppe mit Rosinen

Exotisch

4 Portionen

Pro Portion:

E: 17 g, F: 10 g, Kh: 41 g, kJ: 1364, kcal: 326

1 Zwiebel
1 Knoblauchzehe
30 g Butter
1 EL Currypulver
½ TL Paprikapulver edelsüß
¼ TL gemahlener Kreuzkümmel (Cumin)
Salz
frisch gemahlener Pfeffer
4 EL Tomatenmark
750 ml (¾ l) Gemüsebrühe
250 g getrocknete, gelbe oder rote Linsen
3 EL Rosinen
½ Bund glatte Petersilie

Zubereitungszeit: 20 Minuten
Garzeit: 20–25 Minuten

1. Zwiebel und Knoblauch abziehen, in kleine Würfel schneiden. Butter in einem Topf zerlassen. Zwiebel- und Knoblauchwürfel darin andünsten.

2. Curry, Paprika, Kreuzkümmel, Salz, Pfeffer und Tomatenmark hinzufügen und kurz mit andünsten. Die Brühe hinzugießen. Linsen unter Rühren einstreuen. Anschließend die Suppe zum Kochen bringen und zugedeckt 20–25 Minuten bei schwacher Hitze köcheln lassen. Dabei gelegentlich umrühren.

3. In der Zwischenzeit Rosinen in ein Sieb geben, mit kaltem Wasser abspülen und abtropfen lassen. Rosinen nach Ende der Garzeit in die Suppe geben. Die Suppe mit den Gewürzen abschmecken.

4. Petersilie abspülen und trocken tupfen. Die Blättchen von den Stängeln zupfen. Blättchen grob zerschneiden. Die Curry-Linsen-Suppe mit Petersilie bestreut servieren.

Tipp: Kreuzkümmel (Cumin) kommt vor allem in der indischen und arabischen Küche vor. Er ist im Geschmack schärfer als der klassische Kümmel und sorgt im Gericht für eine orientalische Note.

Curry-Suppentopf | Für Gäste – raffiniert

4 Portionen

Pro Portion:
E: 18 g, F: 17 g, Kh: 13 g, kJ: 1157, kcal: 278

250 g	*Putenschnitzel*
1	*kleine Zwiebel*
1 kleine Stange	*Porree (Lauch, etwa 150 g)*
2 EL	*Butterschmalz*
1 leicht geh. EL	*Currypulver*
2 EL	*Weizenmehl*
1 l	*Hühnerbrühe*
2–3 EL	*Crème fraîche*
	Salz, frisch gemahlener Pfeffer
1	*Apfel*
Saft von ½	*Zitrone*

Zubereitungszeit: 25 Minuten
Garzeit: etwa 30 Minuten

1. Putenschnitzel unter fließendem kalten Wasser abspülen, trocken tupfen und in kleine Würfel schneiden. Zwiebel abziehen und ebenfalls klein würfeln. Porree putzen, die Stange längs halbieren, gründlich waschen, abtropfen lassen und in Streifen schneiden.

2. Butterschmalz in einem Topf erhitzen. Die Fleischwürfel darin von allen Seiten leicht anbraten und herausnehmen. Zwiebelwürfel und Porreestreifen in dem verbliebenen Bratfett andünsten.

3. Die Fleischwürfel wieder in den Topf geben, mit Curry und Mehl bestäuben, gut unterrühren. Hühnerbrühe hinzugießen. Die Suppe unter Rühren zum Kochen bringen und zugedeckt etwa 30 Minuten unter gelegentlichem Rühren bei schwacher Hitze köcheln lassen.

4. Crème fraîche unterrühren. Die Suppe mit Salz und Pfeffer würzen.

5. Den Apfel waschen, abtrocknen, vierteln, entkernen und in schmale Spalten schneiden. Apfelspalten mit Zitronensaft beträufeln, kurz vor dem Servieren in die Suppe geben und miterhitzen.

Tipp: Statt Putenschnitzel können Sie auch Hähnchenbrustfilets verwenden.

Deftiger Kohltopf

Für die Party – einfach

8–10 Portionen

Pro Portion:

E: 17 g, F: 25 g, Kh: 14 g, kJ: 1485, kcal: 356

1 kg TK-Rosenkohl
½ Spitzkohl (etwa 500 g)
½ Kopf Wirsing (etwa 500 g)
500 g festkochende Kartoffeln, z. B. Hansa
500 g Cabanossi oder geräucherte Mettwürstchen
6 EL Speiseöl
2 l Gemüsebrühe
Salz, frisch gemahlener Pfeffer
Kümmelsamen
2 Bund glatte Petersilie

Zubereitungszeit: 45 Minuten, ohne Auftauzeit
Garzeit: etwa 35 Minuten

1. Den Rosenkohl nach Packungsanleitung auftauen lassen. Von dem Spitzkohl und dem Wirsing die groben äußeren Blätter entfernen. Jeweils den Strunk herausschneiden. Spitzkohl und Wirsing waschen, abtropfen lassen und in große Stücke schneiden.

2. Kartoffeln waschen, schälen, abspülen, abtropfen lassen und in Würfel schneiden. Die Cabanossi oder Mettwürstchen in dünne Scheiben schneiden.

3. Jeweils etwas Speiseöl in einem großen Bräter erhitzen. Kartoffelwürfel, Spitzkohl-, Wirsingstücke, Rosenkohl und Wurstscheiben darin portionsweise andünsten. Brühe hinzugießen. Mit Salz, Pfeffer und Kümmel würzen. Die Zutaten zum Kochen bringen und zugedeckt etwa 35 Minuten bei schwacher Hitze garen.

4. Petersilie abspülen und trocken tupfen. Die Blättchen von den Stängeln zupfen. Blättchen klein schneiden und unter den Kohltopf rühren. Mit Salz und Pfeffer abschmecken.

Dicke Bohnensuppe mit Schalotten | Einfach

4 Portionen

Pro Portion:
E: 12 g, F: 7 g, Kh: 33 g, kJ: 1025, kcal: 245

Für die Brotfladen:

125 g Vollkorn-Weizenmehl
100 ml heißes Wasser
1 Prise Salz

etwa 1 TL Speiseöl für die Pfanne

Für die Suppe:

6 Schalotten (etwa 180 g)
1 Bund Schnittlauch
1 Glas dicke Bohnen (Abtropfgewicht 425 g)
1 EL Butter oder Margarine
750 ml (3/4 l) Gemüsebrühe
Salz, frisch gemahlener Pfeffer
1/2–1 EL Zitronensaft

Zubereitungszeit: 40 Minuten, ohne Ruhezeit
Garzeit: 6–8 Minuten

1. Für die Brotfladen das Mehl in eine Rührschüssel geben. Dann Wasser und Salz hinzufügen. Die Zutaten mit Handrührgerät mit Knethaken zunächst kurz auf niedrigster, dann auf höchster Stufe in etwa 1 Minute zu einem glatten Teig verarbeiten. Den Teig mit den Händen kurz durchkneten und etwa 60 Minuten ruhen lassen.

2. Den Teig vierteln. Die einzelnen Teigportionen jeweils auf einer nur leicht bemehlten Arbeitsfläche zu einer runden Platte ausrollen (Ø je etwa 13 cm). Eine Pfanne mit einem dünnen Boden (gefettet) gut erhitzen. Die Fladen darin nacheinander etwa 2 Minuten von einer Seite backen, bis braune Punkte erscheinen. Fladen wenden und weiterbacken, eventuell die Hitze etwas reduzieren. Die Fladen aus der Pfanne nehmen und auf Kuchenrosten abkühlen lassen.

3. Für die Suppe Schalotten abziehen und in kleine Würfel schneiden. Schnittlauch abspülen, trocken tupfen und in feine Röllchen schneiden. Bohnen in ein Sieb geben, mit kaltem Wasser abspülen und abtropfen lassen.

4. Die Butter oder Margarine in einem Topf zerlassen. Die Schalottenwürfel darin andünsten. Zwei Drittel der Schnittlauchröllchen und die Bohnen hinzugeben, etwa 2 Minuten unter Rühren mitdünsten lassen.

5. Brühe hinzugießen und zum Kochen bringen. Die Bohnensuppe zugedeckt 6–8 Minuten bei schwacher Hitze leicht kochen lassen. 4 Esslöffel der Bohnen mit einer Schaumkelle herausnehmen und beiseitelegen. Die Suppe mit den restlichen Bohnen pürieren.

6. Beiseitegelegte Bohnen in der Suppe erwärmen. Die Suppe mit Salz, Pfeffer und Zitronensaft abschmecken und in Tellern verteilen. Die Bohnensuppe mit den restlichen Schnittlauchröllchen bestreuen. Die Brotfladen dazureichen.

Tipps: Die Brotfladen schmecken auch mit weißem Weizenmehl (Type 405). Statt Brotfladen selbst zuzubereiten, können Sie auch fertig gekauftes Fladenbrot zur Suppe reichen.

Eintopf mit Steinpilzen und Grünkern | Raffiniert

4 Portionen

Pro Portion:
E: 21 g, F: 11 g, Kh: 17 g, kJ: 1129, kcal: 269

10 g getrocknete Steinpilze
70 g Grünkern (erhältlich im Reformhaus)
1 l Gemüsebrühe
1 Lorbeerblatt
250 g Möhren
350 g Steckrübe
250 g Porree (Lauch)
300 g feines Kalbsbrät
½ Bund glatte Petersilie
Salz
frisch gemahlener Pfeffer
frisch geriebene Muskatnuss

Zubereitungszeit: 40 Minuten
Garzeit: etwa 30 Minuten

1. Steinpilze in ein Sieb geben, mit kaltem Wasser abspülen und abtropfen lassen. Grünkern, Gemüsebrühe, Steinpilze und Lorbeerblatt in einen Topf geben, zum Kochen bringen. Dabei eventuell den Schaum abschöpfen. Grünkern etwa 10 Minuten bei schwacher Hitze kochen lassen.

2. In der Zwischenzeit Möhren und Steckrübe putzen, schälen, abspülen, abtropfen lassen und in 2–3 cm lange Stifte schneiden. Porree putzen, die Stangen längs halbieren, gründlich waschen, abtropfen lassen und in Streifen schneiden. Die Möhren-, Steckrübenstifte und Porreestreifen zu dem Grünkern in den Topf geben und wieder zum Kochen bringen. Den Eintopf weitere etwa 10 Minuten garen.

3. Aus dem Kalbsbrät mit angefeuchteten Händen kleine Klöße formen und in den Eintopf geben. Den Eintopf zugedeckt in etwa 10 Minuten fertig garen.

4. In der Zwischenzeit Petersilie abspülen und trocken tupfen. Die Blättchen von den Stängeln zupfen. Blättchen in Streifen schneiden. Den Eintopf mit Salz, Pfeffer und Muskat würzen. Den Eintopf in Tellern verteilen und mit Petersilie bestreut servieren.

Tipp: 300 g feines Kalbsbrät entspricht 3 ungebrühten Kalbsbratwürsten.

Eintopf von der Kalbshaxe mit Rauke | Etwas aufwendiger

4 Portionen

Pro Portion:
E: 39 g, F: 10 g, Kh: 24 g, kJ: 1455, kcal: 347

1 Kalbshaxe (etwa 1 kg)
1 Gemüsezwiebel (etwa 150 g)
Salz
1 EL weiße Pfefferkörner
2 Lorbeerblätter
1 TL Wacholderbeeren
2 Möhren (etwa 250 g)
½ Knollensellerie (etwa 300 g)
4 Kartoffeln (etwa 500 g)
1 Kohlrabi (etwa 400 g)
1 Stange Porree (Lauch, etwa 300 g)
frisch gemahlener Pfeffer
frisch geriebene Muskatnuss
2 kleine Bunde Rucola (Rauke)
1 Bio-Zitrone (unbehandelt, ungewachst)

Zubereitungszeit: 45 Minuten
Garzeit: etwa 2 Stunden 10 Minuten

1. Die Kalbshaxe von den dicken äußeren Sehnen befreien. Haxe unter fließendem kalten Wasser abspülen, abtropfen lassen und in einen großen Topf geben. So viel Wasser hinzugießen, dass die Haxe gerade bedeckt ist. Zum Kochen bringen und abschäumen.

2. In der Zwischenzeit Zwiebel abziehen und halbieren. Zwiebelhälften in einer Pfanne ohne Fett auf der Schnittfläche fast schwarz rösten (damit die Brühe eine kräftige Farbe bekommt). Zwiebelhälften aus der Pfanne nehmen, mit Salz, Pfefferkörnern, Lorbeerblättern und Wacholderbeeren zur Haxe in den Topf geben und wieder zum Kochen bringen. Dann die Haxe ohne Deckel etwa 2 Stunden bei schwacher Hitze kochen lassen.

3. In der Zwischenzeit Möhren putzen, schälen, abspülen, abtropfen lassen und quer halbieren. Sellerie schälen, abspülen, abtropfen lassen und halbieren. Nach etwa 60 Minuten Garzeit der Haxe die Möhren- und Selleriestücke hinzufügen.

4. Die gare Kalbshaxe aus der Brühe nehmen und abkühlen lassen (die Kalbshaxe ist gar, wenn sich das Fleisch leicht vom Knochen lösen lässt). Möhren- und Selleriestücke mit einer Schaumkelle herausnehmen und abkühlen lassen. Die Brühe durch ein Sieb in einen anderen Topf gießen.

5. Kartoffeln waschen, schälen, abspülen und abtropfen lassen. Kohlrabi schälen, abspülen und abtropfen lassen. Kartoffeln und Kohlrabi in gleich große Würfel schneiden. Porreestange längs halbieren, gründlich waschen, abtropfen lassen und in Streifen schneiden. Zuerst die Kartoffelwürfel in die Brühe geben, zum Kochen bringen und etwa 5 Minuten garen. Dann Kohlrabiwürfel und Porreestreifen hinzufügen und weitere etwa 5 Minuten garen.

6. Das Fleisch vom Knochen lösen und in Würfel schneiden. Möhren und Sellerie ebenfalls klein würfeln. Wenn die Kartoffel- und Kohlrabiwürfel gar sind, Fleisch-, Möhren- und Selleriewürfel dazugeben. Mit Salz, Pfeffer und Muskat kräftig abschmecken.

7. Rucola putzen, waschen und trocken tupfen. Die langen Stielenden entfernen. Rucolablätter in mundgerechte Stücke teilen. Zitrone heiß abspülen, abtrocknen und die Schale abreiben.

8. Den Rucola und die Zitronenschale in Tellern verteilen. Den Eintopf daraufgeben und sofort servieren.

Elsässer Krauttöpfle mit Mettenden | Deftig – mit Alkohol

8 Portionen

Pro Portion:
E: 32 g, F: 44 g, Kh: 14 g, kJ: 2624, kcal: 631

1 kg frisches, rohes Sauerkraut
2 Zwiebeln
2 dicke Möhren
1 Dose weiße Bohnen (Abtropfgewicht 225 g)
1 große Speckschwarte
4 fingerdicke Scheiben durchwachsener Speck
8 Mettenden (Rauchenden)
4 dicke Scheiben Kasseler (ohne Knochen)
1 Gewürzbeutel (10 weiße Pfefferkörner, 4 Gewürznelken, 8 Wacholderbeeren, 1 Lorbeerblatt)
500 ml (1/2 l) trockener Riesling
500 ml (1/2 l) Wasser
4 große, festkochende Kartoffeln

mittelscharfer Senf

Zubereitungszeit: 30 Minuten
Garzeit: etwa 2 Stunden

1. Den Backofen vorheizen.
Ober-/Unterhitze: etwa 180 °C
Heißluft: etwa 160 °C

2. Das Sauerkraut in ein Sieb geben, unter fließendem kalten Wasser abspülen, abtropfen lassen und auseinanderzupfen. Die Zwiebeln abziehen, halbieren und in Streifen schneiden. Möhren putzen, schälen, abspülen, abtropfen lassen und in dünne Scheiben schneiden. Die Bohnen in ein Sieb geben, mit kaltem Wasser abspülen und abtropfen lassen.

3. Die Speckschwarte in einen großen, gusseisernen Topf oder Bräter legen. Die Hälfte des Sauerkrauts darauf verteilen. Zwiebelstreifen und Möhrenscheiben daraufgeben. Speckscheiben, Mettenden, Kasselerscheiben und den Gewürzbeutel darauflegen. Restliches Sauerkraut darauf verteilen. Den Riesling und 500 ml (1/2 l) Wasser hinzugießen.

4. Den Topf oder Bräter auf dem Rost in den vorgeheizten Backofen schieben. Den Eintopf etwa 2 Stunden garen.

5. In der Zwischenzeit Kartoffeln waschen, schälen, abspülen, abtropfen lassen und in etwa 2 cm dicke Würfel schneiden. Dann die Kartoffelwürfel nach etwa 90 Minuten Garzeit in den Eintopf geben. Den Eintopf weitere etwa 30 Minuten garen. Den Gewürzbeutel entfernen.

6. Elsässer Krauttöpfle mit Senf servieren.

Erbseneintopf mit Mettwürstchen | Klassisch

4 Portionen

Pro Portion:
E: 35 g, F: 33 g, Kh: 26 g, kJ: 2292, kcal: 548

375 g ungeschälte Erbsen
1 1/2 l Wasser

150 g Schinkenschwarte oder
250 g Schweinebauch
1 Bund Suppengrün (Möhre, Knollensellerie, Porree [Lauch])
Salz
frisch gemahlener Pfeffer
gerebelter Liebstöckel
375 g Kartoffeln
Salzwasser
4 geräucherte Mettwürstchen

Zubereitungszeit: 40 Minuten, ohne Einweichzeit
Garzeit: etwa 90 Minuten

1. Erbsen waschen und abtropfen lassen. Erbsen in kaltem Wasser über Nacht einweichen lassen.

2. Schinkenschwarte oder Schweinebauch unter fließendem kalten Wasser abspülen und trocken tupfen. Die eingeweichten Erbsen mit dem Einweichwasser und der Schinkenschwarte oder dem Schweinebauch in einem Topf zum Kochen bringen und zugedeckt etwa 60 Minuten bei schwacher Hitze kochen lassen.

3. Möhre und Sellerie putzen, schälen, abspülen, abtropfen lassen und in Würfel schneiden. Porree putzen, die Stange längs halbieren, gründlich waschen, abtropfen lassen und in Stücke schneiden. Möhren-, Selleriewürfel und Porreestücke nach etwa 60 Minuten Garzeit zu dem Fleisch und den Erbsen in den Topf geben. Mit Salz, Pfeffer und Liebstöckel würzen. Die Zutaten zum Kochen bringen. Den Eintopf zugedeckt weitere etwa 30 Minuten garen.

4. In der Zwischenzeit Kartoffeln waschen, schälen, abspülen, abtropfen lassen und in Würfel schneiden. Salzwasser in einem Topf zum Kochen bringen. Die Kartoffelwürfel darin etwa 20 Minuten gar kochen. Dann abgießen, abdämpfen und etwas zerstampfen.

5. Die Schinkenschwarte oder den Schweinebauch aus dem Eintopf nehmen. Die zerstampften Kartoffeln in den Eintopf geben und unterrühren.

6. Die Schinkenschwarte oder den Schweinebauch in Stücke schneiden, mit den Mettwürstchen wieder in den Eintopf geben und erhitzen. Den Eintopf nochmals mit den Gewürzen abschmecken.

Tipps: Eintöpfe eignen sich gut zum Einfrieren, wenn sie eingefroren werden, bevor die Kartoffeln hinzukommen. Empfehlenswert ist es, den Eintopf portioniert einzufrieren und vor dem Erhitzen ganz aufzutauen, damit ein weiteres Garen und Zerkochen der Zutaten vermieden wird. Beim Erhitzen eventuell etwas Brühe oder Wasser hinzufügen. Auf diese Weise können auch Linsen- oder Weiße-Bohnen-Eintöpfe zubereitet werden.

Erbsensuppe mit Würstchen I

Für Kinder

4 Portionen

Pro Portion:
E: 17 g, F: 21 g, Kh: 27 g, kJ: 1535, kcal: 366

250 g mehligkochende Kartoffeln
2 Zwiebeln
2–3 EL Speiseöl
450 g TK-Erbsen oder frische, vorbereitete Erbsen
1 l Wasser
etwa 2 geh. TL gekörnte Brühe
1 TL gerebelter Majoran
Salz, frisch gemahlener Pfeffer
1 EL Zucker
4 Wiener Würstchen

evtl. 1–2 EL gehackte Minze

Zubereitungszeit: 15 Minuten
Garzeit: etwa 25 Minuten

1. Kartoffeln waschen, schälen, abspülen, abtropfen lassen und grob würfeln. Die Zwiebeln abziehen und ebenfalls grob würfeln. Speiseöl in einem Topf erhitzen. Zwiebel- und Kartoffelwürfel darin unter Rühren andünsten. Erbsen hinzufügen. Wasser und gekörnte Brühe hinzugeben. Die Zutaten zum Kochen bringen und zugedeckt etwa 25 Minuten bei mittlerer Hitze kochen lassen.

2. Die Suppe mit gekörnter Brühe, Majoran, Salz, Pfeffer und Zucker abschmecken.

3. Würstchen in Scheiben schneiden, in die Suppe geben und kurz erhitzen. Die Suppe eventuell mit gehackter Minze garniert servieren.

Tipps: Nach Belieben können Sie die Erbsensuppe mit Crème fraîche servieren.
Möchten Sie die Erbsensuppe pürieren, geben Sie die Würstchenscheiben erst anschließend unter. Statt Würstchenscheiben können Sie gebratenes, in Scheiben geschnittenes Lammfilet und kross gebratene Knoblauchscheiben in die Suppe geben.

Abwandlung: Anstelle von 1 Liter Wasser und gekörnter Brühe 2 Dosen (je 400 ml) ungesüßte Kokosmilch und 200 ml Gemüsebrühe verwenden. Die Würstchenscheiben durch geröstete Kokosraspel und Chiliflocken ersetzen.

Exotische Mangosuppe I

Raffiniert

4–6 Portionen

Pro Portion:
E: 4 g, F: 31 g, Kh: 34 g, kJ: 1840, kcal: 440

2 reife Mango
1 Banane
1 Apfel
2 Ananasscheiben (aus der Dose)
1 Gemüsezwiebel
4 EL Butter
1–2 EL Currypulver (indisch)
2 EL Mango-Chutney
500 ml (1/2 l) Geflügelbrühe
250 g Schlagsahne
Salz
frisch gemahlener Pfeffer
1 EL Sojasauce
1 TL frisch gehackte Ingwerwurzel

Kokosraspel
vorbereitete Minzeblättchen

Zubereitungszeit: 30 Minuten
Garzeit: etwa 10 Minuten

1. Mangos jeweils in der Mitte längs durchschneiden und das Fruchtfleisch vom Stein lösen. Fruchtfleisch schälen und in grobe Stücke schneiden. Die Banane schälen und in dickere Scheiben schneiden. Den Apfel schälen, vierteln, entkernen und in Stücke schneiden. Ananasscheiben in einem Sieb abtropfen lassen und grob zerkleinern. Zwiebel abziehen, halbieren und in kleine Würfel schneiden.

2. Butter in einem Topf zerlassen. Zwiebelwürfel darin andünsten. Vorbereitete Fruchtstücke portionsweise hinzugeben und mit andünsten. Mit Curry bestäuben.

3. Das Mango-Chutney unterrühren. Brühe und Sahne hinzugießen, zum Kochen bringen und unter gelegentlichem Rühren kochen lassen, bis die Früchte weich sind.

4. Die Suppe mit Salz, Pfeffer, Sojasauce und Ingwer würzen und pürieren. Eventuell nochmals mit den Gewürzen abschmecken.

5. Die Suppe nochmals erhitzen, in Tassen oder tiefe Teller füllen. Mit Kokosraspeln bestreuen und mit Minzeblättchen garnieren.

Tipp: Etwas Mangofleisch beiseitelegen, in sehr feine Streifen schneiden und zuletzt in die Suppe geben.

Fadennudelsuppe I

Für Kinder

4 Portionen

Pro Portion:
E: 15 g, F: 7 g, Kh: 44 g, kJ: 1176, kcal: 279

300 g Möhren
1 Kohlrabi
1 ½ l Gemüsebrühe
1 Pck. TK-Suppengrün (50 g)
100 g Fadennudeln
200 g gekochter Schinken, in dicken Scheiben
1 Bund Schnittlauch
Salz
frisch gemahlener Pfeffer
frisch geriebene Muskatnuss

Zubereitungszeit: 20 Minuten
Garzeit: etwa 5 Minuten

1. Möhren und Kohlrabi putzen, schälen, abspülen, abtropfen lassen und auf der groben Seite der Haushaltsreibe raspeln.

2. Die Gemüsebrühe in einem Wok aufkochen lassen. Gefrorenes Suppengrün, Fadennudeln und Gemüseraspel hinzufügen, wieder zum Kochen bringen und etwa 5 Minuten kochen lassen.

3. In der Zwischenzeit den Schinken in kurze Streifen schneiden. Schnittlauch abspülen, trocken tupfen und in Röllchen schneiden.

4. Schinkenstreifen in die Suppe geben und erhitzen. Die Suppe mit Salz, Pfeffer und Muskat abschmecken. Mit Schnittlauchröllchen bestreut servieren.

Tipp: Zusätzlich 100 g gewaschene und trocken getupfte Zuckerschoten hinzufügen. Dann Zuckerschoten in schmale Streifen schneiden und zusammen mit den Gemüseraspeln in die Brühe geben.

Fasanenbrühe mit Tomatenklößchen | Für Gäste

4–6 Portionen

Pro Portion:
E: 43 g, F: 15 g, Kh: 14 g, kJ: 1522, kcal: 363

1 küchenfertiger Fasan (etwa 1 kg)
1 ½ l Wasser
2 gestr. TL Salz
1 Zwiebel
1 Möhre
120 g Knollensellerie
1 Lorbeerblatt

Für die Tomatenklößchen:
200 ml Milch
80 g Hartweizengrieß
50 g Tomatenmark
1 Eigelb (Größe M)
20 g geriebener Parmesan-Käse
Salz, frisch gemahlener Pfeffer
frisch geriebene Muskatnuss

1 l Wasser
1 gestr. TL Salz

2–3 Stängel Petersilie

Zubereitungszeit: 35 Minuten
Garzeit Fasanenbrühe: etwa 45 Minuten
Garzeit Tomatenklößchen: etwa 5 Minuten

1. Fasan innen und außen unter fließendem kalten Wasser abspülen, mit Wasser und Salz in einen großen Topf geben, zum Kochen bringen, abschäumen.

2. Die Zwiebel abziehen und halbieren. Möhre und Sellerie putzen, schälen, abspülen, abtropfen lassen, mit den Zwiebelhälften und dem Lorbeerblatt zu dem Fasan in den Topf geben. Die Zutaten ohne Deckel etwa 45 Minuten köcheln lassen, bis sich das Fleisch leicht mit einer Gabel von den Knochen lösen lässt.

3. Für die Tomatenklößchen die Milch in einem Topf zum Kochen bringen. Grieß einstreuen, Tomatenmark unterrühren und unter ständigem Rühren noch etwa 1 Minute erhitzen. Den Topf von der Kochstelle nehmen. Eigelb unterschlagen und Parmesan-Käse unterrühren. Die Grießmasse mit Salz, Pfeffer und Muskat abschmecken.

4. Von der Grießmasse mit 2 Teelöffeln kleine Klößchen abstechen. Wasser mit Salz in einem Topf zum Kochen bringen. Die Klößchen darin etwa 5 Minuten gar ziehen lassen. Klößchen mit einer Schaumkelle herausnehmen und in einem Sieb abtropfen lassen.

5. Die Fasanenbrühe durch ein feines Sieb gießen. Fasanenfleisch von den Knochen lösen und klein schneiden. Die Fasanenbrühe eventuell nochmals erhitzen. Fleischstücke und Tomatenklößchen darin erwärmen.

6. Die Petersilie abspülen und trocken tupfen. Die Blättchen von den Stängeln zupfen. Blättchen klein schneiden. Die Fasanenbrühe mit Petersilie bestreut servieren.

Feiner Hähnchenfleischtopf mit Spargel | Mit Alkohol

4 Portionen

Pro Portion:
E: 53 g, F: 12 g, Kh: 16 g, kJ: 1794, kcal: 406

2 Hähnchenbrustfilets (etwa 375 g)
2 Hähnchenkeulen (etwa 500 g, ohne Haut und Knochen)
250 g festkochende Kartoffeln
2 Möhren (etwa 200 g)
1 Kohlrabi (etwa 200 g)
1 Bund Frühlingszwiebeln (etwa 250 g)
250 g weißer Spargel
2 EL Speiseöl
Salz, frisch gemahlener Pfeffer
1 EL Tomatenmark
300 ml Hühnerbrühe
100 ml trockener Weißwein, z. B. Riesling
½ Bund Kerbel

Zubereitungszeit: 35 Minuten
Garzeit: etwa 30 Minuten

1. Hähnchenbrustfilets und Hähnchenkeulen unter fließendem kalten Wasser abspülen und trocken tupfen. Filets in kleine Stücke schneiden. Das Fleisch der Hähnchenkeulen von den Knochen lösen und ebenfalls in kleine Stücke schneiden.

2. Kartoffeln waschen, schälen, abspülen, abtropfen lassen. Möhren putzen, schälen, abspülen und abtropfen lassen. Kohlrabi schälen, abspülen und abtropfen lassen. Die Kartoffeln, Möhren und Kohlrabi zuerst in Scheiben, dann in Stifte schneiden. Frühlingszwiebeln putzen, waschen, abtropfen lassen und in etwa 3 cm lange Stücke schneiden.

3. Den Spargel von oben nach unten schälen und darauf achten, dass die Schalen vollständig entfernt, die Köpfe aber nicht verletzt werden. Die unteren Enden abschneiden (holzige Stellen vollkommen entfernen). Spargelstangen waschen, abtropfen lassen und in etwa 3 cm lange Stücke schneiden.

4. Dann jeweils etwas Speiseöl in einem großen Topf erhitzen. Die Hähnchenfleischstücke darin portionsweise von allen Seiten anbraten. Mit Salz und Pfeffer würzen. Kartoffel-, Möhren- und Kohlrabistifte hinzugeben und mit andünsten. Tomatenmark unterrühren. Die Hälfte der Brühe hinzugießen. Die Zutaten zum Kochen bringen und zugedeckt etwa 10 Minuten garen.

5. Restliche Brühe und Wein hinzugießen, wieder zum Kochen bringen und zugedeckt weitere etwa 10 Minuten bei schwacher Hitze garen. In der Zwischenzeit Kerbel abspülen und trocken tupfen. Die Blättchen von den Stängeln zupfen.

6. Spargel- und Frühlingszwiebelstücke zum Hähnchenfleischtopf geben, mit Salz und Pfeffer würzen. Einige Kerbelblättchen unterrühren. Die Suppe wieder zum Kochen bringen und weitere etwa 10 Minuten bei schwacher Hitze garen.

7. Dann den Hähnchenfleischtopf mit Salz und Pfeffer abschmecken und mit den restlichen Kerbelblättchen bestreut servieren.

Tipp: Schneller geht es, wenn sie gekochte Spargelstücke aus dem Glas verwenden. Diese 3–5 Minuten in der Suppe miterwärmen.

Fenchel-Fisch-Suppe | Für Gäste

6 Portionen

Pro Portion:
E: 38 g, F: 12 g, Kh: 25 g, kJ: 1595, kcal: 381

500 g Steinbutt- oder Lachsfilet
4 Fenchelknollen (etwa 800 g)
4 Zwiebeln (etwa 200 g)
1 Bund Suppengrün (Knollensellerie, Möhre, Porree [Lauch])
1 Knoblauchzehe
4 EL Olivenöl
100 g 10-Minuten-Reis
1 ½ l Fischfond oder Gemüsebrühe
1 TL eingelegter, grüner Pfeffer
2 Lorbeerblätter
250 g Tomaten
Salz
frisch gemahlener Pfeffer
2 EL gehackte Petersilie

Zubereitungszeit: 40 Minuten
Garzeit: etwa 15 Minuten

1. Steinbutt- oder Lachsfilet unter fließendem kalten Wasser abspülen, trocken tupfen und in kleine Stücke schneiden.

2. Von den Fenchelknollen die Stiele dicht oberhalb der Knollen abschneiden. Braune Stellen und Blätter entfernen (etwas Fenchelgrün beiseitelegen). Dann die Wurzelenden gerade schneiden. Die Knollen waschen, abtropfen lassen und achteln. Zwiebeln abziehen und in kleine Würfel schneiden. Knollensellerie und Möhre putzen, schälen, abspülen, abtropfen lassen und in kleine Stücke schneiden. Porree putzen, die Stange längs halbieren, gründlich waschen, abtropfen lassen und ebenfalls in Stücke schneiden. Knoblauch abziehen, klein würfeln oder durch eine Knoblauchpresse drücken.

3. Jeweils etwas Olivenöl in einem Topf erhitzen. Die Fenchelstücke, Zwiebelwürfel, Suppengrünstücke, den Knoblauch und den Reis darin portionsweise andünsten. Die portionsweise angedünsteten Zutaten wieder zusammen in den Topf geben und etwa 5 Minuten weiterdünsten lassen. Fischfond oder Gemüsebrühe hinzugießen. Mit Pfeffer würzen. Die Lorbeerblätter hinzugeben. Die Zutaten zum Kochen bringen und etwa 10 Minuten kochen lassen.

4. Tomaten waschen, abtropfen lassen, kreuzweise einschneiden, kurz in kochendes Wasser legen und in kaltem Wasser abschrecken. Tomaten enthäuten, halbieren, entkernen und die Stängelansätze herausschneiden. Tomatenhälften in Würfel schneiden.

5. Fischfiletstücke mit Salz und Pfeffer würzen, mit den Tomatenwürfeln in die Suppe geben. Die Suppe erhitzen. Die Fischfiletstücke in der Suppe etwa 5 Minuten gar ziehen lassen (nicht kochen lassen).

6. Beiseitegelegtes Fenchelgrün abspülen, trocken tupfen und klein schneiden.

7. Die Fenchel-Fisch-Suppe in Suppentassen füllen. Mit dem Fenchelgrün und der Petersilie bestreut sofort servieren.

Fenchelsuppe mit Knoblauchbrot | Schnell – vegetarisch

4 Portionen

Pro Portion:
E: 7 g, F: 7 g, Kh: 18 g, kJ: 687, kcal: 164

Für die Suppe:
3–4 Schalotten (etwa 100 g)
2–3 Fenchelknollen (etwa 800 g)
2 EL Olivenöl
1 l Gemüsebrühe
Salz
frisch gemahlener Pfeffer

Für das Knoblauchbrot:
1 Knoblauchzehe
1 kleines Weißbrot, z. B. Ciabattine (100 g)

1–2 EL gehackte Petersilie

Zubereitungszeit: 25 Minuten
Garzeit: etwa 20 Minuten

1. Für die Suppe Schalotten abziehen und klein würfeln. Von den Fenchelknollen die Stiele dicht oberhalb der Knollen abschneiden, dabei etwas Fenchelgrün abzupfen und beiseitelegen. Dunkle Stellen entfernen. Die Knollen waschen, abtropfen lassen und vierteln. Fenchelviertel in Streifen schneiden.

2. Olivenöl in einem Topf erhitzen. Schalottenwürfel darin unter gelegentlichem Rühren andünsten. Fenchelstreifen hinzugeben und unter Rühren 2–3 Minuten mit andünsten. Brühe hinzugießen. Mit Salz und Pfeffer würzen. Die Zutaten zum Kochen bringen und dann zugedeckt etwa 20 Minuten bei schwacher Hitze leicht köcheln lassen. Die Suppe mit einem Stabmixer fein pürieren.

3. Den Backofen vorheizen.
Ober-/Unterhitze: etwa 200 °C
Heißluft: etwa 180 °C

4. In der Zwischenzeit für das Knoblauchbrot Knoblauch abziehen und halbieren. Das Brot in 12 dünne Scheiben schneiden. Brotscheiben auf einem Rost verteilen und in den vorgeheizten Backofen schieben. Die Brotscheiben von jeder Seite etwa 3 Minuten leicht bräunen.

5. Die Brotscheiben vom Rost nehmen und mit den Knoblauchhälften einreiben.

6. Beiseitegelegtes Fenchelgrün abspülen, trocken tupfen und klein schneiden. Die Fenchelsuppe nochmals erwärmen. Mit Salz und Pfeffer abschmecken.

7. Die Fenchelsuppe in Suppentassen anrichten. Mit Fenchelgrün und Petersilie bestreuen. Das Knoblauchbrot dazureichen.

Tipps: Statt des Weißbrots (z. B. Ciabattine) können Sie auch 100 g Stangenweißbrot oder Toastbrot zur Suppe reichen. Statt der Schalotten können Sie auch 2 Zwiebeln verwenden.

Fenchelsuppe mit Miesmuscheln und Anis aus dem Wok I

Mit Alkohol

4 Portionen

Pro Portion:
E: 8 g, F: 7 g, Kh: 15 g, kJ: 940, kcal: 224

1 kg	*frische Miesmuscheln*
100 ml	*Ricard oder Pernod (Anislikör)*
200 ml	*trockener Weißwein*
4	*Schalotten*
1	*Fenchelknolle*
1	*Bio-Orange (unbehandelt, ungewachst)*
2 Stängel	*Thymian*
2–3 EL	*Olivenöl*
2 Gläser	*Fischfond (je 400 ml)*
	Salz, frisch gemahlener Pfeffer

Zubereitungszeit: 30 Minuten
Garzeit Muscheln: etwa 5 Minuten
Garzeit Suppe: etwa 5 Minuten

1. Die Muscheln in reichlich kaltem Wasser gründlich waschen. Muscheln einzeln abbürsten, bis sie nicht mehr sandig sind (Muscheln, die sich beim Waschen öffnen, sind nicht genießbar). Eventuell die Fäden (Bartbüschel) entfernen.

2. Den Wok erhitzen und die Muscheln hineingeben. Sofort Anislikör und Wein hinzugießen. Den Wok mit dem Deckel verschließen. Die Muscheln unter gelegentlichem Schwenken etwa 5 Minuten bei mittlerer Hitze garen.

3. Die Muscheln in ein Sieb geben und den Kochsud auffangen (Muscheln, die sich nach dem Garen nicht öffnen, sind ungenießbar). Etwa 12 Muscheln mit der Schale zum Garnieren beiseitelegen. Aus den restlichen Muscheln das Muschelfleisch herauslösen und beiseitelegen.

4. Die Schalotten abziehen, zuerst in feine Scheiben schneiden, dann in Ringe teilen. Von der Fenchelknolle etwas Fenchelgrün abschneiden, abspülen, trocken tupfen und zum Garnieren beiseitelegen. Die Stiele dicht oberhalb der Knolle abschneiden. Braune Stellen und Blätter entfernen. Wurzelende gerade schneiden. Die Knolle waschen, abtropfen lassen, halbieren und in feine Streifen schneiden.

5. Die Orange heiß abwaschen, abtrocknen und die Schale dünn abschälen oder mit einem Zestenreißer abziehen. Orangenschale in feine Streifen schneiden. Thymian abspülen und trocken tupfen. Die Blättchen von den Stängeln zupfen.

6. Olivenöl in einem Wok erhitzen. Schalottenringe und Fenchelstreifen darin kurz andünsten. Den aufgefangenen Muschelsud und Fischfond hinzugießen, aufkochen lassen. Orangenschale und Thymianblättchen hinzufügen. Die Suppe etwa 5 Minuten leicht kochen lassen. Mit Salz und Pfeffer abschmecken.

7. Die beiseitegelegten Muscheln und das Muschelfleisch in die Suppe geben und heiß werden lassen. Die Suppe in 4 vorgewärmte Schalen geben. Mit dem beiseitegelegten Fenchelgrün und den Thymianblättchen garnieren.

Beilage: Ofenfrisches Baguette und Aioli (Knoblauchcreme).

Fenchel-Zitronen-Suppe mit Lachs | Raffiniert

4 Portionen

Pro Portion:
E: 13 g, F: 6 g, Kh: 13 g, kJ: 690, kcal: 165

2	*Fenchelknollen (etwa 400 g)*
3	*Möhren (etwa 200 g)*
2	*mehligkochende Kartoffeln (etwa 250 g)*
1 EL	*Olivenöl*
750 ml (3/4 l)	*Gemüsebrühe*
2	*Lorbeerblätter*
1 gestr. TL	*Currypulver*
1	*Bio-Zitrone (unbehandelt, ungewachst)*
200 g	*frischer Lachs*
	Salz
1 Msp.	*gemahlener Piment*
5 Stängel	*glatte Petersilie*

Zubereitungszeit: 30 Minuten
Garzeit: etwa 20 Minuten

1. Von den Fenchelknollen die Stiele dicht oberhalb der Knollen abschneiden. Braune Stellen und Blätter entfernen (etwas Fenchelgrün beiseitelegen). Die Wurzelenden gerade schneiden. Knollen waschen, abtropfen lassen, halbieren und in kleine Würfel schneiden. Möhren putzen, schälen, abspülen, abtropfen lassen und klein würfeln. Die Kartoffeln waschen, schälen, abspülen, abtropfen lassen und ebenfalls in kleine Würfel schneiden.

2. Das Olivenöl in einem Topf erhitzen. Vorbereitete Gemüse- und Kartoffelwürfel darin eventuell portionsweise unter Rühren andünsten. Danach Gemüsebrühe, Lorbeerblätter und Curry hinzufügen und unterrühren. Die Zutaten zum Kochen bringen und zugedeckt etwa 15 Minuten kochen lassen. Lorbeerblätter entfernen.

3. In der Zwischenzeit Zitrone heiß abwaschen und abtrocknen. Die Hälfte der Schale abreiben und beiseitelegen. Zitrone halbieren und auspressen.

4. Lachs unter fließendem kalten Wasser abspülen, trocken tupfen und in etwa 1 cm große Würfel schneiden. Lachswürfel mit Zitronensaft beträufeln, mit Salz und Piment bestreuen.

5. Die beiseitegelegte Zitronenschale unter die Suppe rühren. Die Suppe fein pürieren und nochmals unter Rühren aufkochen lassen. Die Lachswürfel hinzufügen und in etwa 5 Minuten bei schwacher Hitze gar ziehen lassen. Suppe eventuell nochmals mit Salz, Curry und Piment abschmecken.

6. Petersilie abspülen und trocken tupfen. Die Blättchen von den Stängeln zupfen. Die Blättchen klein schneiden. Beiseitegelegtes Fenchelgrün ebenfalls abspülen, trocken tupfen und klein schneiden.

7. Die Suppe mit den Kräutern bestreut servieren.

Tipps: Statt des frischen Lachses können Sie ebenso gut TK-Lachs verwenden. Dafür den Lachs nach Packungsanweisung auftauen lassen.
Achten Sie beim Kauf von Fenchel darauf, dass die Knollen möglichst weiß und makellos sind. Braune Flecken und Druckstellen sind ein Hinweis darauf, dass die Knollen nicht mehr ganz frisch sind. Fenchel in Frischhaltefolie verpacken und im Kühlschrank aufbewahren, damit er nicht austrocknet und zäh wird.

Feuertopf | Für die Party

12 Portionen

Pro Portion:
E: 39 g, F: 45 g, Kh: 20 g, kJ: 2836, kcal: 678

2 mittelgroße Gemüsezwiebeln
je 3 grüne und rote Paprikaschoten
1 Dose Ananasstücke (Abtropfgewicht 340 g)
2 Gläser Pilzscheiben (Abtropfgewicht je 315 g)
2 kg Schweinegulasch
3 EL Steakgewürz
6 EL Speiseöl
1 Glas Zigeunersauce (Fertigprodukt, 500 g)
1 Flasche Barbecuesauce (Fertigprodukt, 250 ml)
500 g Schlagsahne
1 EL Currypulver
1 EL Paprikapulver edelsüß
1 TL Cayennepfeffer
1 TL gemahlener Kümmelsamen
1 TL frisch gemahlener Pfeffer

150 g frisch geriebener Käse, z. B. Gouda

Zubereitungszeit: 45 Minuten
Garzeit: etwa 40 Minuten

1. Gemüsezwiebeln abziehen, halbieren und in grobe Würfel schneiden. Paprikaschoten halbieren, entstielen, entkernen und die weißen Scheidewände entfernen. Schotenhälften waschen, abtropfen lassen und in Streifen schneiden. Ananasstücke und Pilzscheiben in einem Sieb abtropfen lassen.

2. Gulasch mit Küchenpapier trocken tupfen. Größere Fleischstücke etwas kleiner schneiden. Gulasch mit Steakgewürz würzen.

3. Den Backofen vorheizen.
Ober-/Unterhitze: etwa 180 °C
Heißluft: etwa 160 °C

4. Jeweils etwas Speiseöl in einer Pfanne erhitzen. Das Fleisch darin portionsweise von allen Seiten anbraten und herausnehmen. Zwiebelwürfel und Paprikastreifen eventuell portionsweise in dem verbliebenen Bratfett kurz andünsten (eventuell noch etwas Speiseöl hinzufügen).

5. Zigeuner- und Barbecuesauce mit Sahne und den Gewürzen verrühren. Zuerst die Hälfte der Zwiebel-Paprika-Mischung in eine große, flache Auflaufform (gefettet) geben. Dann nacheinander die Hälfte der Fleischwürfel, die Hälfte der Ananas-Pilz-Mischung und die Hälfte der Saucenmischung einschichten.

6. Die restlichen Zutaten in der gleichen Reihenfolge einschichten. Die Form zugedeckt auf dem Rost in den vorgeheizten Backofen schieben. Den Feuertopf etwa 40 Minuten garen.

7. Nach etwa der Hälfte der Garzeit den Feuertopf mit Käse bestreuen. Den Feuertopf ohne Deckel fertig garen.

Feuertopf, scharfsüß | Für die Party

12 Portionen

Pro Portion:
E: 41 g, F: 25 g, Kh: 23 g, kJ: 2093, kcal: 498

2 kg Schnitzelfleisch
10 EL Speiseöl
4 rote Paprikaschoten
4 grüne Paprikaschoten
2 Gläser Silberzwiebeln (Abtropfgewicht je 190 g)
2 Gläser Champignons (Abtropfgewicht je 360 g)
1 Dose Ananasstücke (Abtropfgewicht 560 g)
500 ml (1/2 l) Chilisauce
3 TL Paprikapulver edelsüß
5–6 EL Tomatenmark
500 ml (1/2 l) Wasser oder Gemüsebrühe
5–6 Spritzer Tabasco
etwas Cayennepfeffer
Salz
frisch gemahlener Pfeffer
1 Prise Zucker
450 g saure Sahne

Zubereitungszeit: 40 Minuten
Garzeit: etwa 25 Minuten

1. Schnitzelfleisch unter fließendem kalten Wasser abspülen, trocken tupfen und in Streifen schneiden.

2. Jeweils etwas Speiseöl in einem großen Topf erhitzen. Die Fleischstreifen darin portionsweise anbraten.

3. Paprikaschoten halbieren, entstielen, entkernen und die weißen Scheidewände entfernen. Schotenhälften waschen, abtropfen lassen und in Streifen schneiden. Paprikastreifen zu den Fleischstreifen geben und etwa 10 Minuten mitdünsten lassen. Die Silberzwiebeln und die Champignons in einem Sieb abtropfen lassen und ebenfalls hinzufügen.

4. Die Ananasstücke mit Saft, Chilisauce, Paprika, Tomatenmark und Wasser oder Gemüsebrühe hinzugeben und zum Kochen bringen. Den Feuertopf etwa 25 Minuten garen. Mit Tabasco und Cayennepfeffer würzen.

5. Den Feuertopf mit Salz, Pfeffer und etwas Zucker abschmecken. Saure Sahne unterrühren. Dann den Feuertopf nochmals erwärmen.

Feuriger Hot Pot (Thai Style) I

Für Gäste – exotisch

4 Portionen

Pro Portion:
E: 25 g, F: 8 g, Kh: 20 g, kJ: 1069, kcal: 256

2 l kräftige Hühnerbrühe
2 EL rote Currypaste (erhältlich im Asialaden)
1 walnussgroßes Stück Ingwerwurzel
100 g Zuckerschoten
100 g Maiskölbchen
100 g Thai-Spargel
100 g Shiitake-Pilze
4 Stangen Frühlingszwiebeln
1 Bund kleine Möhren
2 Hähnchenbrustfilets (etwa 300 g)
2 EL Sesamöl
100 g Sojasprossen
4 rote Chilischoten
1 Bund Koriander oder Thai-Basilikum

Zubereitungszeit: 30 Minuten
Garzeit: etwa 10 Minuten

1. Die Brühe in einem Topf zum Kochen bringen, Currypaste unterrühren. Ingwer schälen, fein reiben und in die Brühe geben. Brühe beiseitestellen.

2. Von den Zuckerschoten die Enden abschneiden, eventuell abfädeln. Maiskölbchen und Spargel putzen. Die unteren Enden abschneiden. Spargel und Maiskölbchen waschen und abtropfen lassen. Die Shiitake-Pilze putzen, mit Küchenpapier abreiben, eventuell abspülen und trocken tupfen. Frühlingszwiebeln putzen, waschen und abtropfen lassen. Möhren putzen, schälen, abspülen, abtropfen lassen. Das vorbereitete Gemüse in mundgerechte Stücke schneiden.

3. Die Hähnchenbrustfilets unter fließendem kalten Wasser abspülen, trocken tupfen und in Scheiben schneiden. Das Sesamöl in einem Topf erhitzen. Die Hähnchenfleischscheiben darin kurz von beiden Seiten anbraten und herausnehmen. Die vorbereiteten Gemüsestücke in 2 Portionen in dem verbliebenen Bratfett unter Wenden andünsten. Danach die Hähnchenfleischscheiben mit dem angedünsteten Gemüse wieder in den Topf geben. Beiseitegestellte Brühe hinzugießen. Die Zutaten zum Kochen bringen und etwa 10 Minuten bei mittlerer Hitze kochen lassen.

4. Die Sojasprossen abspülen, abtropfen lassen und in den Fleisch-Gemüse-Topf geben. Chili abspülen, trocken tupfen und in Ringe schneiden. Den Koriander oder das Basilikum abspülen und trocken tupfen. Die Blättchen von den Stängeln zupfen.

5. Hot Pot in großen, vorgewärmten Schalen anrichten. Mit Chiliringen und Koriander- oder Basilikumblättchen bestreut servieren.

Filettopf mit Sauerkraut

Für die Party

12 Portionen

Pro Portion:
E: 26 g, F: 15 g, Kh: 25 g, kJ: 1448, kcal: 346

1 Dose	*Sauerkraut (Abtropfgewicht 770 g)*
800 g	*Kartoffeln*
2	*Zwiebeln*
1 kg	*Schweinefilet*
4 EL	*Speiseöl*
1 l	*Gemüsebrühe*
je 2	*rote und grüne Paprikaschoten*
1 Dose	*Ananasscheiben (Abtropfgewicht 260 g)*
2 Pck.	*passierte Tomaten (je 500 g)*
	Salz
	Cayennepfeffer
etwas	*Zucker*
1 Bund	*Petersilie*
400 g	*Schmand (Sauerrahm) oder Crème fraîche*

Zubereitungszeit: 45 Minuten
Garzeit: etwa 30 Minuten

1. Das Sauerkraut in einem Sieb abtropfen lassen. Kartoffeln waschen, schälen, abspülen, abtropfen lassen und in Würfel schneiden. Zwiebeln abziehen und klein würfeln.

2. Schweinefilet unter fließendem kalten Wasser abspülen, trocken tupfen und in Würfel schneiden.

3. Speiseöl in einem großen Topf erhitzen. Fleischwürfel darin von allen Seiten kräftig anbraten. Kartoffel- und Zwiebelwürfel hinzugeben und kurz mitbraten lassen. Brühe hinzugießen. Sauerkraut hinzugeben. Die Zutaten zum Kochen bringen und etwa 10 Minuten bei mittlerer Hitze kochen lassen.

4. In der Zwischenzeit die Paprikaschoten halbieren, entstielen, entkernen und die weißen Scheidewände entfernen. Schotenhälften waschen, abtropfen lassen und in Stücke schneiden. Ananasscheiben in einem Sieb abtropfen lassen, dabei den Saft auffangen. Die Ananasscheiben in Stücke schneiden.

5. Paprika-, Ananasstücke, -saft und Tomaten zu der Fleischwürfel-Sauerkraut-Masse in den Topf geben. Mit Salz, Cayennepfeffer und Zucker würzen. Den Filettopf wieder zum Kochen bringen und weitere etwa 20 Minuten garen.

6. Petersilie abspülen und trocken tupfen. Die Blättchen von den Stängeln zupfen. Die Blättchen klein schneiden.

7. Den Filettopf mit Petersilie bestreut servieren. Schmand oder Crème fraîche dazureichen.

Tipps: Sie können den Filettopf bereits am Vortag zubereiten. Das Gericht dann vor dem Verzehr erhitzen. Mit Schmand oder Crème fraîche servieren.

Fischbrühe | Gut vorzubereiten

4 Portionen

Pro Portion:
E: 9 g, F: 7 g, Kh: 4 g, kJ: 485, kcal: 115

1 Bund Suppengrün (Knollensellerie, Möhren, Porree [Lauch])
1 kg Fischreste bzw. -gräten, z. B. kleine Abschnitte von Seezunge, Pangasius, Steinbutt
1 Zwiebel
2 EL Speiseöl
2 l Wasser, Salz
1 kleines Lorbeerblatt
1 Gewürznelke
5 Pfefferkörner
frisch gemahlener Pfeffer
evtl.
1 Döschen Safran (0,2 g)

Zubereitungszeit: 15 Minuten
Garzeit: etwa 20 Minuten

1. Sellerie und Möhren putzen, schälen, abspülen, abtropfen lassen und in grobe Würfel schneiden. Den Porree putzen, die Stange längs halbieren, gründlich waschen, abtropfen lassen und in Stücke schneiden. Fischreste bzw. -gräten so lange unter fließendem kalten Wasser abspülen, bis das Wasser klar abläuft. Zwiebel abziehen und vierteln.

2. Das Speiseöl in einem großen Topf erhitzen. Vorbereitetes Suppengrün darin unter Rühren andünsten. Wasser, 2 Teelöffel Salz und Fischreste hinzugeben. Die Zwiebelviertel mit Lorbeerblatt, Gewürznelke und Pfefferkörnern in die Brühe geben. Die Zutaten zum Kochen bringen und ohne Deckel etwa 20 Minuten bei mittlerer Hitze kochen lassen.

3. Die Fischbrühe durch ein Sieb gießen, mit Salz, Pfeffer und evtl. Safran abschmecken.

Tipps: Für einen Fischfond die Brühe nochmals um die Hälfte einkochen lassen. Sie können die Fischbrühe als Grundlage für Fischsuppen oder -saucen verwenden. Die Fischbrühe ist gefriergeeignet.

Variante: Für eine **feine Fischsuppe (Foto)** von 150 g Fenchelknolle den Stiel dicht oberhalb der Knolle abschneiden. Fenchelgrün abschneiden und beiseitelegen. Fenchel abspülen und trocken tupfen. 150 g Möhren putzen, schälen, abspülen und abtropfen lassen. 75 g Porree putzen, die Stange längs halbieren, gründlich waschen und abtropfen lassen. Fenchel, Möhren und Porree in feine Streifen schneiden. 1 kleine Zwiebel und 2 Knoblauchzehen abziehen. Zwiebel und Knoblauch fein würfeln. 500 g Fischfilet (z. B. Tilapia, Seelachs) unter fließendem kalten Wasser abspülen, trocken tupfen, eventuell von Gräten befreien und in etwa 2 ½ cm große Würfel schneiden. 2 Esslöffel Speiseöl in einem großen Topf erhitzen. Zwiebel-, Knoblauchwürfel und Gemüsestreifen darin unter Rühren andünsten. 1 Liter Fischfond hinzugießen und zum Kochen bringen. Fischfiletwürfel hinzugeben, wieder zum Kochen bringen. Die Suppe ohne Deckel etwa 8 Minuten bei schwacher Hitze kochen lassen. 100 g Garnelen unter fließendem kalten Wasser abspülen, trocken tupfen. Suppe mit Salz, Pfeffer und Cayennepfeffer abschmecken. Garnelen in die Suppe geben und etwa 2 Minuten mitgaren. Beiseitegelegtes Fenchelgrün abspülen und trocken tupfen. Die Suppe mit dem Fenchelgrün garniert servieren.

Fischeintopf mit Gemüse | Raffiniert

4 Portionen

Pro Portion:
E: 29 g, F: 5 g, Kh: 50 g, kJ: 1592, kcal: 380

120 g	*Naturreis (Vollkornreis)*
600 ml	*kochendes Wasser*
250 g	*Möhren*
250 g	*Porree (Lauch)*
250 g	*Staudensellerie*
2–3	*Knoblauchzehen*
1	*Gemüsezwiebel (etwa 300 g)*
1–2 Döschen	*Safran (je 0,2 g)*
1 Glas	*Fischfond (400 ml)*
1 Pck.	*TK-Fischfilet, z. B. Zander*
8 Scheiben	*Baguette*
20 g	*Kräuterbutter*
	Salz, frisch gemahlener Pfeffer

Zubereitungszeit: 40 Minuten, ohne Antauzeit
Garzeit: etwa 60 Minuten

1. Reis mit dem kochenden Wasser übergießen und etwa 30 Minuten quellen lassen.

2. In der Zwischenzeit die Möhren putzen, schälen, abspülen, abtropfen lassen und schräg in Scheiben schneiden. Porree putzen, die Stangen längs halbieren, gründlich waschen, abtropfen lassen und ebenfalls schräg in Scheiben schneiden.

3. Staudensellerie putzen und die harten Außenfäden abziehen. Selleriestangen waschen, abtropfen lassen und schräg in Scheiben schneiden. Knoblauch und Zwiebel abziehen. Zwiebel halbieren und in Würfel, Knoblauch in Scheiben schneiden.

4. Vorbereitetes Gemüse mit Safran, Fischfond und Reis mit dem Einweichwasser in einen gewässerten Römertopf® geben und umrühren. Den Topf mit dem Deckel verschließen und auf dem Rost in den kalten Backofen schieben.
Ober-/Unterhitze: etwa 200 °C
Heißluft: etwa 180 °C

5. In der Zwischenzeit Fischfilet antauen lassen. Die Baguettescheiben mit Kräuterbutter bestreichen. Das Fischfilet kurz unter fließendem kalten Wasser abspülen, trocken tupfen und in Scheiben schneiden.

6. Nach etwa 60 Minuten Garzeit den Eintopf mit Salz und Pfeffer würzen. Die Fischfiletscheiben unter den Eintopf heben und die Baguettescheiben darauflegen. Die Backofentemperatur um etwa 20 °C erhöhen. Den Eintopf ohne Deckel 3–5 Minuten überbacken.

Fischsuppe | Raffiniert

4 Portionen

Pro Portion:
E: 27 g, F: 6 g, Kh: 7 g, kJ: 810, kcal: 193

1 Bund	*Frühlingszwiebeln*
750 ml (3/4 l)	*Gemüsebrühe oder Fischfond*
50 g	*durchwachsener Speck*
250 g	*Tomaten*
500 g	*verschiedene Sorten Fischfilet, z. B. Seelachs, Tilapia, Pangasius*
200 g	*Miesmuscheln*
einige	*Safranfäden*
1/4 TL	*Zucker*
	Salz, frisch gemahlener Pfeffer
2 Stängel	*glatte Petersilie*

Zubereitungszeit: 20 Minuten
Garzeit: etwa 35 Minuten

1. Die Frühlingszwiebeln putzen, waschen, abtropfen lassen, in feine Scheiben schneiden und in einen gewässerten Römertopf® geben. Brühe oder Fond hinzugießen.

2. Speck in Würfel schneiden und zu den Frühlingszwiebelscheiben geben. Den Römertopf® mit dem Deckel verschließen, auf dem Rost in den kalten Backofen stellen und etwa 35 Minuten garen.

Ober-/Unterhitze: etwa 200 °C
Heißluft: etwa 180 °C

3. In der Zwischenzeit Tomaten waschen, abtropfen lassen, kreuzweise einschneiden, kurz in kochendes Wasser legen und in kaltem Wasser abschrecken. Tomaten enthäuten, halbieren, entkernen und die Stängelansätze herausschneiden. Tomatenhälften in Würfel schneiden.

4. Fischfilet unter fließendem kalten Wasser abspülen, trocken tupfen und in etwa 4 cm große Würfel schneiden.

5. Muscheln in reichlich kaltem Wasser gründlich waschen. Muscheln einzeln abbürsten, bis sie nicht mehr sandig sind (Muscheln, die sich beim Waschen öffnen, sind ungenießbar). Eventuell die Fäden (Bartbüschel) entfernen.

6. Nach etwa 15 Minuten Garzeit die Fischwürfel mit den Tomatenwürfeln, einigen zerdrückten Safranfäden, Zucker und Muscheln zu der Zwiebel-Speck-Mischung in den Römertopf® geben. Mit Salz und Pfeffer würzen. Anschließend die Fischsuppe mit Deckel fertig garen (Muscheln, die sich nach dem Garen nicht öffnen, sind ungenießbar).

7. Petersilie abspülen und trocken tupfen. Die Blättchen von den Stängeln zupfen. Die Fischsuppe mit Petersilie bestreuen und sofort servieren.

Französischer Gemüseeintopf I

Klassisch – für Kinder

4 Portionen

Pro Portion:
E: 23 g, F: 10 g, Kh: 7 g, kJ: 881, kcal: 210

1 Bund Suppengrün (Knollensellerie, Möhre, Porree [Lauch])
400 g mageres Suppenfleisch (vom Rind)
1 1/2 l Wasser
1 TL Gemüsebrühe (Instant)
Salz
5 schwarze Pfefferkörner
1 Knoblauchzehe
1 Zwiebel
1 Peperoni
1 Zucchini (etwa 200 g)
1 rote Paprikaschote (etwa 200 g)
1 kleine Aubergine (etwa 250 g)
3 Tomaten (etwa 200 g)
2 EL Olivenöl
1 TL Tomatenmark
1/2 TL gerebelter Thymian
1/2 TL gerebelter Rosmarin
1/2 TL gerebeltes Basilikum

Zubereitungszeit: 50 Minuten, ohne Abkühlzeit
Garzeit: etwa 2 Stunden

1. Von dem Suppengrün Sellerie schälen, abspülen und abtropfen lassen. Die Möhre putzen, schälen, abspülen und abtropfen lassen. Porree putzen, die Stange längs halbieren, gründlich waschen und abtropfen lassen. Möhre, Sellerie und Porree in mundgerechte Stücke schneiden.

2. Suppenfleisch unter fließendem kalten Wasser abspülen und trocken tupfen. Das Fleisch mit dem vorbereiteten Suppengrün in einen Topf geben. Wasser hinzugießen. Gemüsebrühe, 1/2 Teelöffel Salz und Pfefferkörner hinzugeben. Die Zutaten zum Kochen bringen, zugedeckt etwa 90 Minuten leicht köcheln lassen.

3. Das Fleisch mit einer Schaumkelle aus der Brühe nehmen, etwas abkühlen lassen und in kleine Stücke schneiden. Die Brühe mit dem Suppengrün durch ein Sieb gießen. Die Brühe dabei auffangen und beiseitestellen.

4. Knoblauch abziehen und klein würfeln. Zwiebel abziehen, halbieren und in dünne Streifen schneiden. Peperoni waschen, abtrocknen, längs aufschneiden und entkernen. Schote in feine Streifen schneiden.

5. Die Zucchini waschen, abtrocknen und die Enden abschneiden. Zucchini längs halbieren und in dünne Scheiben schneiden. Die Paprikaschote halbieren, entstielen, entkernen und die weißen Scheidewände entfernen. Schotenhälften waschen, abtropfen lassen und in dünne Streifen schneiden. Aubergine waschen, abtrocknen und den Stängelansatz entfernen.

6. Aubergine der Länge nach halbieren. Auberginenhälften längs dritteln, dann jeden Streifen in schmale Stücke schneiden. Die Tomaten waschen, kreuzweise einschneiden, kurz in kochendes Wasser legen und in kaltem Wasser abschrecken. Tomaten enthäuten, halbieren, entkernen und die Stängelansätze herausschneiden. Die Tomaten sechsteln, dabei entkernen.

7. Das Olivenöl in einem zweiten Topf erhitzen. Die Knoblauchwürfel, Zwiebel- und Peperonistreifen darin unter gelegentlichem Rühren etwa 3 Minuten andünsten. Die Zucchinischeiben, Paprikastreifen und Auberginenstücke hinzufügen und weitere 3–4 Minuten unter Rühren mitdünsten lassen. Aufgefangene Brühe (etwa 1 l) und das Tomatenmark hinzugeben. Die Zutaten zum Kochen bringen und zugedeckt etwa 10 Minuten leicht köcheln lassen.

8. Nach etwa 5 Minuten Garzeit das klein geschnittene Fleisch, Tomatenstücke, Thymian, Rosmarin und Basilikum hinzugeben. Den Eintopf fertig garen. Den Eintopf mit Salz und Pfeffer abschmecken.

Tipps: Nach dem Zubereiten von Peperoni oder Chili immer gründlich die Hände mit Wasser und Seife waschen. Peperoni- oder Chilireste können in den Augen und Schleimhäuten brennen.
Bei Zeitmangel können Sie Fleisch und Suppengrün am Vortag in der Brühe garen. Am nächsten Tag die Suppe mit dem Gemüse frisch kochen.

Frische Gemüsesuppe mit Mettenden | Einfach

4 Portionen

Pro Portion:
E: 18 g, F: 22 g, Kh: 14 g, kJ: 1366, kcal: 328

250 g festkochende Kartoffeln
1 l Gemüsebrühe
500 g frisches Gemüse, z. B. Möhren, Kohlrabi, Blumenkohl, grüne Bohnen
2 Stangen Porree (Lauch)
1 Bund Petersilie
100 g Gouda-Käse, im Stück
2 Mettenden (Rauchenden)
Salz
frisch gemahlener Pfeffer

Zubereitungszeit: 35 Minuten
Garzeit: 25–30 Minuten

1. Kartoffeln waschen, schälen, abspülen, abtropfen lassen und in kleine Würfel schneiden. Brühe in einem Topf zum Kochen bringen. Kartoffelwürfel hinzufügen, wieder zum Kochen bringen und zugedeckt etwa 15 Minuten kochen lassen.

2. Möhren und Kohlrabi putzen, schälen, abspülen, abtropfen lassen und in Würfel schneiden. Von dem Blumenkohl die Blätter und schlechten Stellen entfernen. Blumenkohl in Röschen teilen, waschen und abtropfen lassen. Von den Bohnen die Enden abschneiden. Bohnen eventuell abfädeln, waschen, abtropfen lassen und in Stücke schneiden oder brechen. Porree putzen, die Stangen längs halbieren, gründlich waschen, abtropfen lassen und in Streifen schneiden.

3. Das vorbereitete Gemüse zu den Kartoffelwürfeln in den Topf geben und wieder zum Kochen bringen. Die Suppe zugedeckt weitere 10–15 Minuten bei schwacher Hitze garen.

4. In der Zwischenzeit die Petersilie abspülen und trocken tupfen. Die Blättchen von den Stängeln zupfen. Blättchen klein schneiden. Käse fein reiben. Mettenden in Scheiben schneiden.

5. Etwa 5 Minuten vor Ende der Garzeit die Porreestreifen hinzugeben und mitgaren lassen. Etwa 1 Minute vor Ende der Garzeit die Wurstscheiben in die Suppe geben und miterhitzen. Die Suppe mit Salz und Pfeffer abschmecken. Die Suppe in Tellern verteilen und mit Petersilie bestreuen. Den geriebenen Käse dazureichen.

Frischkäsesuppe mit Frühlingszwiebeln | Einfach – für Kinder

4 Portionen

Pro Portion:
E: 13 g, F: 50 g, Kh: 19 g, kJ: 2521, kcal: 601

2 Zwiebeln (etwa 150 g)
200 g durchwachsener Speck
300 g mehligkochende Kartoffeln
Salz
frisch gemahlener Pfeffer
1 l Gemüsebrühe
1 Bund Frühlingszwiebeln (etwa 200 g)
1 Bund Schnittlauch
200 g Doppelrahm-Frischkäse

Zubereitungszeit: 15 Minuten
Garzeit: etwa 60 Minuten

1. Zwiebeln abziehen und klein würfeln. Speck ebenfalls in kleine Würfel schneiden. Kartoffeln waschen, schälen und abspülen und abtropfen lassen.

2. Die Zwiebel- und Speckwürfel in einen gewässerten Römertopf® geben. Kartoffeln auf einer Küchenreibe grob raspeln und hinzufügen. Die Zutaten gut vermischen, mit Salz und Pfeffer würzen. Die Brühe hinzugießen.

3. Den Römertopf® mit dem Deckel verschließen und auf dem Rost in den kalten Backofen schieben.
Ober-/Unterhitze: etwa 200 °C
Heißluft: etwa 180 °C

4. In der Zwischenzeit Frühlingszwiebeln putzen, waschen, abtropfen lassen und in Scheiben schneiden. Nach etwa 45 Minuten Garzeit die Frühlingszwiebelscheiben zur Suppe in den Römertopf® geben. Wieder mit dem Deckel verschließen und in weiteren etwa 15 Minuten fertig garen.

5. Den Schnittlauch abspülen, trocken tupfen und in Röllchen schneiden. Den Römertopf® aus dem Backofen nehmen. Frischkäse in die fertige Suppe rühren und schmelzen lassen. Die Suppe mit Salz und Pfeffer abschmecken, mit den Schnittlauchröllchen bestreut servieren.

Frühlingssuppe mit Huhn | Für Kinder

6 Portionen

Pro Portion:
E: 66 g, F: 34 g, Kh: 18 g, kJ: 2815, kcal: 674

1	*küchenfertiges Suppenhuhn (mind. 2 kg)*
	Salz
2 Bund	*Möhren*
je 500 g	*weißer und grüner Spargel*
1 Bund	*Frühlingszwiebeln*
1	*Kohlrabi*
250 g	*frische, gepulte Erbsen*
2	*feine Bratwürste (je etwa 100 g)*
1 Bund	*Kerbel*
	frisch gemahlener Pfeffer

Zubereitungszeit: 45 Minuten, ohne Abkühlzeit
Garzeit: etwa 1 Stunde 45 Minuten

1. Das Suppenhuhn innen und außen unter fließendem kalten Wasser abspülen und abtropfen lassen. Das Suppenhuhn in einen hohen Topf geben. So viel kaltes Wasser hinzugießen, dass das Huhn ganz bedeckt ist. Mit Salz würzen, zum Kochen bringen und abschäumen. Dann das Suppenhuhn zugedeckt etwa 90 Minuten garen. Die Brühe während der Garzeit mehrmals abschäumen und entfetten.

2. In der Zwischenzeit Möhren putzen, schälen, abspülen, abtropfen lassen und längs halbieren. Den weißen Spargel von oben nach unten schälen. Darauf achten, dass die Schalen vollständig entfernt, die Köpfe aber nicht verletzt werden. Die unteren Enden abschneiden (die holzigen Stellen vollkommen entfernen). Spargelstangen in etwa 3 cm lange Stücke schneiden. Das untere Drittel des grünen Spargels schälen und die unteren Enden abschneiden. Die Spargelstangen ebenfalls in etwa 3 cm lange Stücke schneiden.

3. Frühlingszwiebeln putzen, waschen, abtropfen lassen und schräg in etwa 3 cm lange Stücke schneiden. Kohlrabi putzen, schälen, abspülen und abtropfen lassen. Kohlrabi zuerst in Scheiben, dann in etwa 1 cm große Würfel schneiden. Erbsen abspülen und abtropfen lassen.

4. Das gare Suppenhuhn aus der Brühe nehmen (vorher prüfen, ob das Huhn gar ist) und etwas abkühlen lassen. Das Fleisch von den Knochen lösen und in mundgerechte Stücke schneiden.

5. Die Brühe durch ein Sieb passieren und wieder in den Topf geben. Das vorbereitete Gemüse (bis auf den grünen Spargel und die Erbsen) hinzugeben. Die Bratwurstmasse so aus der Haut in die Brühe drücken, dass kleine Klößchen entstehen. Das Gemüse mit den Klößchen zum Kochen bringen und etwa 15 Minuten bei schwacher Hitze garen. Die grünen Spargelstücke und Erbsen etwa 5 Minuten vor Ende der Garzeit in die Suppe geben und mitgaren lassen.

6. Das Hühnerfleisch in die Suppe geben und erhitzen. Kerbel abspülen und trocken tupfen. Die Blättchen von den Stängeln zupfen. Die Blättchen klein schneiden. Die Frühlingssuppe mit Salz und Pfeffer abschmecken und anschließend mit Kerbel bestreut servieren.

Frühlingszwiebelsuppe mit Käse-Kräuter-Bällchen | Mit Alkohol

8–10 Portionen

Pro Portion:
E: 11 g, F: 25 g, Kh: 27 g, kJ: 1707, kcal: 408

Für die Käse-Kräuter-Bällchen:

2 Brötchen (Semmeln) vom Vortag
200 g Gouda-Käse, im Stück
1 Bund Petersilie
1 Ei (Größe M)
20 g Speisestärke
80 g Semmelbrösel
Salz, frisch gemahlener Pfeffer
frisch geriebene Muskatnuss
heißes Salzwasser

Für die Suppe:

4 Bund Frühlingszwiebeln (etwa 1 kg)
100 g Butter
3 EL Weizenmehl
200 ml trockener Weißwein
1 1/2 l Gemüsebrühe
3 Tomaten (etwa 250 g)
200 g Schlagsahne

Zubereitungszeit: 70 Minuten
Garzeit Suppe: etwa 20 Minuten
Garzeit Kräuterbällchen: etwa 5 Minuten

1. Für die Bällchen die Brötchen in kaltem Wasser einweichen. Käse in Würfel schneiden. Die Petersilie abspülen und trocken tupfen. Die Blättchen von den Stängeln zupfen. Blättchen sehr klein schneiden.

2. Das eingeweichte Brötchen sehr gut ausdrücken und in eine Schüssel geben. Ei, Speisestärke, Semmelbrösel und Petersilie gut unterarbeiten. Mit Salz, Pfeffer und Muskat würzen.

3. Aus der Masse mit angefeuchteten Händen kleine Bällchen formen, dabei je einen Käsewürfel mit einarbeiten. Die Bällchen in siedendem Salzwasser etwa 5 Minuten gar ziehen lassen, bis sie an der Oberfläche schwimmen. Die Bällchen mit einem Schaumlöffel herausnehmen und beiseitelegen.

4. Für die Suppe Frühlingszwiebeln putzen, waschen, abtropfen lassen und in Scheiben schneiden. Butter in einem Topf zerlassen. Zwiebelscheiben darin andünsten. Mit Mehl bestäuben, unter Rühren so lange erhitzen, bis das Mehl hellgelb ist.

5. Wein und Brühe hinzugießen. Mit einem Schneebesen durchschlagen. Dabei darauf achten, dass keine Klümpchen entstehen. Die Weinbrühe zum Kochen bringen und etwa 15 Minuten bei schwacher Hitze kochen lassen.

6. Tomaten waschen, abtropfen lassen, kreuzweise einschneiden, kurz in kochendes Wasser legen und in kaltem Wasser abschrecken. Tomaten enthäuten und Stängelansätze herausschneiden. Tomaten halbieren, entkernen und in Würfel schneiden. Tomatenwürfel und Sahne in die Suppe geben und miterhitzen. Die Suppe mit Salz und Pfeffer würzen.

7. Vor dem Servieren die beiseitegelegten Käse-Kräuter-Bällchen in die Suppe geben und miterhitzen.

Tipp: Formen Sie anfangs nur 1 Käsebällchen und geben es in das siedende Wasser. Falls es auseinanderfällt, noch 20 g Semmelbrösel unter die Masse kneten.

Gazpacho (Kalte Gemüsesuppe)

Klassisch – mit Alkohol

8–10 Portionen

Pro Portion:
E: 6 g, F: 19 g, Kh: 25 g, kJ: 1283, kcal: 306

Für die Gemüsesuppe:

200 g Weißbrotscheiben (vom Vortag)
2 grüne Paprikaschoten
1 1/4 kg reife Tomaten
3 Zwiebeln
3 Knoblauchzehen
125 ml (1/8 l) Olivenöl
125 ml (1/8 l) Rotwein
250 ml (1/4 l) Hühnerbrühe
Salz
frisch gemahlener Pfeffer

Für die Einlage:

4–5 Scheiben Toastbrot
2 EL Olivenöl
1/2 Salatgurke
4–5 Schalotten
4–5 Tomaten
1 grüne Paprikaschote
etwa 20 grüne Oliven, ohne Stein (aus dem Glas)

Außerdem:

8–10 Eiswürfel

Zubereitungszeit: 40 Minuten, ohne Kühlzeit

1. Für die Suppe Weißbrotscheiben in kaltem Wasser einweichen.

2. Die Paprikaschoten halbieren, entstielen, entkernen und die weißen Scheidewände entfernen. Die Schotenhälften waschen, abtropfen lassen und in Stücke schneiden.

3. Tomaten waschen, abtropfen lassen, kreuzweise einschneiden, kurz in kochendes Wasser legen und in kaltem Wasser abschrecken. Die Tomaten enthäuten, halbieren, entkernen und die Stängelansätze herausschneiden. Tomatenhälften ebenfalls in Stücke schneiden. Zwiebeln und Knoblauchzehen abziehen. Zwiebeln grob zerkleinern.

4. Eingeweichte Weißbrotscheiben gut ausdrücken und in eine hohe Rührschüssel geben. Paprika-, Tomaten-, Zwiebelstücke, Olivenöl, Rotwein und Hühnerbrühe hinzufügen. Die Zutaten eventuell portionsweise mit einem Stabmixer pürieren. Knoblauch durch eine Knoblauchpresse drücken und hinzufügen. Mit Salz und Pfeffer würzen.

5. Die Suppe mit Frischhaltefolie zugedeckt mindestens 4 Stunden in den Kühlschrank stellen.

6. In der Zwischenzeit für die Einlage Toastbrotscheiben nach Belieben entrinden. Brotscheiben in kleine Würfel schneiden. Olivenöl in einer Pfanne erhitzen. Die Brotwürfel darin unter gelegentlichem Rühren von allen Seiten goldgelb rösten. Die Salatgurke waschen, abtrocknen und in kleine Würfel schneiden.

7. Schalotten abziehen und klein würfeln. Tomaten wie unter Punkt 3 beschrieben enthäuten und ebenfalls in kleine Würfel schneiden.

8. Paprikaschote halbieren, entstielen, entkernen und die weißen Scheidewände entfernen. Schotenhälften waschen, abtropfen lassen und in Streifen schneiden. Oliven abtropfen lassen und in Scheiben schneiden. Die vorbereiteten Zutaten für die Einlage getrennt in kleine Schälchen geben.

9. Die kalt gestellte Suppe kräftig umrühren und nochmals mit den Gewürzen abschmecken. Eiswürfel hinzufügen. Gazpacho sofort servieren. Die Schälchen mit den Einlagen getrennt dazureichen. Jeder Gast wählt die Einlage aus, die ihm am besten schmeckt.

Beilage: Ofenfrisches Baguette.

Tipp: Die typische, kalte Suppe Spaniens ist Gazpacho – an heißen Sommertagen eine herrliche Erfrischung. Sie wird unmittelbar vor dem Servieren mit Eiswürfeln verdünnt, damit sie schön gekühlt bleibt. Deshalb ist es wichtig, dass man die Suppe vorab mit den Gewürzen kräftig würzt.

Geflügel-Kokos-Suppe I

Für Gäste – exotisch

8–10 Portionen

Pro Portion:
E: 41 g, F: 11 g, Kh: 23 g, kJ: 1494, kcal: 357

Für das Paprikaöl:

2 EL Speiseöl
1 TL Paprikapulver edelsüß

Für die Suppe:

4 Hähnchenbrustfilets (je etwa 150 g)
4 Schalotten
2 kleine Möhren
2 Stangen Porree (Lauch, etwa 400 g)
3–4 Stängel Koriander
2 EL Speiseöl
2 EL Weizenmehl
2 l Hühnerbrühe
1 Dose ungesüßte Kokosmilch (400 ml)
Salz
frisch gemahlener Pfeffer

Zubereitungszeit: 30 Minuten
Garzeit: etwa 10 Minuten

1. Für das Paprikaöl Speiseöl mit Paprika verrühren, beiseitestellen. Das Speiseöl nimmt nach 10–15 Minuten eine rötliche Farbe an.

2. Für die Suppe Hähnchenbrustfilets unter fließendem kalten Wasser abspülen, trocken tupfen und in Streifen oder Würfel schneiden.

3. Die Schalotten abziehen und klein würfeln. Die Möhren putzen, schälen, abspülen, abtropfen lassen und ebenfalls in Würfel schneiden. Porree putzen, die Stangen längs halbieren, gründlich waschen, abtropfen lassen und in Streifen schneiden. Koriander abspülen und trocken tupfen. Die Blättchen von den Stängeln zupfen.

4. Das Speiseöl in einem großen Topf erhitzen. Die Fleischstreifen oder -würfel darin rundherum anbraten und herausnehmen.

5. Schalotten-, Möhrenwürfel und Porreestreifen in dem verbliebenen Bratfett andünsten. Mit Mehl bestäuben und kurz unter Rühren mitdünsten lassen. Hühnerbrühe und Kokosmilch hinzugießen und gut unterrühren. Die Zutaten unter Rühren zum Kochen bringen. Fleischstreifen oder -würfel wieder hinzufügen. Die Suppe zugedeckt bei schwacher Hitze etwa 10 Minuten kochen lassen. Dann mit Salz und Pfeffer würzen.

6. Die Suppe in Tellern verteilen. Mit einigen Tropfen Paprikaöl beträufeln (am besten mithilfe einer Gabel). Die Suppe mit Korianderblättchen garnieren.

Tipps: Sie können auch zusätzlich abgetropfte Bambussprossen aus dem Glas in die Suppe geben. Wer es gern sehr scharf mag, kann auch dünne Ringe von roten und grünen Chilischoten hinzugeben oder die Suppe mit 1–2 Messerspitzen Sambal Oelek ab-schmecken. Statt der Schalotten können Sie auch 2 Zwiebeln verwenden.
Paprikapulver wird in drei Schärfen angeboten: „Paprika edelsüß" zeichnet sich durch milde Schärfe und würzigen Geschmack aus. „Paprika rosenscharf" ist besonders scharf, hier wurde die ganze Frucht mit Samenkörnern und Scheidewänden vermahlen. „Delikatesspaprika" ist äußerst mild und dient eher zum Rotfärben als zum Würzen der Speisen.

Geflügel-Spinat-Suppe | Raffiniert

4 Portionen

Pro Portion:
E: 50 g, F: 10 g, Kh: 26 g, kJ: 1675, kcal: 401

2	*Zwiebeln*
1–2	*Knoblauchzehen*
750 g	*Putenbrustfilet*
1–2	*Bio-Zitronen (unbehandelt, ungewachst)*
2 EL	*Speiseöl*
	Salz
	frisch gemahlener Pfeffer
1 geh. EL	*Weizenmehl*
1 1/4 l	*Hühnerbrühe*
100 g	*Langkornreis*
150 g	*TK-Blattspinat*
einige	*abgezogene Mandeln*

Zubereitungszeit: 30 Minuten
Garzeit: etwa 15 Minuten

1. Zwiebeln und Knoblauch abziehen, in kleine Würfel schneiden. Das Putenbrustfilet unter fließendem kalten Wasser abspülen, trocken tupfen und in Würfel schneiden.

2. Dann die Zitronen heiß abwaschen und abtrocknen. Von der Schale mit einem Zestenreißer einige Streifen zum Garnieren abschälen. Zitronen mit einem Messer so schälen, dass die weiße Haut mitentfernt wird. Die Zitronen in dünne Scheiben schneiden.

3. Jeweils etwas Speiseöl in einer Pfanne erhitzen. Putenbrustwürfel darin portionsweise von allen Seiten kräftig anbraten, herausnehmen und in einen großen Topf geben. Mit Salz und Pfeffer würzen. Zwiebel- und Knoblauchwürfel in dem verbliebenen Bratfett kurz andünsten und zu den Fleischwürfeln geben. Mit Mehl bestäuben und unterrühren.

4. Brühe unter Rühren hinzugießen und aufkochen lassen. Zitronenscheiben, Reis und den gefrorenen Spinat hinzufügen, wieder zum Kochen bringen und etwa 15 Minuten garen. Dabei ab und zu umrühren. Die Suppe mit Salz und Pfeffer abschmecken. Mit Mandeln anrichten und mit den Zitronenschalenstreifen garnieren.

Tipp: Sie können die Suppe bereits am Vortag vorbereiten. Dann den Reis getrennt garen, da er stark nachdickt. Reis vor dem Servieren in der Suppe erwärmen. Reduzieren Sie die Hühnerbrühemenge dann von 1 1/4 Liter auf 1 Liter.

Gelbe Linsensuppe mit Joghurt I

Exotisch

4 Portionen

Pro Portion:
E: 17 g, F: 6 g, Kh: 42 g, kJ: 1248, kcal: 298

1 kleine Zwiebel
2 Knoblauchzehen
2 TL Speiseöl
1/4 TL gemahlener Kreuzkümmel (Cumin)
1/4 TL gemahlener Koriander
1/4 TL Cayennepfeffer
200 g getrocknete, gelbe oder rote Linsen
800 ml Gemüsebrühe
1 Dose Gemüsemais (Abtropfgewicht 285 g)
30 g Rosinen
Salz, frisch gemahlener Pfeffer
1 TL frisch gepresster Zitronen- oder Limettensaft
4–6 Stängel glatte Petersilie
150 g Joghurt

Zubereitungszeit: 20 Minuten
Garzeit: etwa 10 Minuten

1. Zwiebel und Knoblauch abziehen, in kleine Würfel schneiden. Speiseöl in einem Topf erhitzen. Zwiebelwürfel darin andünsten. Knoblauchwürfel hinzugeben und kurz mitdünsten lassen. Mit Kreuzkümmel, Koriander und Cayennepfeffer würzen.

2. Linsen und Gemüsebrühe hinzugeben, zum Kochen bringen. Die Linsen zugedeckt etwa 10 Minuten nach Packungsanleitung garen und dabei gelegentlich umrühren.

3. Mais in einem Sieb abtropfen lassen. Mais und Rosinen in die Linsensuppe geben und gut unterrühren. Die Suppe mit Salz, Pfeffer und Zitronen- oder Limettensaft abschmecken.

4. Petersilie abspülen und trocken tupfen. Die Blättchen von den Stängeln zupfen. Blättchen klein schneiden. Die Suppe mit Petersilie bestreuen. Den Joghurt glatt rühren und in ein Schälchen geben.

5. Die Linsensuppe in 4 Suppentassen verteilen. Den Joghurt getrennt dazureichen.

Beilage: Ofenfrisches Baguette oder Ciabatta.

Tipps: Gelbe oder rote Linsen haben nur eine kurze Garzeit, sie zerfallen sehr schnell. Deshalb die Linsen nach Packungsanleitung garen. Die roten oder gelben Linsen können durch getrocknete, braune Tellerlinsen ersetzt werden. Dann die Linsen (nach Packungsanleitung) 30–35 Minuten in der Brühe garen.
Kreuzkümmel (Cumin) kommt vor allem in der arabischen und indischen Küche vor. Er ist im Geschmack etwas schärfer als der klassische Kümmel und gibt mit Koriander und Cayennepfeffer dem Gericht eine orientalische Note. Wer es noch orientalischer mag, schmeckt die Suppe vor dem Servieren nochmals mit den drei Gewürzen ab.

Abwandlung: Die Linsensuppe mit 3–4 Esslöffeln Schlagsahne verfeinern. Die flüssige Sahne kurz vor dem Servieren unter die gegarte Suppe rühren. Dann die Linsensuppe ohne Joghurt servieren.

Gemischter Bohneneintopf mit Bündnerfleischklößchen | Klassisch

4 Portionen

Pro Portion:
E: 30 g, F: 13 g, Kh: 37 g, kJ: 1629, kcal: 389

100 g rote Bohnen
100 g Wachtelbohnen
100 g weiße Bohnen
3 l Gemüsebrühe
250 g Kartoffeln
je ½ grüne und gelbe Paprikaschote

Für die Fleischklößchen:
60 g Bündnerfleisch
150 g feines, rohes Bratwurstbrät
2 EL fein gehackte Petersilie
Salz, frisch gemahlener Pfeffer
Paprikapulver edelsüß

Zubereitungszeit: 30 Minuten, ohne Einweichzeit
Garzeit: etwa 60 Minuten

1. Die Bohnen in ein hohes Gefäß geben. Mit so viel Wasser übergießen, dass die Bohnen bedeckt sind. Bohnen über Nacht einweichen lassen.

2. Brühe in einem großen Topf zum Kochen bringen. Eingeweichte, abgetropfte Bohnen hinzugeben und zum Kochen bringen. Bohnen zugedeckt etwa 45 Minuten garen.

3. Kartoffeln waschen, schälen, abspülen, abtropfen lassen und in kleine Würfel schneiden. Die Paprikaschotenhälften entstielen, entkernen und die weißen Scheidewände entfernen. Schotenhälften waschen, trocken tupfen und ebenfalls in kleine Würfel schneiden. Kartoffel- und Paprikawürfel zu den Bohnen in den Topf geben, wieder zum Kochen bringen und weitere etwa 15 Minuten garen.

4. Für die Fleischklößchen Bündnerfleisch in kleine Würfel schneiden und in eine Schüssel geben. Bratwurstbrät und Petersilie untermengen. Aus der Masse mit angefeuchteten Händen oder mit zwei Teelöffeln kleine Klößchen formen und in kochendem Wasser etwa 2 Minuten blanchieren. Klößchen mit einer Schaumkelle herausnehmen und in den Eintopf geben. Den Eintopf mit Salz, Pfeffer und Paprika abschmecken.

Tipp: Den Eintopf in einen tiefen Teller füllen. Mit 1 Esslöffel Crème fraîche und einem Thymianstängel garnieren.

Gemüsebrühe mit Glasnudeln und Bambussprossen | Raffiniert

4 Portionen

Pro Portion:
E: 14 g, F: 15 g, Kh: 17 g, kJ: 1074, kcal: 257

100 g Glasnudeln
1 Zwiebel
10 g Ingwerwurzel
400 g Möhren
1 Stange Porree (Lauch, etwa 200 g)
1 rote Paprikaschote (etwa 200 g)
1 kleiner Knollensellerie (etwa 200 g)
300 g Chinakohl
100 g Bambussprossen
1 rote oder grüne Chilischote

1–2 EL Speiseöl
1 l Gemüsebrühe
2–3 TL Sojasauce
Jodsalz
frisch gemahlener Pfeffer
etwa 1/2 TL Chinagewürz

Zubereitungszeit: 40 Minuten
Garzeit: 10–13 Minuten

1. Glasnudeln in eine Schüssel geben und mit kochendem Wasser überbrühen. Glasnudeln in einem Sieb abtropfen lassen und mit einer Schere klein schneiden.

2. Zwiebel abziehen und in kleine Würfel schneiden. Ingwer schälen, abspülen, abtropfen lassen und ebenfalls klein würfeln. Die Möhren putzen, schälen, abspülen, abtropfen lassen und schräg in dünne Scheiben schneiden. Porree putzen, die Stange längs halbieren, gründlich waschen und abtropfen lassen. Porree in feine Streifen schneiden. Die Paprikaschote halbieren, entstielen, entkernen und die weißen Scheidewände entfernen. Schotenhälften waschen, abtropfen lassen und in schmale Streifen schneiden.

3. Sellerie putzen, schälen, abspülen, abtropfen lassen und in Rauten schneiden. Dafür Sellerie zuerst in dünne Scheiben, dann jede Scheibe schräg und längs in etwa 1 1/2 cm breite Stücke schneiden. Den Chinakohl putzen. Den Kohl vierteln und den Strunk herausschneiden. Die Kohlviertel waschen, abtropfen lassen und in schmale Streifen schneiden. Bambussprossen in einem Sieb abtropfen lassen und beiseitestellen. Chilischote längs aufschneiden, entkernen, abspülen und abtropfen lassen. Die Chilischote in dünne Ringe schneiden.

4. Jeweils etwas Speiseöl in einem Topf erhitzen. Die Zwiebel- und Ingwerwürfel darin andünsten. Möhrenscheiben, Porree-, Paprikastreifen und Sellerierauten portionsweise hinzufügen und mitdünsten lassen. Die Brühe hinzugießen. Die Zutaten zum Kochen bringen und zugedeckt etwa 5 Minuten garen lassen. Chinakohlstreifen hinzugeben, wieder zum Kochen bringen und zugedeckt weitere 5–7 Minuten garen, dabei gelegentlich umrühren. 1–2 Minuten vor Ende der Garzeit die Bambussprossen, Chilischotenringe und Glasnudeln hinzugeben und miterhitzen. Die Suppe mit Sojasauce, Salz, Pfeffer und Chinagewürz abschmecken.

Gemüseeintopf | Vegetarisch – für Kinder

4 Portionen

Pro Portion:
E: 17 g, F: 9 g, Kh: 24 g, kJ: 1067, kcal: 255

1 Bund Suppengrün (Möhren, Petersilienwurzel, Knollensellerie, Porree [Lauch])
200 g Kartoffeln
2 Kohlrabi (je etwa 300 g)
250 g Schneidebohnen
2 Lorbeerblätter
1 TL weiße Pfefferkörner
3 Gewürznelken
2 Gläser Gemüsefond (je 400 ml) oder 800 ml Gemüsebrühe
500 ml (1/2 l) kaltes Wasser
250 g grüner Spargel
1/2 Bund Kerbel
1/2 Bund glatte Petersilie
Salz
evtl. frisch gemahlener Pfeffer

Außerdem:
1 Teefilter oder 1 Gewürzbeutel
Küchengarn

Zubereitungszeit: 35 Minuten
Garzeit: etwa 50 Minuten

1. Möhren, Petersilienwurzel und den Sellerie putzen, schälen, abspülen, abtropfen lassen. Die Möhren und Petersilienwurzel in Scheiben, den Sellerie in Würfel schneiden. Porree putzen, die Stange längs halbieren, gründlich waschen, abtropfen lassen und in Streifen schneiden.

2. Kartoffeln waschen, schälen, abspülen, abtropfen lassen und in Würfel schneiden. Den Kohlrabi putzen, schälen, abspülen, abtropfen lassen und in Streifen schneiden. Von den Bohnen die Enden abschneiden, eventuell abfädeln. Bohnen waschen, abtropfen lassen und schräg in etwa 2 cm lange Stücke schneiden.

3. Lorbeerblätter, Pfefferkörner und Gewürznelken in einen Teefilter oder Gewürzbeutel geben und mit Küchengarn zusammenbinden. Das vorbereitete Gemüse, Gewürzbeutel, Gemüsefond oder -brühe und Wasser in einen gewässerten Römertopf® geben. Den Römertopf® mit dem Deckel verschließen und auf dem Rost in den kalten Backofen schieben.
Ober-/Unterhitze: etwa 200 °C
Heißluft: etwa 180 °C

4. In der Zwischenzeit von dem Spargel das untere Drittel schälen und die unteren Enden abschneiden. Spargelstangen abspülen, abtropfen lassen und in etwa 4 cm lange Stücke schneiden.

5. Die Spargelstücke nach etwa 20 Minuten Garzeit zu dem Gemüse in den Römertopf® geben. Den Eintopf mit Deckel in weiteren etwa 30 Minuten fertig garen.

6. Kerbel und Petersilie abspülen, trocken tupfen. Die Blättchen von den Stängeln zupfen (einige Blättchen zum Garnieren beiseitelegen). Blättchen klein schneiden.

7. Den Gewürzbeutel aus dem Eintopf entfernen. Den Eintopf mit Salz abschmecken. Kerbel und Petersilie unterrühren. Den Gemüseeintopf mit den beiseitegelegten Petersilienblättchen garnieren und nach Belieben mit Pfeffer bestreuen.

Gemüseeintopf aus Vierlanden

Etwas teurer – für Kinder

6 Portionen

Pro Portion:
E: 58 g, F: 20 g, Kh: 38 g, kJ: 2356, kcal: 562

1 kg Kalbsbrust
100 g Kalbsknochen
Salz
grob zerdrückte Pfefferkörner
1 Lorbeerblatt
1 Bund Möhren
1 Bund gelbe Möhren
1 kg weißer Spargel

Für die Hackbällchen:
500 g Kalbsgehacktes
frisch gemahlener Pfeffer
1 Ei (Größe M)
1 TL mittelscharfer Senf
1 Bund Schnittlauch

Für die Nudeln:
2 ½ l Wasser
2 ½ gestr. TL Salz
250 g kleine Muschelnudeln

1 Bund Petersilie

Zubereitungszeit: 60 Minuten
Garzeit: etwa 2 Stunden

1. Kalbsbrust und -knochen unter fließendem kalten Wasser abspülen, abtropfen lassen und in einen hohen Topf geben. So viel kaltes Wasser hinzugießen, dass das Fleisch gut bedeckt ist. Zum Kochen bringen und abschäumen. Salz, Pfefferkörner und Lorbeerblatt hinzugeben. Dann die Kalbsbrust und -knochen ohne Deckel etwa 90 Minuten bei schwacher Hitze leicht kochen lassen. Dabei ab und zu die Brühe abschäumen.

2. In der Zwischenzeit Möhren putzen, schälen, abspülen, abtropfen lassen und in Scheiben schneiden. Den Spargel von oben nach unten schälen. Darauf achten, dass die Schalen vollständig entfernt, die Köpfe aber nicht verletzt werden. Die unteren Enden abschneiden (die holzigen Stellen vollkommen entfernen). Spargelstangen in etwa 3 cm lange Stücke schneiden.

3. Das Kalbsgehackte in eine Schüssel geben. Salz, Pfeffer, Ei und Senf hinzugeben und gut unterkneten. Schnittlauch abspülen, trocken tupfen und in feine Ringe schneiden. Schnittlauchröllchen unter die Hackfleischmasse arbeiten. Aus der Hackfleischmasse mit angefeuchteten Händen kleine Bällchen formen.

4. Wasser in einem Topf zum Kochen bringen. Dann Salz und Nudeln hinzugeben. Die Nudeln im geöffneten Topf bei mittlerer Hitze nach Packungsanleitung kochen. Dabei zwischendurch 4–5-mal umrühren. Die garen Nudeln in ein Sieb geben, mit heißem Wasser abspülen und abtropfen lassen.

5. Petersilie abspülen und trocken tupfen. Die Blättchen von den Stängeln zupfen. Die Blättchen klein schneiden.

6. Nach etwa 90 Minuten Garzeit prüfen (durch Einstechen mit einem Holzspieß), ob das Fleisch weich ist. Falls nicht, die Garzeit um etwa 30 Minuten verlängern. Das gare Fleisch aus der Brühe nehmen, in Scheiben schneiden und warm stellen.

7. Die Brühe durch ein Sieb passieren und wieder in den Topf geben. Die Hackbällchen in die Brühe geben und etwa 10 Minuten ziehen lassen.

8. Die Möhrenscheiben und Spargelstücke hinzugeben und eventuell etwas Wasser hinzugießen. Den Eintopf wieder zum Kochen bringen und ohne Deckel weitere etwa 20 Minuten bei schwacher bis mittlerer Hitze kochen lassen.

9. Den Eintopf mit Salz und Pfeffer abschmecken.

10. Die Muschelnudeln und Petersilie unter den Eintopf rühren, kurz erwärmen. Warm gestelltes Fleisch in den Eintopf legen oder dazureichen.

Beilage: Krustenbrot, mit Butter bestrichen und mit Schnittlauchröllchen bestreut.

Gemüseeintopf mit Graupen

Vegetarisch

4 Portionen

Pro Portion:
E: 8 g, F: 5 g, Kh: 27 g, kJ: 806, kcal: 193

200 g	*Blumenkohl*
2	*mittelgroße Möhren*
125 g	*grüne Bohnen*
100 g	*vorbereiteter Wirsing*
1 kleine Stange	*Porree (Lauch)*
100 g	*Knollensellerie*
100 g	*junge, ausgepalte Erbsen*
20 g	*Butter*
100 g	*Graupen*
750 ml (3/4 l)	*Gemüsebrühe*
	Salz
	frisch gemahlener Pfeffer
evtl. 2 EL	*gehackte Kräuter, z. B. glatte Petersilie, Schnittlauchröllchen*

Zubereitungszeit: 45 Minuten
Garzeit: 15–20 Minuten

1. Von dem Blumenkohl die Blätter und schlechten Stellen entfernen. Blumenkohl in kleine Röschen teilen, waschen und abtropfen lassen. Möhren putzen, schälen, abspülen, abtropfen lassen und in Scheiben schneiden.

2. Von den Bohnen die Enden abschneiden, eventuell abfädeln. Bohnen waschen, abtropfen lassen und in Stücke schneiden oder brechen. Wirsing in Streifen schneiden. Porree putzen, die Stange längs halbieren, gründlich waschen, abtropfen lassen und in etwa 1 cm breite Streifen schneiden.

3. Sellerie putzen, schälen, abspülen, abtropfen lassen und in kleine Würfel schneiden. Erbsen abspülen und abtropfen lassen. Butter in einem Topf zerlassen. Zuerst Selleriewürfel, dann die Möhrenscheiben und Blumenkohlröschen darin andünsten. Anschließend Bohnenstücke, Wirsingstreifen und Graupen hinzugeben, kurz mitdünsten lassen.

4. Gemüsebrühe hinzugießen, mit Salz und Pfeffer würzen. Die Zutaten zum Kochen bringen und zugedeckt 15–20 Minuten garen.

5. Etwa 5 Minuten vor Ende der Garzeit Erbsen und Porreestreifen hinzugeben und mitgaren lassen.

6. Den Eintopf mit Salz und Pfeffer würzen. Nach Belieben mit Petersilie und Schnittlauchröllchen bestreuen und servieren.

Gemüse-Fisch-Eintopf | Für Gäste

4 Portionen

Pro Portion:
E: 31 g, F: 17 g, Kh: 21 g, kJ: 1603, kcal: 382

250 g grüne Bohnen
400 g Kartoffeln
½ Gemüsezwiebel (etwa 150 g)
250 g Champignons
Salz
frisch gemahlener Pfeffer
gerebeltes Bohnenkraut
50 g Butter
600 g Zanderfilet
evtl. 4 EL Schmand (Sauerrahm) oder Crème fraîche

Zubereitungszeit: 40 Minuten
Garzeit: etwa 65 Minuten

1. Von den Bohnen die Enden abschneiden, eventuell abfädeln. Bohnen waschen, abtropfen lassen und in Stücke schneiden oder brechen. Kartoffeln waschen, schälen, abspülen, abtropfen lassen und in kleine Würfel schneiden.

2. Die Zwiebel abziehen. Zwiebelhälfte in Scheiben schneiden. Die Champignons putzen, mit Küchenpapier abreiben, eventuell abspülen, trocken tupfen und in Stücke schneiden.

3. Die vorbereiteten Gemüsezutaten in einer Schüssel gut vermischen. Dann mit Salz, Pfeffer und Bohnenkraut würzen und in einen gewässerten Römertopf® geben. Butter in Flöckchen darauf verteilen. Den Römertopf® mit dem Deckel verschließen und auf dem Rost in den kalten Backofen schieben.
Ober-/Unterhitze: etwa 220 °C
Heißluft: etwa 200 °C

4. In der Zwischenzeit Zanderfilet unter fließendem kalten Wasser abspülen, trocken tupfen und in grobe Würfel schneiden. Mit Salz und Pfeffer würzen.

5. Nach etwa 50 Minuten Garzeit die Fischwürfel auf das Gemüse in den Römertopf® geben. Den Eintopf mit Deckel in weiteren etwa 15 Minuten fertig garen. Nach Belieben Schmand oder Crème fraîche unter den garen Eintopf rühren.

Tipp: Zu dem Gemüse-Fisch-Eintopf frisches Weißbrot und einen herben Weißwein reichen.

Gemüse-Hühnchen-Eintopf I

Für Gäste

8 Portionen

Pro Portion:
E: 44 g, F: 17 g, Kh: 65 g, kJ: 2656, kcal: 634

1 küchenfertiges Hühnchen (etwa 1 kg)
2 l Hühnerbrühe
500 g Kartoffeln
300 g Kürbis
1 kleine Chilischote
500 g Tomaten
2 Maiskolben
100 g ausgepalte Erbsen
Salz, frisch gemahlener Pfeffer
3 EL Schnittlauchröllchen

Zubereitungszeit: 40 Minuten
Garzeit: 50–60 Minuten

1. Hühnchen in etwa 8 gleich große Portionen teilen. Nach Belieben die Haut entfernen. Die Fleischstücke unter fließendem kalten Wasser abspülen, trocken tupfen und in einen großen Topf geben. Brühe hinzugießen und zum Kochen bringen. Die Brühe abschäumen und zugedeckt 30–40 Minuten bei schwacher Hitze leicht kochen lassen. Gares Fleisch mit einer Schaumkelle aus der Brühe nehmen, beiseitelegen.

2. Kartoffeln waschen, schälen, abspülen, abtropfen lassen und in Würfel schneiden. Kürbis schälen und die Kerne mit einem Löffel herauskratzen. Das Kürbisfleisch in grobe Würfel schneiden. Chilischote längs aufschneiden, entkernen, waschen, trocken tupfen und in dünne Scheiben schneiden.

3. Tomaten waschen, abtropfen lassen, kreuzweise einschneiden, kurz in kochendes Wasser legen und in kaltem Wasser abschrecken. Tomaten enthäuten, halbieren, entkernen und die Stängelansätze herausschneiden. Tomatenhälften in grobe Stücke schneiden. Kartoffel-, Kürbiswürfel, Chilischeiben und Tomatenstücke in die Hühnerbrühe geben.

4. Maiskolben von Blättern und Fäden befreien, die Stiele abschneiden. Maiskolben waschen, trocken tupfen und in etwa 2 cm lange Stücke schneiden. Erbsen abspülen und abtropfen lassen. Die Maiskolbenstücke und Erbsen ebenfalls zu der Hühnerbrühe in den Topf geben. Mit Salz und Pfeffer würzen. Die Zutaten zum Kochen bringen und zugedeckt etwa 20 Minuten bei schwacher Hitze kochen lassen.

5. Die beiseitegelegten Fleischstücke von den Knochen lösen, in den Eintopf geben und miterhitzen. Den Eintopf nochmals mit Salz und Pfeffer abschmecken.

6. Den Gemüse-Hühnchen-Eintopf mit Schnittlauchröllchen bestreut servieren.

Gemüse-Nudel-Topf | Für Kinder

4 Portionen

Pro Portion:
E: 34 g, F: 12 g, Kh: 18 g, kJ: 1321, kcal: 316

700 g frisches oder TK-Hühnerklein (Rückenstücke, Hälse, Flügel)
1 l Wasser
Salz
1 kg frisches Gemüse, z. B. Möhren, Kohlrabi, grüne Bohnen, Blumenkohl, Brokkoli, Zucchini, Porree (Lauch), Erbsen
75 g Suppennudeln
1 TL gekörnte Hühner- oder Gemüsebrühe
frisch gemahlener Pfeffer
2 EL gehackte Petersilie

Zubereitungszeit: 45 Minuten
Garzeit: etwa 55 Minuten

1. Frisches Hühnerklein unter fließendem kalten Wasser abspülen und abtropfen lassen. Oder TK-Hühnerklein nach Packungsanleitung auftauen, abspülen und abtropfen lassen. Das Hühnerklein mit Wasser in einen Topf geben. 1 Teelöffel Salz hinzufügen und zum Kochen bringen. Dabei mehrmals abschäumen. Hühnerklein zugedeckt etwa 40 Minuten bei mittlerer Hitze kochen lassen.

2. In der Zwischenzeit das Gemüse putzen bzw. schälen, waschen, abtropfen lassen und in Scheiben oder Würfel schneiden (Blumenkohl und Brokkoli in kleine Röschen teilen, Stiele schälen und klein würfeln).

3. Die Brühe nach Ende der Garzeit durch ein Sieb gießen. Das Fett mit einem Löffel vorsichtig abschöpfen. Die Brühe wieder in den Topf geben und eventuell mit Wasser auf 1 Liter ergänzen. Das Fleisch von Haut und Knochen befreien, klein schneiden und beiseitelegen. Die Brühe wieder zum Kochen bringen.

4. Zuerst das vorbereitete Gemüse mit längerer Garzeit wie Möhren, Kohlrabi, grüne Bohnen und Blumenkohl hinzufügen und zugedeckt etwa 8 Minuten bei mittlerer Hitze garen.

5. Dann das Gemüse mit kürzerer Garzeit wie Brokkoli, Zucchini, Porree und Erbsen und die Suppennudeln hinzufügen. Die Zutaten zugedeckt noch weitere 5–7 Minuten garen.

6. Den Gemüse-Nudel-Topf mit gekörnter Brühe, Salz und Pfeffer würzen. Das beiseitegelegte Hühnerfleisch hinzufügen und miterhitzen. Den Gemüse-Nudel-Topf mit Petersilie bestreut servieren.

Tipps: Die Suppennudeln nur knapp gar kochen (Packungsanleitung beachten), denn sie garen in der heißen Suppe noch etwas nach. Wenn Sie die Hühnerbrühe (Punkt 1) bereits am Vortag kochen und kalt stellen, lässt sich das fest gewordene Fett am nächsten Tag mithilfe eines Esslöffels oder einer Schaumkelle einfach abheben. Wenn Sie etwas mehr Fleisch in dem Gemüse-Nudel-Topf mögen, können Sie anstelle von Hühnerklein 4 Hähnchenkeulen verwenden.

Gemüsesuppe mit Basilikumpesto | Schnell

4 Portionen

Pro Portion:
E: 6 g, F: 20 g, Kh: 5 g, kJ: 929, kcal: 222

Für die Suppe:

2 Stangen Porree (Lauch, etwa 350 g)
4 Stangen Staudensellerie (etwa 300 g)
4 Möhren (etwa 350 g)
40 g Butter oder Margarine
1 l Gemüsebrühe
Salz, frisch gemahlener Pfeffer

Für das Basilikumpesto:

1 kleines
Bund Basilikum
40 g frisch geriebener Parmesan-Käse
1 Knoblauchzehe
3 EL Olivenöl

Zubereitungszeit: 35 Minuten
Garzeit: etwa 10 Minuten

1. Für die Suppe Porree putzen, die Stangen längs halbieren, gründlich waschen und abtropfen lassen. Porree in feine Streifen schneiden. Staudensellerie putzen und die harten Außenfäden abziehen. Selleriestangen waschen, abtropfen lassen und dann in feine Scheiben schneiden. Möhren putzen, schälen, abspülen, abtropfen lassen und in dünne Stifte schneiden.

2. Butter oder Margarine in einem Topf zerlassen. Porreestreifen, Selleriescheiben und Möhrenstifte darin etwa 4 Minuten unter gelegentlichem Rühren andünsten. Brühe hinzugießen. Mit Salz und Pfeffer würzen. Die Zutaten zum Kochen bringen und zugedeckt etwa 10 Minuten bei schwacher Hitze leicht köcheln lassen.

3. In der Zwischenzeit für das Pesto Basilikum abspülen, trocken tupfen. Die Blättchen von den Stängeln zupfen. Blättchen mit Parmesan-Käse in einen elektrischen Zerkleinerer geben. Knoblauch abziehen und hinzugeben. Die Zutaten fein pürieren. Basilikummasse herausnehmen und in einer kleinen Schüssel mit Olivenöl glatt rühren. Das Pesto mit Salz und Pfeffer würzen.

4. Die Gemüsesuppe mit Salz und Pfeffer abschmecken. Basilikumpesto zu der Suppe reichen.

Beilage: Ofenfrisches Baguette.

Tipps: Basilikumpesto gibt es auch fertig zu kaufen – das spart Zeit.
Statt im elektrischen Zerkleinerer können Sie das Pesto auch gut im Rührbecher mit einem Stabmixer fein pürieren.
Verwenden Sie statt des angegebenen Gemüses Kohlrabi, Blumenkohl, Paprika, Zucchini, Frühlingszwiebeln, Knollensellerie oder Fenchel.

Gemüsesuppe mit Ei und Käse I

Gut vorzubereiten

4–6 Portionen

Pro Portion:
E: 12 g, F: 20 g, Kh: 25 g, kJ: 1367, kcal: 326

750 g Tomaten
200 g Steinpilze
2 Zwiebeln
2 Stangen Staudensellerie
1 Knoblauchzehe
6 EL Olivenöl
Salz
einige vorbereitete, frische Minzeblättchen
1 l Gemüsebrühe
8 dünne Scheiben Weißbrot
2 Eier (Größe M)
3 EL frisch geriebener Parmesan-Käse
frisch gemahlener Pfeffer

Zubereitungszeit: 25 Minuten
Garzeit: etwa 15 Minuten

1. Tomaten waschen, abtropfen lassen, kreuzweise einschneiden, kurz in kochendes Wasser legen und in kaltem Wasser abschrecken. Tomaten enthäuten, halbieren, entkernen und die Stängelansätze herausschneiden. Die Tomatenhälften in Würfel schneiden. Steinpilze putzen, mit einem Pinsel gründlich säubern und in Scheiben schneiden.

2. Zwiebeln abziehen und in kleine Würfel schneiden. Sellerie putzen und die harten Außenfäden abziehen. Den Sellerie waschen, abtropfen lassen und in kleine Stücke schneiden. Knoblauch abziehen.

3. Das Olivenöl in einem Topf erhitzen. Zwiebelwürfel, Selleriestücke und Knoblauch darin kurz unter Rühren anrösten. Knoblauch entfernen. Pilzscheiben hinzufügen und kurz anbraten. Mit Salz würzen. Tomatenwürfel und die klein geschnittenen Minzeblättchen hinzufügen. Die Brühe hinzugießen. Die Zutaten zum Kochen bringen und zugedeckt bei schwacher Hitze etwa 15 Minuten garen.

4. Die Weißbrotscheiben toasten.

5. Eier in einer Suppenterrine verschlagen. Parmesan-Käse unterrühren. Die kochende Gemüsesuppe hinzugießen und mit der Eier-Käse-Mischung gut vermischen. Mit Pfeffer bestreuen.

6. Die Gemüsesuppe mit den Brotscheiben in den Tellern anrichten und sofort servieren.

Tipps: Steinpilze nach Möglichkeit nicht waschen, da sie schnell Wasser ziehen.
Statt der Steinpilze können Sie auch frische Shiitake-Pilze verwenden.

Gemüsesuppe „Querbeet“ I

Schnell – einfach

4 Portionen

Pro Portion:
E: 1 g, F: 8 g, Kh: 18 g, kJ: 786, kcal: 187

250 g festkochende Kartoffeln
1 l Gemüsebrühe
500 g TK-Suppengemüse
½ Bund Petersilie
½ Bund Kerbel
100 g Emmentaler-Käse, im Stück
Salz
frisch gemahlener Pfeffer

Zubereitungszeit: 15 Minuten
Garzeit: 25–30 Minuten

1. Kartoffeln waschen, schälen, abspülen, abtropfen lassen und in kleine Würfel schneiden. Brühe in einem Topf zum Kochen bringen. Kartoffelwürfel hinzufügen, wieder zum Kochen bringen und zugedeckt etwa 15 Minuten kochen lassen.

2. Anschließend das Suppengemüse hinzugeben, wieder zum Kochen bringen und zugedeckt weitere 10–15 Minuten garen.

3. In der Zwischenzeit Petersilie und Kerbel abspülen und trocken tupfen. Die Blättchen von den Stängeln zupfen. Blättchen klein hacken. Käse fein reiben.

4. Die Suppe mit Salz und Pfeffer abschmecken, mit Petersilie und Kerbel bestreuen.

5. Den geriebenen Käse kurz vor dem Servieren über die Suppe streuen oder dazu servieren.

Gemüsetopf mit Mettbällchen

Deftig – für Kinder

6 Portionen

Pro Portion:
E: 23 g, F: 25 g, Kh: 18 g, kJ: 1774, kcal: 424

1 Kohlrabi
600 g Blumenkohl
600 g Brokkoli
4 Möhren
400 g gekochte Pellkartoffeln
100 g Zuckerschoten oder
200 g Stangenbohnen
Salz
500 g Thüringer Mett
(gewürztes Schweinegehacktes)
250 g Schmand (Sauerrahm)
250 ml (1/4 l) Gemüsebrühe
frisch gemahlener Pfeffer
evtl. Currypulver

Zubereitungszeit: 45 Minuten
Garzeit: etwa 25 Minuten

1. Den Kohlrabi putzen, schälen, abspülen, abtropfen lassen und vierteln. Die Kohlrabiviertel in Scheiben schneiden. Dann von dem Blumenkohl die Blätter und schlechten Stellen entfernen, den Strunk abschneiden. Den Blumenkohl in Röschen teilen, waschen und abtropfen lassen (ergibt etwa 400 g Röschen). Von dem Brokkoli die Blätter entfernen. Brokkoli in Röschen teilen, waschen und abtropfen lassen (ergibt etwa 400 g Röschen).

2. Die Möhren putzen, schälen, abspülen, abtropfen lassen und der Länge nach vierteln. Die Möhrenviertel in etwa 3 cm lange Stücke schneiden. Pellkartoffeln pellen, längs vierteln und in Scheiben schneiden. Von den Zuckerschoten oder Stangenbohnen die Enden abschneiden und abfädeln. Die Zuckerschoten oder Stangenbohnen waschen, abtropfen lassen und eventuell einmal durchschneiden.

3. Den Backofen vorheizen.
Ober-/Unterhitze: etwa 200 °C
Heißluft: etwa 180 °C

4. Wasser in einem Topf zum Kochen bringen. Salz und Möhrenstücke hinzugeben, etwa 5 Minuten kochen lassen. Blumenkohl-, Brokkoliröschen, Kohlrabischeiben und Zuckerschoten oder Bohnen hinzufügen, wieder zum Kochen bringen und weitere etwa 5 Minuten kochen lassen.

5. Das vorgegarte Gemüse in einem Sieb abtropfen lassen, mit den Kartoffelscheiben vermengen und in eine Auflaufform (gefettet) geben.

6. Thüringer Mett mit angefeuchteten Händen zu kleinen Klößchen formen und auf der Gemüse-Kartoffel-Mischung verteilen.

7. Schmand mit Gemüsebrühe verrühren, mit Salz, Pfeffer und nach Belieben mit Curry kräftig würzen. Die Gemüse-Kartoffel-Mischung mit der Schmandbrühe übergießen. Die Form auf dem Rost in den vorgeheizten Backofen schieben.

8. Den Gemüsetopf etwa 25 Minuten garen. Nach der Hälfte der Garzeit den Gemüsetopf einmal umrühren.

Griechischer Bohneneintopf

Einfach

4 Portionen

Pro Portion:
E: 43 g, F: 33 g, Kh: 25 g, kJ: 2373, kcal: 565

500 g	*mageres Rindfleisch (ohne Knochen, zum Kochen)*
4 EL	*Speiseöl*
1	*mittelgroße Zwiebel*
	Salz, frisch gemahlener Pfeffer
750 ml (3/4 l)	*Gemüsebrühe*
800 g	*grüne Bohnen*
500 g	*Kartoffeln*
2 Stängel	*Bohnenkraut*
3	*Tomaten*
200 g	*Schafkäse*
100 g	*Oliven, ohne Stein (aus dem Glas)*

Zubereitungszeit: 50 Minuten
Garzeit: etwa 45 Minuten

1. Rindfleisch unter fließendem kalten Wasser abspülen, trocken tupfen und in etwa 2 cm große Würfel schneiden.

2. Speiseöl in einem Topf erhitzen. Fleischwürfel darin von allen Seiten leicht anbraten.

3. Zwiebel abziehen, in kleine Würfel schneiden, zu den Fleischwürfeln in den Topf geben und mitdünsten lassen. Mit Salz und Pfeffer würzen.

4. Etwa die Hälfte der Brühe hinzugießen und zum Kochen bringen. Die Fleischwürfel zugedeckt etwa 20 Minuten garen.

5. Von den Bohnen die Enden abschneiden, eventuell abfädeln. Die Bohnen waschen, abtropfen lassen und in kleine Stücke schneiden oder brechen. Kartoffeln waschen, schälen, abspülen, abtropfen lassen und in Würfel schneiden.

6. Bohnenkraut abspülen und trocken tupfen. Bohnenkraut, Bohnenstücke, Kartoffelwürfel und die restliche Brühe zu den Fleischwürfeln in den Topf geben. Die Zutaten zum Kochen bringen und weitere etwa 25 Minuten garen.

7. Tomaten waschen, trocken tupfen, halbieren, die Stängelansätze herausschneiden und die Tomatenhälften in Würfel schneiden. Den Schafkäse in Würfel schneiden. Oliven in einem Sieb abtropfen lassen.

8. Tomaten-, Schafkäsewürfel und Oliven kurz vor Ende der Garzeit in den Eintopf geben und miterhitzen. Den Eintopf mit Salz und Pfeffer abschmecken. Das Bohnenkraut entfernen.

Beilage: Fladenbrot.

Griechischer Eintopf | Vegetarisch

4 Portionen

Pro Portion:
E: 9 g, F: 15 g, Kh: 26 g, kJ: 1172, kcal: 278

1 Zwiebel (etwa 50 g)
1 Knoblauchzehe
4 EL Olivenöl
1 große Aubergine (etwa 400 g)
4 kleine Zucchini (je etwa 150 g)
400 g mehligkochende Kartoffeln
500–750 ml (1/2 –3/4 l) Gemüsebrühe
Salz
frisch gemahlener Pfeffer
frisch geriebene Muskatnuss
3 Fleischtomaten
1 Bund Dill
1/2 Bund Petersilie
3 EL frisch geriebener Parmesan-Käse

Zubereitungszeit: 50 Minuten
Garzeit: etwa 25 Minuten

1. Zwiebel und Knoblauch abziehen, in kleine Würfel schneiden. Olivenöl in einem Topf erhitzen. Zwiebel- und Knoblauchwürfel darin andünsten.

2. Aubergine waschen, abtrocknen und den Stängelansatz abschneiden. Zucchini waschen, abtrocknen und die Enden abschneiden. Die Kartoffeln waschen, schälen, abspülen und abtropfen lassen.

3. Aubergine, Zucchini und Kartoffeln in gleich große Würfel schneiden. Zuerst Kartoffelwürfel, dann Auberginen- und Zucchiniwürfel zu den Zwiebel- und Knoblauchwürfeln in den Topf geben. Alles unter Rühren mit andünsten. Gemüsebrühe hinzugießen. Mit Salz, Pfeffer und Muskat würzen. Die Zutaten zum Kochen bringen und dann zugedeckt etwa 25 Minuten bei schwacher Hitze garen.

4. Tomaten waschen, abtrocknen, halbieren und die Stängelansätze herausschneiden. Tomatenhälften in kleine Würfel schneiden, in den Eintopf geben und unter Rühren erhitzen.

5. Dill und Petersilie abspülen, trocken tupfen. Die Spitzen bzw. Blättchen von den Stängeln zupfen. Spitzen und Blättchen klein schneiden. Den Eintopf mit Salz und Pfeffer abschmecken. Den Eintopf mit geriebenem Käse, Dill und Petersilie bestreut servieren.

Tipp: Statt frischer Tomaten können Sie auch eine kleine Dose geschälte Tomaten verwenden.

Grüne-Bohnen-Eintopf | Klassisch

4 Portionen

Pro Portion:
E: 33 g, F: 15 g, Kh: 27 g, kJ: 1592, kcal: 380

500 g	*mageres Rindfleisch (aus der Schulter)*
1	*Zwiebel*
2–3 Stängel	*Bohnenkraut oder etwas gerebeltes Bohnenkraut*
30 g	*Butterschmalz oder 3 EL Speiseöl*
	Salz
	frisch gemahlener Pfeffer
500 ml (½ l)	*Gemüsebrühe*
1 kg	*grüne Bohnen*
500 g	*vorwiegend festkochende Kartoffeln*

Zubereitungszeit: 50 Minuten
Garzeit: etwa 60 Minuten

1. Rindfleisch unter fließendem kalten Wasser abspülen, trocken tupfen und in etwa 2 cm große Würfel schneiden. Zwiebel abziehen und klein würfeln. Das Bohnenkraut abspülen und trocken tupfen.

2. Das Butterschmalz oder Speiseöl in einem Topf erhitzen. Die Fleischwürfel darin von allen Seiten leicht anbraten. Die Zwiebelwürfel hinzufügen und kurz mit andünsten. Mit Salz und Pfeffer würzen. Bohnenkraut und Gemüsebrühe hinzugeben und zum Kochen bringen. Die Fleischwürfel zugedeckt etwa 40 Minuten bei mittlerer Hitze garen.

3. In der Zwischenzeit von den Bohnen die Enden abschneiden, eventuell abfädeln. Bohnen waschen, abtropfen lassen und in kleine Stücke schneiden oder brechen. Kartoffeln waschen, schälen, abspülen, abtropfen lassen und in Würfel schneiden.

4. Bohnenstücke und Kartoffelwürfel zu den Fleischwürfeln in den Topf geben, mit Salz und Pfeffer würzen. Die Zutaten wieder zum Kochen bringen. Den Eintopf zugedeckt weitere etwa 20 Minuten garen. Die Bohnenkrautstängel aus dem Eintopf entfernen. Den Eintopf mit Salz und Pfeffer abschmecken.

Beilage: Fladenbrot.

Tipps: Der Eintopf ist gefriergeeignet.
Bohnenkraut ist das beste Gewürz für Bohnen. Es hat einen angenehmen, an Thymian oder Minze erinnernden, aber pfefferähnlichen Geruch und Geschmack.

Grüne-Bohnen-Suppe mit Schinken | Gut vorzubereiten

4 Portionen

Pro Portion:
E: 19 g, F: 26 g, Kh: 27 g, kJ: 1761, kcal: 423

250 g	*festkochende Kartoffeln*
1	*Möhre*
500 ml (1/2 l)	*Hühnerbrühe*
350 g	*grüne Bohnen*
1 Stange	*Porree (Lauch)*
100 g	*Schinkenwürfel*
1 Becher (150 g)	*Crème fraîche*
1 TL	*gerebelter Thymian*
	Salz
	frisch gemahlener Pfeffer

Zubereitungszeit: 30 Minuten
Garzeit: etwa 20 Minuten

1. Kartoffeln waschen, schälen, abspülen, abtropfen lassen und in etwa 1 cm große Würfel schneiden. Möhre putzen, schälen, abspülen, abtropfen lassen und ebenfalls in etwa 1 cm große Würfel schneiden. Brühe in einem Topf zum Kochen bringen. Kartoffel- und Möhrenwürfel hinzugeben, wieder zum Kochen bringen und etwa 8 Minuten garen.

2. Von den Bohnen die Enden abschneiden, eventuell abfädeln. Bohnen waschen, abtropfen lassen und in etwa 3 cm lange Stücke schneiden oder brechen. Bohnenstücke zu den Kartoffel- und Möhrenwürfeln in den Topf geben, wieder zum Kochen bringen. Den Eintopf weitere etwa 10 Minuten garen.

3. Porree putzen, die Stange längs halbieren, gründlich waschen, abtropfen lassen und in feine, etwa 2 cm lange Streifen schneiden. Porreestreifen und Schinkenwürfel in den Eintopf geben und kurz ziehen lassen. Crème fraîche unterrühren. Den Eintopf mit Thymian, Salz und Pfeffer abschmecken.

Grüner Borschtsch | Gut vorzubereiten

4 Portionen

Pro Portion:
E: 35 g, F: 10 g, Kh: 30 g, kJ: 1475, kcal: 352

1 Bund	*Suppengrün (Knollensellerie, Möhre, Porree [Lauch])*
500 g	*mageres Suppenfleisch (vom Rind)*
1 ½ l	*Wasser*
1 TL	*Gemüsebrühe (Instant)*
	Salz
5	*schwarze Pfefferkörner*
1	*Lorbeerblatt*
250 g	*Rote Bete*
125 ml (⅛ l)	*Wasser*
1 TL	*Tomatenmark*
1 EL	*Weißweinessig*
½ TL	*Zucker*
1	*Zwiebel*
1	*Petersilienwurzel (etwa 150 g)*
500 g	*vorwiegend festkochende Kartoffeln*
2 Bund	*Frühlingszwiebeln (etwa 300 g)*
3 Stängel	*Thymian*
½ TL	*Kümmelsamen*
3 Stängel	*Dill*

Außerdem:

2	*hart gekochte, geviertelte Eier*
1 Bund	*fein gehackter Dill*
4 TL	*saure Sahne (10 % Fett)*

Zubereitungszeit: 50 Minuten, ohne Abkühlzeit
Garzeit Borschtsch: etwa 2 ½ Stunden
Garzeit Rote Bete: etwa 20 Minuten

1. Den Knollensellerie und die Möhre putzen, schälen, abspülen und abtropfen lassen. Den Porree putzen, die Stange längs halbieren, gründlich waschen und abtropfen lassen. Sellerie, Möhre und Porree in mundgerechte Stücke schneiden.

2. Das Suppenfleisch unter fließendem kalten Wasser abspülen und trocken tupfen. Das Fleisch mit klein geschnittenem Suppengrün in einen Topf geben. Etwa 1 ½ l Wasser hinzugießen, aufkochen lassen und den Schaum abschöpfen.

3. Die Gemüsebrühe, ½ TL Salz, Pfefferkörner und Lorbeerblatt zum Fleisch geben. Die Zutaten zum Kochen bringen und zugedeckt bei schwacher Hitze etwa 2 ½ Stunden leicht köcheln lassen.

4. In der Zwischenzeit Rote Bete waschen, abtropfen lassen und schälen. Rote Bete in Würfel schneiden. In einem kleinen Topf etwa 125 ml (⅛ l) Wasser und die Rote-Bete-Würfel aufkochen lassen. Im geschlossenen Topf bei schwacher Hitze etwa 20 Minuten dünsten, bis die Rote Bete weich und das Wasser fast verdampft ist. Mit Tomatenmark, Essig und Zucker würzen. Rote Bete beiseitestellen.

5. Zwiebel abziehen und in kleine Würfel schneiden. Petersilienwurzel schälen, abspülen und klein würfeln. Kartoffeln waschen, schälen, abspülen und in Würfel schneiden. Frühlingszwiebeln putzen, waschen, abtropfen lassen und in feine Scheiben schneiden. Die Thymianstängel abspülen, trocken tupfen und die Blättchen abzupfen.

6. Die Suppe nach Ende der Garzeit durch ein Sieb in einen Topf gießen. Das Fleisch etwas abkühlen lassen.

7. Aufgefangene Brühe (etwa 1 l) mit Zwiebel-, Petersilienwurzel- und Kartoffelwürfeln, Thymianblättchen und Kümmel zum Kochen bringen. Das Ganze zugedeckt etwa 10 Minuten leicht köcheln lassen. Frühlingszwiebeln dazugeben und weitere 10 Minuten leicht köcheln lassen.

8. Inzwischen den Dill abspülen, trocken tupfen und in kleine Zweige zupfen. Das Suppenfleisch in Würfel schneiden.

9. Fleisch- und Rote-Bete-Würfel in der Suppe erwärmen. Borschtsch mit Salz und Pfeffer abschmecken und mit Dillzweigen bestreuen. Eier, gehackten Dill und saure Sahne dazureichen.

Tipp: Rote Bete können Sie auch fertig im Glas kaufen. Ansonsten empfiehlt es sich, beim Schälen Gummihandschuhe anzuziehen, da Rote Bete stark färbt.

Grünkernklößchensuppe | Für Gäste

8–10 Portionen

Pro Portion:
E: 15 g, F: 8 g, Kh: 10 g, kJ: 748, kcal: 178

1 Pck. TK-Blattspinat (450 g)
200 ml Salzwasser
100 g fein geschroteter Grünkern
frisch gemahlener Pfeffer
2 Möhren (etwa 300 g)
2 Knoblauchzehen
2 1/2 l Gemüsebrühe
1 Pck. TK-Kräuter der Provence (25 g)
Salz
1 Eigelb (Größe M)
heißes Salzwasser
3 grobe, ungebrühte Bratwürste (je etwa 100 g)

Zubereitungszeit: 45 Minuten, ohne Auftau- und Abkühlzeit
Garzeit: etwa 30 Minuten

1. Spinat nach Packungsanleitung auftauen lassen.

2. In der Zwischenzeit das Salzwasser in einem Topf zum Kochen bringen. Den Grünkernschrot hinzugeben, unter Rühren zum Kochen bringen und etwa 8 Minuten unter mehrmaligem Rühren bei schwacher Hitze ausquellen lassen. Mit Pfeffer würzen. Den Topf von der Kochstelle nehmen. Die Grünkernmasse erkalten lassen.

3. Die Möhren putzen, schälen, abspülen, abtropfen lassen und in dünne Scheiben schneiden. Knoblauch abziehen und klein würfeln.

4. Brühe mit Möhrenscheiben, Kräutern der Provence und Knoblauchwürfeln in einem großen Topf zum Kochen bringen, etwa 10 Minuten kochen lassen. Mit Salz und Pfeffer würzen.

5. Eigelb unter die Grünkernmasse kneten, mit Salz und Pfeffer würzen. Aus der Masse mit angefeuchteten Händen etwa 30 kleine Klößchen formen. Die Klößchen vorsichtig in heißes Salzwasser geben (das Wasser darf nicht kochen) und etwa 10 Minuten ziehen lassen, bis sie an der Oberfläche schwimmen.

6. Danach die Bratwurstmasse aus der Haut drücken, portionsweise mit angefeuchteten Händen zu kleinen Klößchen formen und in der heißen Suppe etwa 10 Minuten garen.

7. Aufgetauten Spinat ausdrücken, etwas zerkleinern, mit den Grünkernklößchen in die Suppe geben und erhitzen. Die Suppe eventuell mit den Gewürzen abschmecken.

Tipps: Anstelle von Spinat können Sie die Suppe auch mit 300 g TK-Grüne Bohnen zubereiten. Die Bohnen gefroren mit den Möhrenscheiben in die Brühe geben.
Die Grünkernklößchen können gut vorbereitet und eingefroren werden. Sie können sie dann gefroren in das siedende Salzwasser geben und etwa 10 Minuten darin garen.

Grünkerntopf | Mit Alkohol

4 Portionen

Pro Portion:
E: 16 g, F: 23 g, Kh: 37 g, kJ: 1823, kcal: 436

1 Bund Suppengrün (Möhre, Knollensellerie, Porree [Lauch])
2 Knoblauchzehen
100 g Südtiroler Bauernspeck
2 EL Olivenöl
200 g Grünkern
100 ml trockener Weißwein
2 l kräftige Fleischbrühe
Salz
frisch gemahlener Pfeffer
400 g Steinpilze
1 Bund glatte Petersilie
2 EL Butter

Zubereitungszeit: 30 Minuten
Garzeit: etwa 30 Minuten

1. Möhre und Sellerie putzen, schälen, abspülen, abtropfen lassen und in Würfel schneiden. Den Porree putzen, die Stange längs halbieren, gründlich waschen, abtropfen lassen und in kleine Stücke schneiden. Den Knoblauch abziehen und durch eine Knoblauchpresse drücken. Speck in dünne Streifen schneiden.

2. Olivenöl in einem Topf erhitzen. Möhren-, Selleriewürfel, Porreestückchen und Knoblauch darin andünsten. Speckstreifen hinzugeben und mitdünsten lassen. Grünkern unterrühren und kurz mit andünsten. Mit Weißwein ablöschen. Die Fleischbrühe hinzugießen. Mit Salz und Pfeffer würzen. Die Zutaten zum Kochen bringen. Den Eintopf etwa 30 Minuten bei mittlerer Hitze garen.

3. In der Zwischenzeit die Steinpilze putzen und mit Küchenpapier abreiben, eventuell kurz abspülen und trocken tupfen. Kleinere Pilze halbieren, größere Pilze in Stücke schneiden. Petersilie abspülen und trocken tupfen. Die Blättchen von den Stängeln zupfen. Blättchen klein schneiden.

4. Butter in einer Pfanne zerlassen. Pilze darin unter Wenden dünsten. Mit Salz und Pfeffer würzen. Petersilie hinzugeben und untermischen.

5. Den Eintopf in tiefen Tellern anrichten. Die Steinpilze darauf verteilen.

Gulaschsuppe | Klassisch

4 Portionen

Pro Portion:
E: 18 g, F: 15 g, Kh: 9 g, kJ: 1011, kcal: 241

300 g	*Rindfleisch (aus der Schulter)*
4 EL	*Speiseöl*
1 l	*Fleischbrühe*
200 g	*Zwiebeln*
1	*Knoblauchzehe*
je 1	*gelbe und grüne Paprikaschote (je etwa 200 g)*
200 g	*Tomaten*
3 schwach geh. EL	*Tomatenmark*
	Salz
	frisch gemahlener Pfeffer
	Paprikapulver rosenscharf
1/2 TL	*gemahlener Kümmelsamen*
	gerebelter Majoran
einige Spritzer	*Tabasco*

Zubereitungszeit: 40 Minuten
Garzeit: etwa 55 Minuten

1. Rindfleisch unter fließendem kalten Wasser abspülen, trocken tupfen und in 1 1/2–2 cm große Würfel schneiden. Das Speiseöl in einem Topf erhitzen. Die Fleischwürfel darin von allen Seiten gut anbraten. Die Fleischbrühe hinzugießen, zum Kochen bringen und zugedeckt etwa 40 Minuten bei mittlerer Hitze kochen.

2. In der Zwischenzeit die Zwiebeln abziehen und in Scheiben schneiden. Den Knoblauch abziehen und klein würfeln. Paprikaschoten halbieren, entstielen, entkernen und die weißen Scheidewände entfernen. Schotenhälften waschen, abtropfen lassen und in Stücke schneiden.

3. Tomaten waschen, abtropfen lassen, kreuzweise einschneiden, kurz in kochendes Wasser legen und in kaltem Wasser abschrecken. Tomaten enthäuten und die Stängelansätze herausschneiden. Tomaten vierteln.

4. Das vorbereitete Gemüse und Tomatenmark in die Suppe geben. Mit Salz, Pfeffer, Paprika, Kümmel und Majoran würzen. Die Suppe wieder zum Kochen bringen und zugedeckt weitere etwa 15 Minuten kochen.

5. Die Suppe mit Salz, Pfeffer, Paprika und Tabasco abschmecken.

Gulaschsuppe mit Saure-Sahne-Dip | Für die Party

12 Portionen

Pro Portion:
E: 30 g, F: 23 g, Kh: 18 g, kJ: 1671, kcal: 399

je 750 g Schweine- und Rindergulasch
3 Gemüsezwiebeln (je etwa 225 g)
3 Knoblauchzehen
600 g rote und gelbe Paprikaschoten
120 g Butterschmalz
750 g mehligkochende Kartoffeln
3 EL Tomatenmark
2 1/2 l Gemüsebrühe
Salz, Cayennepfeffer
Paprikapulver rosenscharf
Zucker
1 1/2 TL gerebelter Thymian

1 Bund Petersilie
450 g saure Sahne (10 % Fett)
frisch gemahlener Pfeffer

3 gestr. EL dunkler Saucenbinder

Zubereitungszeit: 60 Minuten
Garzeit: etwa 70 Minuten

1. Das Fleisch mit Küchenpapier trocken tupfen und in etwas kleinere Stücke schneiden. Gemüsezwiebeln abziehen, halbieren und in kleine Würfel schneiden. Knoblauch ebenfalls abziehen und klein würfeln. Die Paprikaschoten halbieren, entstielen, entkernen und die weißen Scheidewände entfernen. Die Schotenhälften waschen, abtropfen lassen und in kleine Würfel schneiden.

2. Jeweils etwas Butterschmalz in einem großen Topf erhitzen. Die Fleischstücke darin in mehreren Portionen unter gelegentlichem Rühren kräftig anbraten. Zwiebel-, Knoblauch- und Paprikawürfel portionsweise hinzugeben und unter Rühren mit anbraten.

3. Kartoffeln waschen, schälen, abspülen, abtropfen lassen und in kleine Würfel schneiden. Kartoffelwürfel und Tomatenmark zu dem angebratenen Fleisch geben und 2–3 Minuten mitbraten lassen. Brühe hinzugießen, mit Salz, Cayennepfeffer, Paprika und Zucker würzen.

4. Die Zutaten zum Kochen bringen und zugedeckt etwa 60 Minuten leicht köcheln lassen. Den Thymian unterrühren. Die Suppe noch weitere etwa 10 Minuten garen.

5. In der Zwischenzeit Petersilie abspülen und trocken tupfen. Die Blättchen von den Stängeln zupfen. Blättchen klein schneiden. Saure Sahne mit der Petersilie in einer Schüssel verrühren. Den Dip mit Salz und Pfeffer abschmecken.

6. Den Saucenbinder in die gare Suppe rühren und nochmals unter Rühren aufkochen lassen. Die Gulaschsuppe mit Salz, Pfeffer und Paprika abschmecken und sofort servieren. Den Saure-Sahne-Dip dazureichen.

Tipp: Statt Paprika schmecken auch Champignons in der Suppe. Dafür 200 g Champignons putzen, mit Küchenpapier abreiben und in Scheiben schneiden. Champignonscheiben mit Zwiebel- und Knoblauchwürfeln wie unter Punkt 2 beschrieben anbraten.

Gurkencremesuppe mit Dill I

Mit Alkohol

4 Portionen

Pro Portion:
E: 14 g, F: 54 g, Kh: 15 g, kJ: 2652, kcal: 634

2 EL Senfkörner
100 ml Weißwein

150 g gut gekühltes Lachsfilet (ohne Haut und Gräten)
100 g Schlagsahne
Salz
etwas Zitronensaft
etwas Pernod (Anislikör)
2 Salatgurken
1 Gemüsezwiebel (etwa 150 g)
2 EL Butterschmalz
frisch geriebene Muskatnuss
Saft von
1 Zitrone
400 ml Fischfond oder Gemüsebrühe
400 g Schlagsahne
2 TL Speisestärke
Salzwasser
3 Stängel Dill

Zubereitungszeit: 25 Minuten, ohne Einweichzeit
Garzeit Suppe: 10–15 Minuten
Garzeit Klößchen: etwa 5 Minuten

1. Zum Vorbereiten die Senfkörner in eine Schale geben, mit Wein übergießen, über Nacht einweichen.

2. Für die Klößchen das Lachsfilet unter fließendem kalten Wasser abspülen und trocken tupfen. 100 g des Lachsfilets in Würfel schneiden, mit Sahne in einem Zerkleinerer zu einer glatten Masse verarbeiten. Mit Salz, Zitronensaft und etwas Pernod würzen. Restliches Lachsfilet in sehr kleine Würfel schneiden und unter die Lachsmasse heben. Kalt stellen.

3. Gurken abspülen und trocken tupfen. Von 1 Gurke einige dünne Scheiben zum Garnieren abschneiden, halbieren und zugedeckt kalt stellen. Beide Gurken schälen, der Länge nach halbieren und die Kerne mit einem Löffel herausschaben. Gurkenhälften quer in halbe Ringe schneiden. Zwiebel abziehen, halbieren und in kleine Würfel schneiden.

4. Butterschmalz in einem Topf erhitzen. Zwiebelwürfel darin glasig dünsten. Gurkenringe hinzugeben und kurz mit andünsten. Mit Salz, Muskat und Zitronensaft würzen. Eingeweichte Senfkörner mit dem Wein unterrühren. Fond oder Brühe und Sahne hinzugießen.

5. Die Zutaten zum Kochen bringen und 10–15 Minuten bei schwacher Hitze köcheln lassen. Speisestärke mit 2 Esslöffeln kaltem Wasser anrühren, in die kochende Suppe rühren und unter Rühren aufkochen lassen. Suppe warm stellen.

6. Salzwasser in einem Topf zum Kochen bringen. Aus der Lachsmasse mit zwei kalt abgespülten Teelöffeln Klößchen abstechen, in das siedende Salzwasser geben. Klößchen darin etwa 5 Minuten gar ziehen lassen.

7. Dill abspülen und trocken tupfen. Die Spitzen von den Stängeln zupfen. Einige Spitzen zum Garnieren beiseitelegen. Restliche Spitzen klein schneiden. Die Lachsklößchen mit einer Schaumkelle aus dem Salzwasser nehmen und abtropfen lassen.

8. Lachsklößchen in Suppentassen oder -tellern verteilen und mit der Suppe auffüllen, mit geschnittenem Dill bestreuen. Die Suppe mit den kalt gestellten Gurkenscheiben und den beiseitegelegten Dillspitzen garnieren. Gurkencremesuppe sofort servieren.

Gyrossuppe

Für die Party – gut vorzubereiten
12 Portionen

Pro Portion:
E: 37 g, F: 43 g, Kh: 23 g, kJ: 2634, kcal: 630

6 EL Speiseöl oder 60 g Butterschmalz
1,7 kg Schweinegeschnetzeltes (Gyros, fertig gewürzt, vom Metzger)
400 g Schlagsahne
400 ml Wasser
6 Zwiebeln
je 4 rote und grüne Paprikaschoten
5 EL Olivenöl
1 ½ l Wasser
3 Beutel Zwiebelsuppenpulver (für je 750 ml [¾ l] Flüssigkeit)
1 Glas Zigeuner- oder Chilisauce (500 ml)
250 g Schmelzkäse
Salz, frisch gemahlener Pfeffer
1–2 TL gerebelter Thymian

Zubereitungszeit: 45 Minuten, ohne Durchziehzeit
Garzeit: 5–8 Minuten

1. Am Vortag etwas Speiseöl oder Butterschmalz in einer großen Pfanne erhitzen. Geschnetzeltes darin in mehreren Portionen etwa 3 Minuten unter häufigem Wenden anbraten. Die Fleischstreifen in eine große Auflaufform (gefettet) geben und mit der Sahne und dem Wasser übergießen.

2. Die Auflaufform mit Frischhaltefolie zudecken. Das Geschnetzelte im Kühlschrank über Nacht durchziehen lassen.

3. Am nächsten Tag Zwiebeln abziehen, halbieren und in feine Scheiben schneiden. Die Paprikaschoten halbieren, entstielen, entkernen und dann die weißen Scheidewände entfernen. Schotenhälften waschen, abtropfen lassen und in schmale Streifen schneiden.

4. Jeweils die Hälfte des Olivenöls in einem großen, hohen Topf erhitzen. Die Zwiebelscheiben und Paprikastreifen darin in 2 Portionen unter Rühren andünsten. Wasser hinzugießen und zum Kochen bringen. Das Zwiebelsuppenpulver in die kochende Flüssigkeit rühren und 5–8 Minuten bei schwacher Hitze unter gelegentlichem Rühren kochen lassen.

5. Zigeuner- oder Chilisauce, Schmelzkäse und die in Sahne eingelegten Fleischstreifen in die Suppe geben. Die Zutaten unter Rühren zum Kochen bringen, bis der Käse geschmolzen ist.

6. Die Gyrossuppe mit Salz, Pfeffer und Thymian pikant abschmecken.

Tipps: Typisch für Gyros ist, dass das Fleisch bereits mit Knoblauch und dem Gyros-Gewürzsalz gewürzt ist. Sollte der typische Geschmack fehlen, so fügen Sie 3–4 Knoblauchzehen hinzu. Dafür Knoblauchzehen abziehen, durch eine Knoblauchpresse drücken und zum Geschnetzelten geben. Eventuell mit Gyros-Gewürzsalz (Fertigprodukt) abschmecken. Geschnetzeltes immer portionsweise anbraten, so wird es nicht zäh.

Hackfleisch-Kartoffel-Topf mit Pfifferlingen | Einfach

4 Portionen

Pro Portion:
E: 26 g, F: 22 g, Kh: 30 g, kJ: 1807, kcal: 431

1	*Knoblauchzehe*
2	*Zwiebeln*
2 EL	*Speiseöl*
400 g	*Gehacktes (halb Rind-, halb Schweinefleisch)*
1 leicht geh. TL	*Tomatenmark*
1 TL	*frische Rosmarinnadeln*
½ TL	*gerebelter Thymian*
1 großes Bund	*Suppengemüse (Möhren, Sellerie, Porree [Lauch], Petersilie)*
750 g	*mittelgroße, festkochende Kartoffeln*
300 g	*Pfifferlinge*
	Salz, frisch gemahlener Pfeffer
750 ml (¾ l)	*Gemüsebrühe*
1 Dose	*stückige Tomaten (Einwaage 400 g)*

Zubereitungszeit: 30 Minuten
Garzeit: etwa 25 Minuten

1. Knoblauch und Zwiebeln abziehen, in kleine Würfel schneiden. Speiseöl in einem Topf erhitzen. Gehacktes darin unter Rühren anbraten. Dabei die Fleischklümpchen mit einer Gabel zerdrücken. Die Zwiebel-, Knoblauchwürfel, Tomatenmark, Rosmarin und Thymian hinzugeben und mit anbraten. Hackfleischmasse herausnehmen.

2. Möhren und Sellerie putzen, schälen, abspülen, abtropfen lassen und in Stücke schneiden. Porree putzen, die Stange längs halbieren, gründlich waschen, abtropfen lassen und in grobe Streifen schneiden. Die Petersilie abspülen und trocken tupfen. Die Blättchen von den Stängeln zupfen. Blättchen klein schneiden.

3. Kartoffeln waschen, schälen, abspülen, abtropfen lassen und in Spalten schneiden. Pfifferlinge putzen, mit Küchenpapier abreiben, eventuell kurz abspülen und trocken tupfen. Kartoffelspalten und das vorbereitete Suppengemüse in dem verbliebenen Bratfett andünsten. Pfifferlinge hinzugeben und unter Rühren bei mittlerer Hitze anbraten. Mit Salz und Pfeffer würzen. Brühe hinzugießen, zum Kochen bringen und zugedeckt etwa 10 Minuten garen.

4. Die Hackfleischmasse und Tomaten hinzugeben. Mit Salz und Pfeffer würzen. Den Hackfleisch-Kartoffel-Topf zugedeckt weitere etwa 15 Minuten bei mittlerer Hitze garen. Mit Salz und Pfeffer abschmecken.

Hähnchenfleischtopf mit Paprika

Mit Alkohol

4 Portionen

Pro Portion:
E: 52 g, F: 10 g, Kh: 19 g, kJ: 1084, kcal: 409

375 g Hähnchenbrustfilet (etwa 2 Stück)
2 Hähnchenkeulen (etwa 500 g, ohne Haut und Knochen)
250 g festkochende Kartoffeln
1 Kohlrabi (etwa 200 g)
2 Möhren (etwa 200 g)
1 Bund Frühlingszwiebeln (etwa 250 g)
1 rote Paprikaschote (etwa 200 g)
2 EL Speiseöl
Salz, frisch gemahlener Pfeffer
1 EL Tomatenmark
300 ml Hühnerbrühe
100 ml trockener Weißwein, z. B. Riesling
½ Bund Kerbel

Zubereitungszeit: 45 Minuten
Garzeit: etwa 40 Minuten

1. Die Hähnchenbrustfilets und Hähnchenkeulen unter fließendem kalten Wasser abspülen und trocken tupfen. Filets in kleine Stücke schneiden. Das Fleisch der Hähnchenkeulen von den Knochen lösen und ebenfalls in kleine Stücke schneiden.

2. Kartoffeln waschen. Kartoffeln und Kohlrabi schälen, abspülen und abtropfen lassen. Möhren putzen, schälen, abspülen und abtropfen lassen. Kartoffeln, Kohlrabi und Möhren zuerst in Scheiben, danach in Stifte schneiden. Frühlingszwiebeln putzen, waschen, abtropfen lassen und in etwa 3 cm lange Stücke schneiden. Die Paprikaschote halbieren, entstielen, entkernen und die weißen Scheidewände entfernen. Die Schotenhälften waschen, abtropfen lassen und in Würfel schneiden.

3. Speiseöl in einem großen Topf erhitzen. Die Hähnchenfleischstücke darin portionsweise von allen Seiten anbraten. Mit Salz und Pfeffer bestreuen. Kartoffel-, Kohlrabi- und Möhrenstifte hinzugeben und mit andünsten. Tomatenmark unterrühren. Die Hälfte der Brühe hinzugießen. Die Zutaten zum Kochen bringen und zugedeckt etwa 20 Minuten bei schwacher Hitze köcheln lassen.

4. Restliche Brühe und Wein hinzugießen, wieder zum Kochen bringen und zugedeckt bei schwacher Hitze noch etwa 10 Minuten garen. In der Zwischenzeit den Kerbel abspülen und trocken tupfen. Die Blättchen von den Stängeln zupfen.

5. Frühlingszwiebelstücke und Paprikawürfel in den Hähnchenfleischtopf geben, mit Salz und Pfeffer würzen. Einige Kerbelblättchen unterrühren. Die Suppe wieder zum Kochen bringen und weitere etwa 10 Minuten bei schwacher Hitze garen.

6. Den Hähnchenfleischtopf mit Salz und Pfeffer abschmecken. Mit den restlichen Kerbelblättchen bestreut servieren.

Variante: Schneller Hähnchenfleischtopf mit grünem Spargel (4 Portionen). Verwenden Sie statt der Paprikaschote 250 g grünen Spargel. Dafür den Spargel im unteren Drittel schälen und die unteren Enden abschneiden. Den Spargel waschen, abtropfen lassen und in etwa 3 cm lange Stücke schneiden. Die Spargelstücke mit den Frühlingszwiebelstücken in der Suppe garen.

Hähnchen-Gemüse-Eintopf

Klassisch – für Kinder

4 Portionen

Pro Portion:
E: 44 g, F: 12 g, Kh: 31 g, kJ: 1710, kcal: 409

2	*Hähnchenbrüste (mit Knochen, etwa 800 g)*
1 1/2 l	*Wasser*
	Salz
	frisch gemahlener Pfeffer
1	*Lorbeerblatt*
2	*Pimentkörner (Nelkenpfeffer)*
2	*Zwiebeln*
1 Bund	*Suppengrün (Knollensellerie, Möhren, Porree [Lauch], etwa 400 g)*
750 g	*festkochende Kartoffeln*
3	*Möhren*
1 Stange	*Porree (Lauch)*
etwas	*frische Petersilie*

Zubereitungszeit: 45 Minuten, ohne Abkühlzeit
Garzeit: etwa 35 Minuten

1. Hähnchenbrüste unter fließendem kalten Wasser abspülen und trocken tupfen. Wasser mit Salz, Pfeffer, Lorbeerblatt und Pimentkörnern in einem großen Topf zum Kochen bringen. Die Zwiebeln abziehen, halbieren und in schmale Spalten schneiden. Hähnchenbrüste und Zwiebelspalten hinzugeben, zum Kochen bringen und zugedeckt etwa 10 Minuten bei mittlerer Hitze garen.

2. In der Zwischenzeit Sellerie und Möhren putzen, schälen, abspülen, abtropfen lassen und in Stücke schneiden. Den Porree putzen, die Stange längs halbieren, gründlich waschen, abtropfen lassen und klein schneiden. Das vorbereitete Suppengrün zu der Hähnchenbrust in den Topf geben und wieder zum Kochen bringen. Die Zutaten zugedeckt weitere etwa 15 Minuten kochen lassen.

3. Kartoffeln waschen, schälen, abspülen, abtropfen lassen und in Würfel schneiden. Die Möhren putzen, schälen, abspülen, abtropfen lassen und in Stifte schneiden. Die Kartoffelwürfel und Möhrenstifte zu der Hähnchenbrust in die Brühe geben und etwa 7 Minuten mitgaren lassen.

4. Die Hähnchenbrust aus der Brühe nehmen und etwas abkühlen lassen. Das Fleisch von den Knochen lösen und die Haut entfernen. Das Fleisch in kleine Stücke schneiden.

5. Den Porree putzen, die Stange längs halbieren, gründlich waschen, abtropfen lassen und in Streifen schneiden. Fleischstücke und Porreesteifen in den Eintopf geben, zugedeckt weitere etwa 5 Minuten bei schwacher Hitze kochen lassen.

6. Den Eintopf mit Salz und Pfeffer abschmecken. Petersilie abspülen und trocken tupfen. Die Blättchen von den Stängeln zupfen. Blättchen klein schneiden. Den Eintopf mit Petersilie bestreuen und servieren.

Tipp: Eine ganz besondere, leicht frische Note erhält der Eintopf, wenn Sie in den letzten 5 Minuten eine geschälte, in Scheiben geschnittene Zitrone mitgaren.

Hähnchentopf, indisch I

Für die Party – raffiniert

8–10 Portionen

Pro Portion:

E: 45 g, F: 34 g, Kh: 30 g, kJ: 2570, kcal: 615

2 Dosen Ananasstücke (Abtropfgewicht je 350 g)
2 kg Hähnchenfleisch (Brust und Keule, ohne Haut)
5 EL Speiseöl
50 g Currypulver
Salz
frisch gemahlener Pfeffer
gemahlener Kümmelsamen
gemahlener Koriander
2 l Geflügelbrühe
Ananassaft aus den Dosen
2 rote Chilischoten
750 g rote Linsen
30 g Speisestärke
3 EL kaltes Wasser
1 Topf Koriander
evtl. rote Chilischoten

Zubereitungszeit: 25 Minuten
Garzeit: etwa 40 Minuten

1. Ananasstücke in einem Sieb abtropfen lassen, dabei den Saft auffangen.

2. Hähnchenfleisch unter fließendem kalten Wasser abspülen und trocken tupfen. Hähnchenfleisch mit einer Geflügelschere in jeweils 3 Teile teilen.

3. Jeweils die Hälfte des Speiseöls in einem Bräter erhitzen. Geflügelteile darin in 2 Portionen von allen Seiten gut anbraten. Mit Curry, Salz, Pfeffer, Kümmel und Koriander würzen, kurz mitdünsten lassen.

4. Die Hälfte der Brühe und den aufgefangenen Ananassaft hinzugießen, zum Kochen bringen. Den Hähnchentopf zugedeckt etwa 25 Minuten bei schwacher Hitze kochen lassen.

5. Die Chilischoten längs aufschneiden, entstielen und entkernen. Chilischoten abspülen, trocken tupfen und in Ringe schneiden. Linsen, Ananasstücke, Chiliringe und restliche Brühe in den Hähnchentopf geben, zum Kochen bringen und zugedeckt weitere etwa 15 Minuten kochen lassen.

6. Speisestärke mit Wasser anrühren, in den Fleischtopf rühren und unter Rühren aufkochen lassen.

7. Koriander abspülen und trocken tupfen. Die Blättchen von den Stängeln zupfen. Einige Blättchen zum Garnieren beiseitelegen. Korianderblättchen unter den Hähnchentopf rühren. Nochmals mit den Gewürzen abschmecken.

8. Den Hähnchentopf mit den beiseitegelegten Korianderblättchen und nach Belieben mit abgespülten und trocken getupften Chilischoten garniert servieren.

Beilage: Bandnudeln oder eine Reis-Wildreis-Mischung.

Tipp: Noch fruchtiger wird der Hähnchentopf, wenn Sie statt Ananas aus der Dose 1 frische Ananas (geschält und gewürfelt) verwenden und etwas Mango-Chutney unterrühren.

Hanseatische Schinkensuppe

Preiswert

4 Portionen

Pro Portion:
E: 17 g, F: 20 g, Kh: 43 g, kJ: 1783, kcal: 427

2 Bund Suppengrün (Möhren, Knollensellerie, Porree [Lauch], etwa 800 g)
1 kleine Zwiebel (etwa 50 g)
50 g Butter
etwas Zucker
1–2 EL Weißweinessig
1 ½ l Rinderfond oder -brühe
100 g Kochschinken
Salz

Für die Einlage:
12 entsteinte Backpflaumen
1 Kochbirne

Für die Schwemmklößchen:
100 ml Milch
15 g Butter
100 g Weizenmehl
2 Eier (Größe M)
Salzwasser

Zubereitungszeit: 60 Minuten
Garzeit Suppe: etwa 20 Minuten
Garzeit Klößchen: etwa 10 Minuten

1. Möhren und Sellerie putzen, schälen, abspülen, abtropfen lassen und in kleine Würfel schneiden. Den Porree putzen, die Stangen längs halbieren, gründlich waschen, abtropfen lassen und in Streifen schneiden. Zwiebel abziehen, zuerst in feine Scheiben schneiden, dann in Ringe teilen.

2. Jeweils etwas Butter in einem Topf zerlassen. Möhren-, Selleriewürfel und Porreestreifen darin portionsweise andünsten. Mit Zucker und Essig ablöschen. Anschließend Fond oder Brühe hinzugießen, zum Kochen bringen und zugedeckt etwa 20 Minuten kochen lassen.

3. Den Kochschinken in kleine Würfel schneiden und in die Suppe geben. Dann die Schinkensuppe mit Salz abschmecken.

4. In der Zwischenzeit für die Einlage Backpflaumen in Würfel schneiden. Kochbirne schälen, vierteln, entkernen und ebenfalls in Würfel schneiden.

5. Für die Schwemmklößchen die Milch und Butter in einem kleinen Topf zum Kochen bringen. Den Topf von der Kochstelle nehmen. Mehl auf einmal in die Flüssigkeit geben. Mit einem Kochlöffel zu einem glatten Teigkloß verrühren und unter Rühren etwa 1 Minute erhitzen. Den Teigkloß in eine Rührschüssel geben. Eier und Salz nacheinander mit Handrührgerät mit Knethaken auf höchster Stufe unter den Teig arbeiten.

6. Von dem Teig mit zwei Teelöffeln walnussgroße Klößchen abstechen und in leicht kochendem Salzwasser etwa 10 Minuten pochieren. Die Klößchen mit einer Schaumkelle herausnehmen.

7. Die Schinkensuppe nochmals erhitzen. Pflaumen-, Birnenwürfel und die Klößchen hinzugeben.

Hasensuppe mit Champignons

Gut vorzubereiten – schnell

4 Portionen

Pro Portion:
E: 27 g, F: 30 g, Kh: 8 g, kJ: 1696, kcal: 405

400 g Hasenrückenfilet
2 Zwiebeln
400 g Champignons
4 EL Olivenöl
Salz, frisch gemahlener Pfeffer
1 TL Paprikapulver edelsüß
1 EL Tomatenmark
1 geh. EL Weizenmehl
400 ml Wildfond
200 g Schlagsahne
6 Wacholderbeeren
4 Gewürznelken
4 Pimentkörner
1 Lorbeerblatt

Zubereitungszeit: 30 Minuten

1. Hasenrückenfilet unter fließendem kalten Wasser abspülen, trocken tupfen und in etwa 2 cm große Würfel schneiden.

2. Zwiebeln abziehen und klein würfeln. Champignons putzen, mit Küchenpapier abreiben, eventuell abspülen, abtropfen lassen und dann in Scheiben schneiden.

3. Das Olivenöl in einer großen Pfanne erhitzen. Die Fleischwürfel darin von allen Seiten gut anbraten. Mit Salz und Pfeffer würzen. Die Zwiebelwürfel und die Champignonscheiben hinzugeben und unter Rühren mit anbraten.

4. Paprika und Tomatenmark unterrühren. Die Fleisch-Champignon-Masse mit Mehl bestäuben und unter Rühren kurz andünsten. Wildfond und Sahne hinzugießen und unter Rühren zum Kochen bringen.

5. Wacholderbeeren, Nelken, Piment und Lorbeerblatt fein hacken oder in einem Mörser zerstoßen. Die Gewürze unter die Suppe rühren. Die Suppe eventuell mit Salz abschmecken.

Helgoländer Fischertopf I

Für Gäste – mit Alkohol

4 Portionen

Pro Portion:
E: 30 g, F: 28 g, Kh: 39 g, kJ: 2220, kcal: 532

4 Schalotten
1 kg festkochende Kartoffeln
2 EL Butter
2 l Wasser
Krebspaste für 2 l Flüssigkeit
1 Salatgurke
200 g Lachswürfel
200 g Miesmuschelfleisch
200 g Nordseekrabbenfleisch
evtl. Weinbrand
Salz, frisch gemahlener Pfeffer
125 g Crème fraîche
1 Bund Dill

Zubereitungszeit: 30 Minuten
Garzeit: etwa 20 Minuten

1. Schalotten abziehen, zuerst in Scheiben schneiden, dann in Ringe teilen. Die Kartoffeln waschen, schälen, abspülen, abtropfen lassen und in etwa 2 cm große Würfel schneiden.

2. Die Butter in einem Topf zerlassen. Schalottenringe darin glasig dünsten. Kartoffelwürfel hinzugeben und kurz mit andünsten. Das Wasser hinzugießen und zum Kochen bringen. Krebspaste unterrühren. Die Flüssigkeit damit leicht binden. Die Kartoffelwürfel zugedeckt etwa 20 Minuten garen.

3. Salatgurke schälen, längs halbieren und mit einem Teelöffel die Kerne herauskratzen. Die Gurkenhälften in mundgerechte Stücke schneiden und kurz vor Ende der Garzeit in den Eintopf geben.

4. Lachswürfel, Miesmuscheln und Nordseekrabbenfleisch in den Eintopf geben (den Eintopf nicht mehr kochen lassen, die Krabben werden sonst hart).

5. Den Eintopf erhitzen, dabei möglichst wenig umrühren. Den Eintopf nach Belieben mit etwas Weinbrand, Salz und Pfeffer abschmecken.

6. Crème fraîche mit Salz und Pfeffer glatt rühren. Dill abspülen und trocken tupfen. Die Blättchen von den Stängeln zupfen. Blättchen klein schneiden. Den Eintopf mit Dill bestreut servieren. Crème fraîche dazureichen.

Beilage: Geröstetes Brot und ein frisch gezapftes Bier (Pils).

Herzhafter Lammeintopf mit Bohnen | Klassisch

4 Portionen

Pro Portion:
E: 55 g, F: 37 g, Kh: 32 g, kJ: 2877, kcal: 686

750 g Lammfleisch (mit Knochen, aus der Schulter)
1 Zwiebel
2–3 Stängel Bohnenkraut
1 EL Speiseöl
gut 1 l Wasser
Salz
1 Lorbeerblatt
4 Pfefferkörner
1 kg grüne Bohnen
500 g vorwiegend festkochende Kartoffeln
750 g Fleischtomaten
frisch gemahlener Pfeffer

1–2 EL gehackte Petersilie

Zubereitungszeit: 40 Minuten
Garzeit: etwa 80 Minuten

1. Das Lammfleisch unter fließendem kalten Wasser abspülen und trocken tupfen. Zwiebel abziehen und klein würfeln. Das Bohnenkraut abspülen und trocken tupfen.

2. Speiseöl in einem großen Topf erhitzen. Lammfleisch darin rundherum kräftig anbraten. Zwiebelwürfel hinzugeben und glasig dünsten.

3. Das Wasser hinzugießen. Salz, Bohnenkrautstängel, Lorbeerblatt und Pfefferkörner hinzugeben. Die Zutaten zum Kochen bringen und zugedeckt etwa 50 Minuten bei mittlerer Hitze garen.

4. In der Zwischenzeit von den Bohnen die Enden abschneiden, eventuell abfädeln. Bohnen abspülen, abtropfen lassen und in kleine Stücke schneiden oder brechen. Kartoffeln waschen, schälen, abspülen, abtropfen lassen und in Würfel schneiden. Bohnen und Kartoffelwürfel zum Lammfleisch in den Topf geben,

wieder zum Kochen bringen. Den Eintopf zugedeckt noch weitere etwa 20 Minuten garen.

5. Tomaten waschen, abtropfen lassen, kreuzweise einschneiden, kurz in kochendes Wasser legen und in kaltem Wasser abschrecken. Tomaten enthäuten, halbieren, entkernen und die Stängelansätze herausschneiden. Die Tomatenhälften in Würfel schneiden, in den Eintopf geben und weitere etwa 10 Minuten köcheln lassen.

6. Das Bohnenkraut und das Lorbeerblatt entfernen. Das Lammfleisch aus dem Eintopf nehmen und etwas abkühlen lassen. Das Fleisch vom Knochen lösen und in Würfel schneiden. Die Lammfleischwürfel in den Eintopf geben und nochmals kurz erhitzen.

7. Den Eintopf mit Salz und Pfeffer abschmecken. Mit Petersilie bestreut servieren.

Tipp: Würzig und preiswert lässt sich dieser Eintopf auch mit Schinkenknochen (etwa 2 mittelgroße Knochen) zubereiten. Die Knochen etwa 30 Minuten im Wasser auskochen, dann das Gemüse wie im Rezept beschrieben hinzugeben und in der Brühe garen.

Hochzeitssuppe | Für Gäste

8–10 Portionen

Pro Portion:
E: 25 g, F: 12 g, Kh: 14 g, kJ: 1127, kcal: 269

1 kg Rinderknochen
4 Markknochen
750 g Beinscheibe
2 Bund Suppengrün (Knollensellerie, Möhren, Porree [Lauch])
2 Zwiebeln
1 Bund Petersilie
2 Lorbeerblätter
Salz
frisch gemahlener Pfeffer
etwa 3 l Wasser

Für die Markklößchen:
30 g Knochenmark aus den Markknochen
20 g Butter
1 Ei (Größe S)
etwa 70 g Semmelbrösel
frisch geriebene Muskatnuss

Für die Semmelknödel:
1 Brötchen (Semmel) vom Vortag
5–6 EL lauwarme Milch
½ kleine Zwiebel
1 TL Butter
1 Ei (Größe S)
1 TL gehackte Petersilie

Für die Leberschnecken:
50 g Weizenmehl
1 Ei (Größe M)
etwa 100 ml Milch
2 EL Butter
100 g Hühnerleber
gerebelter Salbei

Zubereitungszeit: 90 Minuten, ohne Abkühlzeit
Garzeit: etwa 3 Stunden

1. Rinder-, Markknochen und die Beinscheibe unter fließendem kalten Wasser abspülen und abtropfen lassen. Das Mark aus den Markknochen lösen und für die Klößchen beiseitelegen.

2. Sellerie und Möhren putzen, schälen, abspülen, abtropfen lassen und grob zerkleinern. Den Porree putzen, die Stangen längs halbieren, gründlich waschen, abtropfen lassen und in grobe Stücke schneiden. Zwiebeln abziehen. Petersilie abspülen und trocken tupfen. Die Blättchen von den Stängeln zupfen. Die Blättchen klein schneiden und beiseitelegen.

3. Die Knochen mit der Beinscheibe in einen großen Topf geben. Das vorbereitete Suppengrün, Zwiebeln, Petersilienstängel, Lorbeerblätter, Salz und Pfeffer hinzugeben. Wasser hinzugießen, sodass die Zutaten bedeckt sind, zum Kochen bringen und etwa 3 Stunden bei schwacher Hitze kochen lassen. Dabei die Brühe ab und zu mit einer Schaumkelle abschöpfen.

4. Nach etwa 90 Minuten Garzeit die Beinscheibe herausnehmen, etwas abkühlen lassen, von Sehnen und Fett befreien. Das Fleisch in Stücke schneiden und beiseitelegen.

5. In der Zwischenzeit für die Markklößchen das Mark in sehr kleine Würfel schneiden, mit der Butter in einem kleinen Topf bei schwacher Hitze zerlassen. Anschließend durch ein Sieb streichen und erkalten lassen.

6. Die Mark-Butter-Masse mit dem Ei schaumig rühren. Semmelbrösel und Muskat unterrühren. Aus der Masse mit angefeuchteten Händen kleine Klößchen formen.

7. Dann für die Semmelknödel das Brötchen in dünne Scheiben schneiden, mit warmer Milch beträufeln und einweichen. Zwiebelhälfte abziehen und klein würfeln.

8. Butter in einem kleinen Topf zerlassen. Zwiebelwürfel darin 3–4 Minuten dünsten. Ei, Petersilie und die eingeweichten Brötchenscheiben hinzugeben. Mit Salz, Pfeffer und Muskat würzen. Die Zutaten zu einem festen Teig verkneten.

9. Aus der Knödelmasse mit angefeuchteten Händen Klößchen in Größe der Markklößchen formen.

10. Die Brühe nach etwa 3 Stunden Garzeit durch ein Sieb in einen anderen Topf gießen. Die Mark- und Semmelknödel in die Brühe geben und etwa 15 Minuten bei schwacher Hitze gar ziehen lassen. Die beiseitegelegten Fleischwürfel hinzugeben und miterhitzen.

11. In der Zwischenzeit für die Leberschnecken Mehl in eine Rührschüssel geben. Danach Ei mit Salz und Milch verschlagen, Mehl hinzugeben und gut unterrühren. Dabei darauf achten, dass keine Klümpchen entstehen.

12. Jeweils etwas Butter in einer kleinen Pfanne zerlassen. Eine dünne Teiglage mit einer drehenden Bewegung gleichmäßig auf dem Boden der Pfanne verteilen und den Pfannkuchen von beiden Seiten goldgelb backen. Einen weiteren Pfannkuchen auf die gleiche Weise backen.

13. Hühnerleber abspülen, trocken tupfen und fein hacken, mit Salz, Pfeffer und Salbei würzen. Die Masse auf die Pfannkuchen streichen. Die Pfannkuchen zusammenrollen und in etwa 1 cm dicke Scheiben schneiden. Die restliche Butter in einer Pfanne zerlassen. Schnecken darin von beiden Seiten hellbraun backen, herausnehmen und sofort in vorgewärmten Tellern verteilen.

14. Die heiße Suppe daraufgeben, mit der beiseitegelegten Petersilie bestreuen und sofort servieren.

Holsteiner Flussfische mit Porree und Kräutern in Rahm | Mit Alkohol

6 Portionen

Pro Portion:
E: 30 g, F: 39 g, Kh: 22 g, kJ: 2572, kcal: 615

4	Schalotten
300 g	rosé Champignons
4 EL	Butter
4 EL	Weizenmehl
400 ml	trockener Riesling
1,4 l	Fischfond
	Salz
	frisch gemahlener Pfeffer
2 Stangen	Porree (Lauch)
4	große, festkochende Kartoffeln
250 g	Schlagsahne
400 g	Zanderfilet
350 g	küchenfertiger Aal
1 Bund	Petersilie
1 Bund	Schnittlauch
1 Bund	Dill

Zubereitungszeit: 45 Minuten
Garzeit: etwa 45 Minuten

1. Schalotten abziehen und in kleine Würfel schneiden. Champignons putzen, mit Küchenpapier abreiben, eventuell waschen und trocken tupfen. Große Champignons halbieren.

2. Butter in einem Topf zerlassen. Schalottenwürfel darin glasig dünsten. Champignons hinzugeben und mit andünsten. Mit Mehl bestäuben, kurz mitdünsten lassen. Mit Wein ablöschen und zum Kochen bringen. Das klebende Mehl mit einem Spatel vom Topfboden lösen. Den Fischfond hinzugießen. Mit Salz und Pfeffer würzen. Die Zutaten unter Rühren zum Kochen bringen und etwa 20 Minuten bei schwacher Hitze leicht kochen lassen. Dabei ab und zu umrühren.

3. Den Porree putzen, die Stangen längs halbieren, gründlich waschen, abtropfen lassen und in Streifen schneiden. Kartoffeln waschen, schälen, abspülen, abtropfen lassen und in etwa 2 cm große Würfel schneiden. Porreestreifen und Kartoffelwürfel in den Eintopf geben, wieder zum Kochen bringen und weitere etwa 15 Minuten bei mittlerer Hitze kochen lassen. Sahne hinzugießen.

4. In der Zwischenzeit Zander und Aal unter fließendem kalten Wasser abspülen und trocken tupfen. Den Zander und Aal in mundgerechte Stücke schneiden. Die Kräuter abspülen und trocken tupfen. Von der Petersilie die Blättchen von den Stängeln zupfen. Die Blättchen klein schneiden. Schnittlauch in Röllchen schneiden. Von dem Dill die Spitzen von den Stängeln zupfen. Spitzen klein schneiden.

5. Nach etwa 15 Minuten Garzeit die Zander- und Aalstücke und die Hälfte der Kräuter in den Eintopf geben und vorsichtig unterrühren. Zugedeckt etwa 10 Minuten bei schwacher Hitze gar ziehen lassen.

6. Den Eintopf vor dem Servieren mit den restlichen Kräutern bestreuen.

Hühnerbrühe | Klassisch

6–8 Portionen

Pro Portion:
E: 17 g, F: 17 g, Kh: 2 g, kJ: 954, kcal: 229

1 Suppenhuhn (etwa 1 ½ kg)
2–3 l Wasser
1 EL Salz
1 Bund Suppengrün (Knollensellerie, Möhre, Porree [Lauch], Petersilie)
1 Knoblauchzehe
10 weiße Pfefferkörner
2 Lorbeerblätter
1 Kräutersträußchen (3 Stängel Petersilie, 2–3 Stängel Thymian)

Zubereitungszeit: 30 Minuten, ohne Kühlzeit
Garzeit: 1 ½–2 Stunden

1. Suppenhuhn innen und außen unter fließendem kalten Wasser abspülen und trocken tupfen. Wenn nötig, Innereien entfernen.

2. Wasser in einem großen Topf zum Kochen bringen. Das Huhn in das kochende Wasser geben und wieder zum Kochen bringen. Dabei den Schaum mit einer Schaumkelle abschöpfen. Das Huhn 1 ½–2 Stunden kochen lassen. Wenn nötig, etwas kaltes Wasser hinzugießen. Salz hinzugeben.

3. Sellerie und Möhre putzen, schälen, abspülen, abtropfen lassen und grob zerkleinern. Den Porree putzen, die Stange längs halbieren, gründlich waschen und abtropfen lassen. Petersilie abspülen und trocken tupfen. Knoblauch abziehen.

4. Vorbereitetes Suppengrün mit Knoblauch, Pfefferkörnern und Lorbeerblättern nach etwa 60 Minuten Garzeit in die Brühe geben und mitgaren lassen.

5. Kräutersträußchen abspülen und trocken tupfen. Etwa 15 Minuten vor Ende der Garzeit das Kräutersträußchen in die Brühe geben und ziehen lassen.

6. Das Huhn aus der Suppe nehmen. Die Brühe durch ein feines Sieb gießen.

7. Das Huhn enthäuten, das Fleisch von den Knochen lösen, in Stücke schneiden und als Suppeneinlage verwenden. Sie können es auch für einen Salat oder Sandwich nehmen.

Tipps: Die Hühnerbrühe ist die ideale Basis für einen Risotto, ergibt aber auch mit frischen Kräutern und ein paar Gemüsestreifen eine gute Suppe. Etwas Portwein oder Sherry verbessert den Geschmack. Den Rest der Brühe kann man gut einfrieren.

Indische Hühnersuppe | Raffiniert

4 Portionen

Pro Portion:
E: 23 g, F: 22 g, Kh: 23 g, kJ: 1634, kcal: 390

2	*Zwiebeln*
1 kleine	
Stange	*Porree (Lauch)*
3 EL	*Speiseöl*
2 EL	*Weizenmehl*
750 ml (3/4 l)	*Hühnerbrühe*
1	*kleiner Apfel*
75 g	*Langkornreis*
1 EL	*Currypulver*
300 g	*gekochtes Hühnerfleisch*
2–3 EL	*Schlagsahne*
	Salz, frisch gemahlener Pfeffer
	Zitronensaft

Zubereitungszeit: 25 Minuten
Garzeit: etwa 20 Minuten

1. Zwiebeln abziehen und klein würfeln. Porree putzen, die Stange längs halbieren, gründlich waschen, abtropfen lassen und in Streifen schneiden.

2. Speiseöl in einem Wok erhitzen. Die Zwiebelwürfel darin andünsten. Porreestreifen hinzugeben und unter Rühren etwa 2 Minuten mit andünsten. Mehl darüberstäuben und andünsten. Brühe nach und nach unter Rühren hinzugießen. Dabei darauf achten, dass sich keine Klümpchen bilden.

3. Apfel schälen und bis zum Kerngehäuse raspeln. Reis, Apfelraspel und Curry in die Brühe geben. Die Suppe etwa 20 Minuten bei schwacher Hitze kochen lassen.

4. Von dem Hühnerfleisch die Haut abziehen. Das Fleisch in Würfel schneiden, in die Suppe geben und erhitzen. Sahne unterrühren. Die Suppe mit Salz, Pfeffer und Zitronensaft abschmecken.

Tipps: Das Currypulver bestimmt die Schärfe der Suppe. Es gibt Madras-Curry scharf und mild. Currypulver ohne genauere Beschreibung liegt in der Schärfe dazwischen.
Wenn kein gegartes Hühnerfleisch vorhanden ist, können Sie ersatzweise 300 g Hähnchenbrustfilet unter fließendem kalten Wasser abspülen, trocken tupfen, in Würfel schneiden, etwa 10 Minuten vor Ende der Garzeit in die Suppe geben und mitgaren lassen.

Indischer Dal | Raffiniert

4 Portionen

Pro Portion:
E: 43 g, F: 16 g, Kh: 63 g, kJ: 2393, kcal: 572

400 g Toor Dal (gelbe Linsen)
50 g Ingwerwurzel
1 EL Kurkuma (Gelbwurz)
2 l Hühnerbrühe
Salz
1 Zucchini
2 große Tomaten
1 Hähnchenbrustfilet (etwa 200 g)
1 Bio-Limette (unbehandelt, ungewachst)
2 grüne Chilischoten

1 Bund Koriander
100 g Joghurt
100 g geröstete Cashewkerne

Zubereitungszeit: 30 Minuten
Garzeit: etwa 40 Minuten

1. Linsen in ein Sieb geben, unter fließendem kalten Wasser abspülen und abtropfen lassen. Ingwer schälen und fein reiben. Linsen mit Ingwer, Kurkuma und Hühnerbrühe in einem Topf zum Kochen bringen. Mit Salz würzen. Linsen zugedeckt etwa 30 Minuten bei schwacher Hitze kochen lassen.

2. Die Zucchini waschen, abtrocknen und die Enden abschneiden. Die Zucchini in etwa 1 cm große Würfel schneiden. Tomaten waschen, trocken tupfen, vierteln, entkernen und die Stängelansätze entfernen. Tomatenviertel ebenfalls in etwa 1 cm große Würfel schneiden.

3. Das Hähnchenbrustfilet unter fließendem kalten Wasser abspülen, trocken tupfen und dann in Streifen schneiden. Limette heiß abwaschen, abtrocknen und die Schale abreiben. Limette halbieren und den Saft auspressen. Die Chilischoten abspülen, trocken tupfen und in feine Ringe schneiden. Koriander abspülen und trocken tupfen. Die Blättchen von den Stängeln zupfen. Blättchen klein schneiden.

4. Die Hähnchenbrustfiletstreifen, Zucchini- und Tomatenwürfel zu den gegarten Linsen in den Topf geben und etwa 10 Minuten bei schwacher Hitze gar ziehen lassen.

5. Den Eintopf mit Limettenschale, -saft und Chiliringen würzen. Den Eintopf in Tellern anrichten. Mit Joghurt, Cashewkernen und Koriander servieren.

Tipp: Dal ist die Bezeichnung für Hülsenfrüchte auf Hindi.

Irish Stew | Dauert länger

4 Portionen

Pro Portion:
E: 39 g, F: 12 g, Kh: 25 g, kJ: 1543, kcal: 369

1 kg	*Lammschulter (mit Knochen)*
	Salz
	frisch gemahlener Pfeffer
650 g	*Wirsing*
600 g	*mehligkochende Kartoffeln*
375 g	*Zwiebeln*
375 ml (3/8 l)	*Fleischbrühe*
einige Stängel	*Thymian*

Zubereitungszeit: 30 Minuten
Garzeit: etwa 60 Minuten

1. Die Lammschulter unter fließendem kalten Wasser abspülen und trocken tupfen. Die Lammschulter von den Knochen lösen und das Fett sorgfältig abschneiden. Lammschulter (etwa 650 g) in etwa 2 cm große Würfel schneiden. Mit Salz und Pfeffer würzen.

2. Von dem Wirsing die äußeren welken Blätter entfernen. Dann den Wirsing vierteln und den Strunk herausschneiden. Die Wirsingviertel in dünne Streifen schneiden, abspülen und abtropfen lassen. Kartoffeln waschen, schälen, abspülen, abtropfen lassen und in dünne Scheiben schneiden. Zwiebeln abziehen, halbieren und ebenfalls in Scheiben schneiden.

3. Zunächst nacheinander jeweils die Hälfte der Wirsingstreifen, Kartoffel- und Zwiebelscheiben in einen großen Topf schichten. Dabei jede Schicht mit Salz und Pfeffer würzen. Die Lammfleischwürfel darauf verteilen. Restliche Zutaten in umgekehrter Reihenfolge einschichten. Dabei ebenfalls jede Schicht mit Salz und Pfeffer würzen.

4. Fleischbrühe hinzugießen und zum Kochen bringen. Irish Stew zugedeckt etwa 60 Minuten bei schwacher bis mittlerer Hitze garen.

5. Irish Stew nach Ende der Garzeit umrühren. Mit Salz und Pfeffer abschmecken. Thymian abspülen und trocken tupfen. Irish Stew mit Thymian in Tellern anrichten.

Italienische Gemüsesuppe I

Einfach – vegetarisch – für Kinder

4 Portionen

Pro Portion:

E: 12 g, F: 11 g, Kh: 38 g, kJ: 1261, kcal: 301

½	*Gemüsezwiebel*
1	*Knoblauchzehe*
4 Stangen	*Staudensellerie (etwa 250 g)*
1 kleine Dose	*weiße Bohnen (Abtropfgewicht 315 g)*
4 EL	*Olivenöl*
1 l	*Gemüsebrühe*
125 g	*Spaghetti*
125 g	*TK-Erbsen*
2	*Tomaten*
	Salz, frisch gemahlener Pfeffer
	gerebelter Oregano
etwas	*klein gehackte Petersilie*

Zubereitungszeit: 35 Minuten
Garzeit: etwa 20 Minuten

1. Zwiebelhälfte und Knoblauch abziehen, in kleine Würfel schneiden. Staudensellerie putzen und die harten Außenfäden abziehen. Selleriestangen waschen, abtropfen lassen und in kleine Stücke schneiden. Die Bohnen in ein Sieb geben und abtropfen lassen.

2. Olivenöl in einem großen Topf erhitzen. Zwiebel-, Knoblauchwürfel und Selleriestücke darin andünsten. Brühe hinzugießen, zum Kochen bringen und zugedeckt etwa 10 Minuten kochen lassen.

3. Spaghetti einmal durchbrechen, mit den gefrorenen Erbsen in die Brühe geben und wieder zum Kochen bringen. Die Suppe weitere etwa 10 Minuten unter gelegentlichem Rühren kochen lassen.

4. Tomaten waschen, trocken tupfen, vierteln, entkernen und die Stängelansätze herausschneiden. Die Tomatenviertel in Würfel schneiden. Tomatenwürfel und die Bohnen in die Suppe geben, nochmals erhitzen. Mit Salz, Pfeffer und Oregano würzen.

5. Die Gemüsesuppe in eine Terrine füllen, mit Petersilie bestreuen und sofort servieren.

Italienischer Bohnen-Gemüse-Topf | Vegetarisch – gut vorzubereiten

4 Portionen

Pro Portion:
E: 18 g, F: 7 g, Kh: 32 g, kJ: 1085, kcal: 259

Zum Vorbereiten:

250 g getrocknete, weiße Bohnen
1 ½ l Wasser

Für den Bohnen-Gemüse-Topf:

2 Zwiebeln
3 Knoblauchzehen
2 EL Olivenöl
1 Lorbeerblatt
je ½ TL gerebelter Oregano und gerebeltes Basilikum oder
1 TL gerebelte italienische Kräuter
1 Bund Suppengrün (Knollensellerie, Möhre, Porree [Lauch])
150 g grüne Bohnen
300 g Staudensellerie
150 g Zucchini
200 g Tomaten
2–3 Gemüsebrühwürfel (für je 500 ml [½ l] Flüssigkeit) oder 2 geh. TL gekörnte Gemüsebrühe
1 EL Tomatenmark
Salz
frisch gemahlener Pfeffer
Cayennepfeffer

2 EL gehackte Kräuter, z. B. Basilikum, Thymian, Estragon, Oregano, oder Kräuter der Provence

Zubereitungszeit: 35 Minuten, ohne Einweichzeit
Garzeit: 70–80 Minuten

1. Zum Vorbereiten Bohnen in ein Sieb geben und mit kaltem Wasser abspülen. Bohnen in einen Topf geben, mit dem Wasser bedecken und über Nacht einweichen (Packungsanleitung beachten).

2. Für den Bohnen-Gemüse-Topf die Bohnen mit dem Einweichwasser zugedeckt zum Kochen bringen.

3. In der Zwischenzeit Zwiebeln und Knoblauch abziehen, in kleine Würfel schneiden. Zwiebel-, Knoblauchwürfel, Olivenöl, Lorbeerblatt und die getrockneten Kräuter zu den Bohnen in den Topf geben. Danach die Zutaten wieder zum Kochen bringen. Die Bohnen zugedeckt 50–60 Minuten bei mittlerer Hitze fast gar kochen.

4. In der Zwischenzeit Sellerie und Möhre putzen, schälen, abspülen und abtropfen lassen. Porree putzen, die Stange längs halbieren, gründlich waschen und abtropfen lassen. Sellerie und Möhre in Scheiben und Porree in Streifen schneiden.

5. Von den grünen Bohnen die Enden abschneiden, eventuell abfädeln. Die Bohnen waschen, abtropfen lassen und in Stücke schneiden oder brechen. Den Staudensellerie putzen und die harten Außenfäden abziehen. Selleriestangen waschen und abtropfen lassen. Zucchini waschen, abtrocknen und die Enden abschneiden. Zucchini halbieren oder vierteln. Selleriestangen und Zucchini in Scheiben schneiden.

6. Tomaten waschen, abtropfen lassen, kreuzweise einschneiden, kurz in kochendes Wasser legen und in kaltem Wasser abschrecken. Tomaten enthäuten, halbieren, entkernen und die Stängelansätze herausschneiden. Tomatenhälften in Würfel schneiden.

7. Grüne Bohnen, Knollensellerie- und Möhrenscheiben (von dem Suppengrün) mit den Brühwürfeln oder der gekörnten Brühe zu den weißen Bohnen geben, zum Kochen bringen und zugedeckt weitere etwa 12 Minuten kochen lassen.

8. Dann Porreestreifen, Staudensellerie- und Zucchinischeiben hinzufügen, zum Kochen bringen und zugedeckt noch weitere 5 Minuten kochen lassen. Die Tomatenwürfel und das Tomatenmark hinzugeben und 2–3 Minuten mitgaren lassen.

9. Die Suppe mit Salz, Pfeffer und Cayennepfeffer abschmecken und anschließend mit den Kräutern bestreut servieren.

Italienischer Gemüse-Pilz-Eintopf | Einfach

4 Portionen

Pro Portion:
E: 14 g, F: 9 g, Kh: 43 g, kJ: 1327, kcal: 317

- *1 Fenchelknolle (etwa 250 g)*
- *1 Zwiebel*
- *5 Möhren*
- *250 g grüne Bohnen*
- *300 g gemischte Pilze (Champignons, Pfifferlinge, Austernpilze)*
- *3 EL Olivenöl*
- *je etwas frischer oder gerebelter Thymian und Rosmarin*
- *1 l Gemüsebrühe*
- *Salz, frisch gemahlener Pfeffer*
- *1 Dose geschälte Tomaten (Einwaage 425 g)*
- *1 1/2 l Wasser*
- *1 1/2 gestr. TL Salz*
- *150 g Orecchiette (italienische Öhrchennudeln)*
- *2 Knoblauchzehen*
- *150 g ausgepalte Erbsen (oder TK)*

Zubereitungszeit: 30 Minuten
Garzeit: etwa 25 Minuten

1. Von der Fenchelknolle die Stiele dicht oberhalb der Knolle abschneiden. Braune Stellen und Blätter entfernen. Wurzelende gerade schneiden. Fenchelknolle waschen, abtropfen lassen, halbieren und in Streifen schneiden. Die Zwiebel abziehen und in kleine Würfel schneiden. Möhren putzen, schälen, abspülen, abtropfen lassen und in Stifte schneiden. Von den Bohnen die Enden abschneiden, eventuell abfädeln. Bohnen waschen, abtropfen lassen und in Stücke schneiden oder brechen. Pilze putzen, mit Küchenpapier abreiben, eventuell abspülen und abtropfen lassen. Große Pilze halbieren.

2. Einen Esslöffel des Olivenöls in einem großen Topf erhitzen. Zwiebelwürfel darin andünsten. Fenchelstreifen, Möhrenstifte und Bohnenstücke portionsweise mit andünsten. Thymian oder Rosmarin hinzugeben.

3. Brühe hinzugießen und zum Kochen bringen. Mit Salz und Pfeffer würzen. Die Zutaten etwa 10 Minuten bei schwacher Hitze kochen lassen. Die Tomaten mit der Flüssigkeit hinzugeben und wieder zum Kochen bringen. Den Eintopf weitere etwa 10 Minuten kochen lassen.

4. Wasser in einem großen Topf mit geschlossenem Deckel zum Kochen bringen. Dann Salz und Nudeln hinzugeben. Die Nudeln im geöffneten Topf bei mittlerer Hitze nach Packungsanleitung bissfest kochen, dabei zwischendurch 4–5-mal umrühren.

5. Anschließend die Nudeln in ein Sieb geben, mit heißem Wasser abspülen und abtropfen lassen.

6. Restliches Olivenöl in einer Pfanne erhitzen. Knoblauch abziehen, durch eine Knoblauchpresse in die Pfanne drücken und kurz andünsten. Die Pilze hinzugeben und unter mehrmaligem Wenden etwa 4 Minuten leicht anbraten. Mit Salz und Pfeffer würzen.

7. Die Erbsen abspülen und abtropfen lassen. Erbsen, Pilze und Nudeln in den Eintopf geben, nochmals mit Salz und Pfeffer abschmecken. Den Eintopf weitere 3–5 Minuten bei schwacher Hitze kochen lassen.

Italienischer Puten-Gemüse-Topf I

Für Kinder

4 Portionen

Pro Portion:
E: 40 g, F: 7 g, Kh: 23 g, kJ: 1351, kcal: 322

500 g	*Putenfleisch (aus Keule und Brust, ohne Haut und Knochen)*
1 Bund	*Suppengrün (Knollensellerie, Möhre, Porree [Lauch])*
200 g	*Brokkoli*
1 Dose	*weiße Bohnen (Abtropfgewicht 450 g)*
2 EL	*Olivenöl*
	Salz
	frisch gemahlener Pfeffer
etwas	*Knoblauchpulver*
500 ml (1/2 l)	*Gemüsebrühe*
250 g	*stückige Tomaten (Tetra Pak®)*
1 Pck.	*TK-Kräuter der Provence (25 g)*
1/2 Topf	*Basilikum*

Zubereitungszeit: 25 Minuten
Garzeit: etwa 45 Minuten

1. Putenfleisch unter fließendem kalten Wasser abspülen, trocken tupfen und in kleine Würfel schneiden.

2. Sellerie und Möhre putzen, schälen, abspülen, abtropfen lassen und in kleine Würfel oder Scheiben schneiden. Den Porree putzen, die Stange längs halbieren, gründlich waschen, abtropfen lassen und in Streifen schneiden.

3. Von dem Brokkoli die Blätter entfernen. Brokkoli in kleine Röschen teilen, waschen und abtropfen lassen. Bohnen in ein Sieb geben, mit kaltem Wasser abspülen und abtropfen lassen.

4. Olivenöl in einem großen Topf erhitzen. Fleischwürfel darin von allen Seiten anbraten, mit Salz, Pfeffer und Knoblauch würzen. Vorbereitetes Suppengrün hinzufügen und kurz mit andünsten. Brühe hinzugießen und zum Kochen bringen. Die Zutaten zugedeckt etwa 30 Minuten bei schwacher Hitze garen.

5. Brokkoliröschen, Bohnen und Tomatenstücke mit der Flüssigkeit zu dem Fleischtopf geben. Kräuter der Provence unterrühren, mit Salz, Pfeffer und Knoblauch würzen und wieder zum Kochen bringen. Den Puten-Gemüse-Topf zugedeckt weitere etwa 15 Minuten garen.

6. In der Zwischenzeit Basilikum abspülen und trocken tupfen. Die Blättchen von den Stängeln zupfen. Den Puten-Gemüse-Topf nochmals mit den Gewürzen abschmecken und mit Basilikumblättchen bestreut servieren.

Beilage: Ofenwarmes Olivenbrot oder Ciabatta.

Tipps: Nach Belieben die Flüssigkeit mit etwas Kartoffelpüreepulver (Fertigprodukt) binden. Die Suppe mit geraspeltem Pecorino-Käse bestreuen.

Japanischer Tofu-Eintopf I

Gut vorzubereiten

4 Portionen

Pro Portion:
E: 21 g, F: 15 g, Kh: 23 g, kJ: 1248, kcal: 298

etwa 1 l Wasser
4 EL Weißweinessig
300 g Schwarzwurzeln
200 g Möhren
200 g vorwiegend festkochende Kartoffeln
200 g weißer Rettich (ersatzweise Knollensellerie oder Petersilienwurzel)
800 ml Gemüsebrühe
1 Bund Frühlingszwiebeln
300 g Shiitake-Pilze
400 g Tofu
2 EL Sesamöl
2 EL Sojasauce
Cayennepfeffer

Zubereitungszeit: 25 Minuten
Garzeit: etwa 5 Minuten

1. Wasser und Essig in einer Schüssel verrühren. Die Schwarzwurzeln unter fließendem kalten Wasser gründlich abbürsten, dünn schälen, abspülen und abtropfen lassen. Schwarzwurzeln zuerst in etwa 3 cm lange Stücke, dann in dünne Stifte schneiden. Schwarzwurzeln sofort in das Essigwasser legen, damit sie weiß bleiben.

2. Möhren putzen, schälen, abspülen und abtropfen lassen. Kartoffeln waschen, schälen, abspülen und abtropfen lassen. Rettich (Sellerie bzw. Petersilienwurzel) putzen, schälen, abspülen und abtropfen lassen. Dann Möhren, Kartoffeln und Rettich zuerst längs vierteln, dann in dünne Scheiben schneiden. Schwarzwurzeln in ein Sieb geben und abtropfen lassen.

3. Gemüsebrühe in einem Topf zum Kochen bringen. Vorbereitetes Gemüse hinzugeben und wieder zum Kochen bringen. Den Eintopf zugedeckt etwa 5 Minuten bei schwacher Hitze kochen lassen.

4. In der Zwischenzeit die Frühlingszwiebeln putzen, waschen, abtropfen lassen und in etwa 1 cm große Scheiben schneiden. Shiitake-Pilze mit Küchenpapier abreiben, eventuell kurz abspülen und trocken tupfen. Von den Shiitake-Pilzen die Stiele herausdrehen oder abschneiden. Die Pilzköpfe in feine Streifen schneiden. Tofu in Würfel schneiden.

5. Frühlingszwiebelscheiben, Pilzstreifen und Tofuwürfel in den Eintopf geben und kurz aufkochen lassen. Den Eintopf mit Sesamöl, Sojasauce und Cayennepfeffer abschmecken. Den Eintopf in 4 Suppentassen füllen und sofort servieren.

Tipps: Shiitake-Pilze wachsen zwar ganzjährig, sind aber nicht immer im Handel erhältlich. Sie können ersatzweise auch Champignons verwenden. Frische Schwarzwurzeln werden nur von Oktober bis März angeboten. Sie können auch Schwarzwurzeln aus dem Glas verwenden. Dann die Schwarzwurzeln in einem Sieb abtropfen lassen. Schwarzwurzeln je nach Größe quer durchschneiden, mit den Gemüsezutaten in die kochende Brühe geben und mitgaren lassen.

Variante: Für einen **grünen, japanischen Tofu-Eintopf mit Pilzen** (4 Portionen) das angegebene Gemüse durch je 200 g Zuckerschoten, Staudensellerie, grüne Paprikaschote und Zucchini ersetzen.

Karibischer Kokos-Fisch-Topf I

Exotisch

4 Portionen

Pro Portion:
E: 42 g, F: 34 g, Kh: 27 g, kJ: 2477, kcal: 597

1 Bund Frühlingszwiebeln
2 Knoblauchzehen
2 grüne Chilischoten
1 walnussgroßes Stück Ingwerwurzel
2 feste Kochbananen
1 Mini-Ananas
1 rote Paprikaschote
2 EL Erdnussöl
1 TL Kurkuma (Gelbwurz)
600 ml Kokosmilch
200 ml Gemüsebrühe
12 Garnelenschwänze (mit Schale)
600 g Red-Snapper-Filet
1 Bund Koriander oder Minze

Zubereitungszeit: 30 Minuten
Garzeit: etwa 10 Minuten

1. Frühlingszwiebeln putzen, waschen und abtropfen lassen. Das zarte Grün in feine Scheiben schneiden. Die weißen Zwiebeln in Stücke schneiden. Knoblauch abziehen und in kleine Würfel schneiden.

2. Chilischoten halbieren, entstielen und entkernen. Schotenhälften abspülen, trocken tupfen und in sehr kleine Würfel schneiden. Ingwer schälen und fein reiben.

3. Die Bananen schälen, in etwa 2 cm dicke Scheiben schneiden. Von der Ananas Blatt- und Strunkende entfernen. Ananas vierteln und den mittleren Strunk herausschneiden. Das Ananasfruchtfleisch in mundgerechte Stücke schneiden.

4. Paprikaschote halbieren, entstielen, entkernen und den Stängelansatz entfernen. Die Schotenhälften waschen, abtropfen lassen und anschließend in mundgerechte Stücke schneiden.

5. Erdnussöl in einem Topf erhitzen. Frühlingszwiebelscheiben, -stücke, Knoblauch-, Chiliwürfel und Ingwer darin andünsten. Mit Kurkuma bestreuen und kurz mitdünsten lassen. Kokosmilch und Brühe hinzugießen. Bananenscheiben, Ananas- und Paprikastücke hinzugeben, zum Kochen bringen und zugedeckt etwa 5 Minuten bei schwacher Hitze kochen lassen.

6. Garnelenschwänze und Fischfilet unter fließendem kalten Wasser abspülen und trocken tupfen. Fischfilet in Stücke schneiden.

7. Die Garnelenschwänze in den Eintopf geben und etwa 3 Minuten ziehen lassen. Anschließend die Fischfiletstücke hinzugeben und weitere etwa 3 Minuten ziehen lassen.

8. Koriander oder Minze abspülen und trocken tupfen. Die Blättchen von den Stängeln zupfen. Die Blättchen klein schneiden. Den Kokos-Fisch-Topf mit Koriander oder Minze bestreut servieren.

Kartoffel-Frühlingszwiebel-Suppe mit Speck und Majoran | Preiswert

4 Portionen

Pro Portion:
E: 10 g, F: 3 g, Kh: 35 g, kJ: 859, kcal: 205

1 Bund Frühlingszwiebeln
1 kg mehligkochende Kartoffeln
Salz, frisch gemahlener Pfeffer
1,2 l kräftige Rinderbrühe
100 g Bacon (Frühstücksspeck, in Scheiben)
½ Bund Majoran

Zubereitungszeit: 20 Minuten
Garzeit: etwa 70 Minuten

1. Die Frühlingszwiebeln putzen, waschen, abtropfen lassen und in schmale Scheiben schneiden. Frühlingszwiebelgrün beiseitelegen. Kartoffeln waschen, schälen, abspülen, abtropfen lassen und auf einer Haushaltsreibe grob raspeln.

2. Frühlingszwiebelscheiben mit den Kartoffelraspeln vermengen und in einen gewässerten Römertopf® (4-Liter-Inhalt) geben. Mit Salz und Pfeffer würzen. Brühe hinzugießen.

3. Den Römertopf® mit dem Deckel verschließen und auf dem Rost in den kalten Backofen schieben.
Ober-/Unterhitze: etwa 200 °C
Heißluft: etwa 180 °C

4. Das beiseitegelegte Frühlingszwiebelgrün abspülen, abtropfen lassen und in sehr feine Ringe schneiden. Bacon in Streifen schneiden und in einer Pfanne ohne Fett kross ausbraten. Baconstreifen herausnehmen und auf Küchenpapier abtropfen lassen.

5. Majoran abspülen und trocken tupfen. Die Blättchen von den Stängeln zupfen.

6. Nach etwa 70 Minuten Garzeit die Kartoffel-Frühlingszwiebel-Suppe in einen großen, hohen Rührbecher geben und mit einem Stabmixer pürieren. Mit Salz und Pfeffer abschmecken.

7. Die Kartoffel-Frühlingszwiebel-Suppe in 4 vorgewärmte tiefe Teller geben. Baconstreifen darauf verteilen, mit Zwiebelgrünringen und Majoranblättchen bestreut servieren.

Kartoffel-Kokos-Suppe mit Hähnchen | Raffiniert

4 Portionen

Pro Portion:
E: 10 g, F: 20 g, Kh: 9 g, kJ: 1156, kcal: 279

5 Stängel	*Zitronengras (erhältlich im Asialaden)*
200 g	*Kartoffeln*
20 g	*Ingwerwurzel*
1 EL	*Speiseöl*
500 ml (1/2 l)	*Hühnerbrühe*
1 Dose	*Kokosmilch (400 ml)*
250 g	*Hähnchenbrustfilet*
1 EL	*Speiseöl*
	Salz, frisch gemahlener Pfeffer
etwas	*Zitronensaft*

Zubereitungszeit: 25 Minuten
Garzeit: etwa 20 Minuten

1. Zitronengrasstängel putzen, zuerst quer halbieren, dann der Länge nach durchschneiden. Die Zitronengrasstücke abspülen, trocken tupfen und etwas flach klopfen, damit sich das Aroma besser entfalten kann. 4 Zitronengrasstängelstücke zum Garnieren beiseitelegen.

2. Kartoffeln waschen, schälen, abspülen, abtropfen lassen und in Würfel schneiden. Ingwer schälen, abspülen, abtropfen lassen und klein schneiden.

3. Das Speiseöl in einem Topf erhitzen. Zitronengrasstücke, Kartoffelwürfel und Ingwerstückchen darin andünsten. Mit Brühe ablöschen, Kokosmilch hinzugießen. Die Zutaten zum Kochen bringen und zugedeckt etwa 20 Minuten bei schwacher Hitze kochen lassen.

4. Hähnchenbrustfilet unter fließendem kalten Wasser abspülen, trocken tupfen und in etwa 2 cm große Würfel schneiden. Speiseöl in einer Pfanne erhitzen. Hähnchenbrustfiletwürfel darin von allen Seiten anbraten. Mit Salz, Pfeffer und etwas Zitronensaft würzen.

5. Dann die mitgegarten Zitronengrasstücke mit einem Schaumlöffel aus der Suppe nehmen. Die Suppe fein pürieren. Mit Salz und Pfeffer abschmecken.

6. Hähnchenbrustfiletwürfel hinzugeben und in der Suppe erhitzen. Beiseitegelegte Zitronengrasstängelstücke zerteilen. Die Suppe damit garnieren.

Kartoffel-Mais-Topf mit Kidneybohnen | Einfach

4 Portionen

Pro Portion:
E: 18 g, F: 15 g, Kh: 37 g, kJ: 1498, kcal: 358

500 g kleine, vorwiegend festkochende Kartoffeln
Salzwasser
1 Zwiebel
1 Knoblauchzehe
2 Scheiben Frühstücksspeck (Bacon, etwa 35 g)
1 EL Butter oder Margarine
1 EL Tomatenmark
400 ml klare Fleischbrühe
1 Dose Gemüsemais (Abtropfgewicht 285 g)
1 kleine Dose Kidneybohnen (Abtropfgewicht 250 g)
Salz
Cayennepfeffer
250 g Champignons
2 kleine Pfefferbeißer (Schinkenmettwurst, je 40 g)

Zubereitungszeit: 45 Minuten, ohne Abkühlzeit
Garzeit: etwa 10 Minuten

1. Kartoffeln gründlich waschen und in kochendem Salzwasser 20–25 Minuten gar kochen. Kartoffeln abgießen, abdämpfen, pellen und abkühlen lassen.

2. Zwiebel und Knoblauch abziehen, jeweils in kleine Würfel schneiden. Frühstücksspeck in kleine Würfel schneiden. Die Butter oder Margarine in einem Topf zerlassen. Die Speckwürfel darin knusprig ausbraten. Zwiebel- und Knoblauchwürfel hinzugeben und goldgelb andünsten. Tomatenmark unterrühren.

3. Brühe hinzugießen und unter Rühren zum Kochen bringen, damit sich das Tomatenmark auflöst.

4. Mais und Kidneybohnen jeweils in ein Sieb geben. Kidneybohnen mit kaltem Wasser abspülen und abtropfen lassen. Die abgekühlten Kartoffeln vierteln. Mais, Kidneybohnen und Kartoffelviertel zu der Brühe in den Topf geben. Mit Salz und Cayennepfeffer würzen. Die Zutaten zum Kochen bringen und zugedeckt etwa 5 Minuten bei mittlerer Hitze garen.

5. In der Zwischenzeit die Champignons putzen, mit Küchenpapier abreiben, eventuell abspülen, trocken tupfen und vierteln. Die Pfefferbeißer in Scheiben schneiden. Die Champignonviertel und Pfefferbeißerscheiben in den Eintopf geben, wieder zum Kochen bringen und weitere etwa 5 Minuten bei mittlerer Hitze garen. Die Suppe vor dem Servieren mit Salz und Cayennepfeffer abschmecken.

Tipps: Haben Sie Pellkartoffeln vom Vortag übrig, so können Sie diese für die Suppe verwenden.
Statt Pfefferbeißer schmecken auch Knackwürstchen. Diese Variante schmeckt Kindern besonders gut.
Champignons sollen möglichst weiß und noch völlig geschlossen sein. Frische Champignons erkennt man am festen Fleisch. Zuchtchampignons werden meist in dunklen Kellern und stillgelegten Kohlengruben gezogen.

Kartoffelschaumsuppe mit Krabben | Mit Alkohol

4 Portionen

Pro Portion:
E: 14 g, F: 20 g, Kh: 23 g, kJ: 1490, kcal: 356

150 g Zwiebeln
600 g mehligkochende Kartoffeln
1 ½ EL Butter oder Margarine
100 ml trockener Weißwein (ersatzweise Buttermilch)
200 ml Buttermilch
750 ml (¾ l) Gemüsebrühe
Salz
frisch gemahlener Pfeffer
1 TL gerebelter Rosmarin
1 TL gerebelter Thymian
½ TL gerebeltes Basilikum
125 g Schlagsahne

2 hart gekochte Eier
100 g Krabbenfleisch

Zubereitungszeit: 35 Minuten
Garzeit: etwa 30 Minuten

1. Zwiebeln abziehen und in kleine Würfel schneiden. Die Kartoffeln waschen, schälen, abspülen, abtropfen lassen und in kleine Würfel schneiden. Die Butter oder Margarine in einem Topf zerlassen. Die Zwiebel- und Kartoffelwürfel darin etwa 5 Minuten unter gelegentlichem Rühren andünsten.

2. Weißwein, Buttermilch und die Brühe hinzugießen. Mit Salz und Pfeffer würzen. Die Zutaten zum Kochen bringen und zugedeckt etwa 30 Minuten bei schwacher Hitze leicht köcheln lassen.

3. Etwa 5 Minuten vor Ende der Garzeit Rosmarin, Thymian und Basilikum zur Suppe geben. Sahne steif schlagen und kalt stellen.

4. Die Suppeneinlage (Kartoffeln) in der Suppe mit dem Kartoffelstampfer etwas zerdrücken, bis die Suppe sämig wird (ein Teil der Kartoffelwürfel kann erhalten bleiben). Die Sahne vorsichtig unter die Suppe rühren. Anschließend die Suppe eventuell nochmals abschmecken.

5. Die Eier pellen und in kleine Würfel schneiden. Die Suppe in Tellern anrichten. Die Eierwürfel und Krabben darauf verteilen. Die Suppe sofort servieren.

Tipp: Die Kartoffelsuppe mit dem Kartoffelstampfer und nicht mit dem Pürierstab pürieren – sie wird sonst nicht sämig.

Kartoffel-Sellerie-Eintopf mit Rindfleisch und Trüffel I

Für Gäste – etwas teurer

6 Portionen

Pro Portion:
E: 36 g, F: 22 g, Kh: 23 g, kJ: 1841, kcal: 439

1 kg küchenfertige Rinderbrust
Salz
Pfefferkörner
1 Zwiebel
2 Gewürznelken
1 Lorbeerblatt
1 Knollensellerie (etwa 600 g)
2 dicke Möhren
1 kg große, festkochende Kartoffeln, z. B. Grata, Linda, Sieglinde
1 Bund Kerbel
1 kleine Trüffelknolle (etwa 30 g)
evtl. etwas Trüffelöl
grobes Meersalz

Zubereitungszeit: 45 Minuten
Garzeit: etwa 2 Stunden 20 Minuten

1. Rinderbrust unter fließendem kalten Wasser abspülen, trocken tupfen und in einen großen, hohen Topf geben. So viel kaltes Wasser hinzugießen, dass die Rinderbrust ganz bedeckt ist. 1 gehäuften Teelöffel Salz hinzugeben und zum Kochen bringen. Die Brühe abschäumen. Zwiebel abziehen, mit Nelken und Lorbeerblatt spicken und in die Brühe geben. Die Rinderbrust zugedeckt etwa 2 Stunden bei mittlerer Hitze kochen lassen. Während der Kochzeit den aufsteigenden Schaum und das Fett immer wieder abschöpfen.

2. In der Zwischenzeit Sellerie und Möhren putzen, schälen, abspülen, abtropfen lassen und in etwa 2 cm große Würfel schneiden. Kartoffeln waschen, schälen, abspülen, abtropfen lassen und ebenfalls in kleine Würfel schneiden.

3. Kerbel abspülen und trocken tupfen. Die Blättchen von den Stängeln zupfen. Stängel beiseitelegen. Die Blättchen klein schneiden.

4. Nach etwa 2 Stunden Garzeit prüfen, ob das Fleisch weich ist. Falls nicht, das Fleisch weitere etwa 30 Minuten kochen lassen, eventuell noch etwas Wasser hinzugießen.

5. Die gare Rinderbrust aus der Brühe nehmen und in Scheiben schneiden. Die Fleischscheiben zugedeckt in etwas Brühe warm halten.

6. Die beiseitegelegten Kerbelstiele in ein Haarsieb legen und die Brühe darüber passieren. Die Brühe wieder in den Topf geben. Die Sellerie-, Möhren- und Kartoffelwürfel hinzugeben, zum Kochen bringen und etwa 20 Minuten bei mittlerer Hitze garen.

7. Trüffelknolle putzen. Den Eintopf in tiefen Tellern anrichten. In jeden Teller eventuell einige Tropfen Trüffelöl tröpfeln. Die Fleischscheiben darauf verteilen und mit etwas grobem Salz und Kerbel bestreuen. Die Trüffelknolle mit einem Trüffelhobel dünn über den Eintopf in den Tellern hobeln und den Eintopf sofort servieren.

Kartoffelsuppe mit Klößchen I

Deftig – für Kinder

12 Portionen

Pro Portion:
E: 30 g, F: 21 g, Kh: 15 g, kJ: 1566, kcal: 373

1,2 kg	*Beinscheibe oder Hohe Rippe*
2 ½ l	*Wasser*
2 gestr. TL	*Salz*
1 gestr. TL	*Selleriesalz*
1 ½ kg	*mehligkochende Kartoffeln*
60 g	*Butter*
4	*rohe, grobe Bratwürste (je etwa 100 g)*
	Salz, frisch gemahlener Pfeffer
½ Tasse	*klein geschnittene, frische Kerbelblättchen oder 1 TL gerebelter Kerbel*
100 g	*Schlagsahne*

Zubereitungszeit: 30 Minuten, ohne Abkühlzeit
Garzeit: 90–110 Minuten

1. Das Fleisch unter fließendem kalten Wasser abspülen, abtropfen lassen und in einen Topf geben. Das Wasser, Salz und Selleriesalz hinzufügen, zum Kochen bringen. Das Fleisch 60–90 Minuten bei schwacher Hitze garen. Dabei ab und zu den Schaum mit einer Schaumkelle abschöpfen.

2. In der Zwischenzeit die Kartoffeln waschen, schälen, abspülen, abtropfen lassen und in kleine Würfel schneiden. Jeweils die Hälfte der Butter in einer Pfanne zerlassen. Die Kartoffelwürfel darin in 2 Portionen von allen Seiten etwa 10 Minuten andünsten.

3. Das gare Fleisch aus der Brühe nehmen, etwas abkühlen lassen und in kleine Würfel schneiden.

4. Die Kartoffelwürfel in die Brühe geben und zum Kochen bringen. Die Kartoffelsuppe etwa 15 Minuten bei schwacher Hitze garen.

5. Die Bratwurstmasse aus der Haut drücken. Die Masse zu kleinen Klößchen formen, in die Suppe geben und in etwa 5 Minuten gar ziehen lassen. Die Fleischwürfel hinzufügen und miterhitzen. Die Suppe mit Salz und Pfeffer abschmecken. Kerbel unterrühren.

6. Die Sahne steif schlagen. Die Kartoffelsuppe in Tellern verteilen. Jeweils einen Klecks Sahne in die Suppe geben und sofort servieren.

Beilage: Bauernbrötchen.

Kartoffelsuppe mit Majoranklößchen | Einfach

4 Portionen

Pro Portion:
E: 19 g, F: 6 g, Kh: 18 g, kJ: 2001, kcal: 478

500 g mehligkochende Kartoffeln
1 Zwiebel
1 EL Butter
800 ml Gemüsebrühe
1 Topf Majoran
2 frische, feine Bratwürste (je etwa 100 g)
100 g Schlagsahne
Salz, frisch gemahlener Pfeffer

Zubereitungszeit: 35 Minuten
Dämpfzeit: etwa 25 Minuten

1. Die Kartoffeln waschen, schälen, abspülen, abtropfen lassen und in gleich große Stücke schneiden. Wasser etwa 3 cm hoch in einen Topf (mit Dämpfeinsatz, Ø etwa 24 cm) füllen und zum Kochen bringen. Kartoffelstücke in den Dämpfeinsatz legen. Den Einsatz in den Topf hängen, mit einem Deckel verschließen. Kartoffelstücke in etwa 15 Minuten weich dämpfen.

2. Die Zwiebel abziehen, halbieren und klein würfeln. Die Butter in einem Topf zerlassen. Die Zwiebelwürfel darin andünsten. Brühe hinzugießen und zum Kochen bringen.

3. Majoran abspülen und trocken tupfen. Die Blättchen von den Stängeln zupfen. Einige Blättchen zum Garnieren beiseitelegen. Die restlichen Blättchen klein schneiden. Die Bratwurstmasse aus der Haut in eine Schüssel drücken. Knapp die Hälfte der Sahne und Majoran unterarbeiten.

4. Dann aus der Masse mit angefeuchteten Händen 16 kleine Klößchen formen. Die garen Kartoffelstücke durch eine Kartoffelpresse in die Gemüsebrühe drücken.

5. Majoranklößchen in den Dämpfeinsatz geben und den Einsatz wieder in den Topf hängen, eventuell heißes Wasser nachgießen. Die Klößchen etwa 10 Minuten dämpfen.

6. Die Kartoffelsuppe aufkochen lassen und restliche Sahne unterrühren. Mit Salz und Pfeffer abschmecken. Die Kartoffelsuppe mit den Majoranklößchen anrichten. Mit den beiseitegelegten Majoranblättchen garniert servieren.

Kartoffelsuppe mit Weißwein I

Mit Alkohol

6 Portionen

Pro Portion:
E: 4 g, F: 16 g, Kh: 21 g, kJ: 1215, kcal: 290

600 g	*vorwiegend festkochende Kartoffeln*
200 g	*Möhren*
200 g	*Porree (Lauch)*
40 g	*Butter*
350 ml	*trockener, leichter Weißwein*
500 ml (1/2 l)	*Gemüsebrühe*
1/2 TL	*gerebelter Rosmarin*
1/2 TL	*gemahlener Koriander*
1/2 TL	*Zucker*
1 gestr. TL	*Salz*
1/2 TL	*gemahlener, weißer Pfeffer*
1/2 Bund	*Dill*
200 g	*Schmand (Sauerrahm)*

Zubereitungszeit: 35 Minuten
Garzeit: 25–30 Minuten

1. Kartoffeln waschen, schälen, abspülen, abtropfen lassen und grob würfeln. Möhren putzen, schälen, abspülen und abtropfen lassen. Gut 100 g der Möhren in grobe Stücke schneiden. Die restlichen Möhren klein würfeln und beiseitestellen. Porree putzen, die Stangen längs halbieren, gründlich waschen, abtropfen lassen und in breite Streifen schneiden.

2. 30 g der Butter in einem großen Topf zerlassen. Porreestreifen darin andünsten. Kartoffelwürfel und die groben Möhrenstücke hinzugeben und mit andünsten. Restliche Butter in einem kleinen Topf zerlassen. Die beiseitegestellten Möhrenwürfel darin zugedeckt 5–10 Minuten bei schwacher Hitze gar dünsten lassen. Eventuell 1–2 Esslöffel Wasser hinzugeben. Die Möhrenwürfel beiseitestellen.

3. Wein und Brühe zur angedünsteten Kartoffel-Gemüse-Masse geben und zum Kochen bringen. Mit Rosmarin, Koriander, Zucker, Salz und Pfeffer würzen. Die Suppe zugedeckt 25–30 Minuten bei schwacher Hitze kochen lassen.

4. Dill abspülen und trocken tupfen. Die Spitzen von den Stängeln zupfen. Spitzen klein schneiden.

5. Den Topf von der Kochstelle nehmen. Die Suppe mit einem Stabmixer pürieren. Dill und den Schmand unterrühren (nicht wieder zum Kochen bringen).

6. Beiseitegestellte, gedünstete Möhrenwürfel ebenfalls unterrühren oder auf die Suppe streuen. Die Suppe sofort servieren.

Kartoffeltopf mit Pfifferlingen und Schmand | Raffiniert

8–10 Portionen

Pro Portion:
E: 8 g, F: 14 g, Kh: 30 g, kJ: 1168, kcal: 279

2 kg mittelgroße, festkochende Kartoffeln, z. B. Sieglinde, Grata, Linda
1 Bund Frühlingszwiebeln
100 g fester, durchwachsener Räucherspeck
400 g kleine Pfifferlinge
2 EL Butter
2 1/2 l Gemüsebrühe oder Kalbsfond
Salz
frisch gemahlener Pfeffer

250 g Schmand (Sauerrahm)

Zubereitungszeit: 45 Minuten
Garzeit: etwa 20 Minuten

1. Kartoffeln waschen, schälen, abspülen, abtropfen lassen und achteln. Die Frühlingszwiebeln putzen, waschen, abtropfen lassen. Das zarte Grün abschneiden, in etwa 2 cm lange Streifen schneiden und beiseitelegen. Die weißen Zwiebeln in Scheiben schneiden.

2. Den Räucherspeck von Schwarte und Knorpeln befreien. Speck in kleine Würfel schneiden. Pfifferlinge putzen, mit Küchenpapier abreiben, eventuell abspülen und trocken tupfen.

3. Butter in einem großen Topf zerlassen. Frühlingszwiebelscheiben, die Speckwürfel und Kartoffelachtel darin portionsweise unter Wenden andünsten. Brühe oder Fond hinzugießen. Mit Salz würzen. Die Zutaten zum Kochen bringen und etwa 10 Minuten bei mittlerer Hitze kochen lassen.

4. Die Pfifferlinge hinzugeben. Den Kartoffeltopf weitere etwa 10 Minuten kochen lassen. Mit Salz und Pfeffer abschmecken. Den Kartoffeltopf mit den beiseitegelegten Frühlingszwiebelstreifen bestreuen und mit dem durchgerührten Schmand servieren.

Käse-Porree-Suppe | Gut vorzubereiten

6 Portionen

Pro Portion:
E: 23 g, F: 29 g, Kh: 7 g, kJ: 1589, kcal: 380

1 kg Porree (Lauch)
3 EL Speiseöl
500 g Gehacktes (halb Rind-, halb Schweinefleisch)
Salz
frisch gemahlener Pfeffer
1 l Fleischbrühe
1 Glas Champignonscheiben (Abtropfgewicht 315 g)
200 g Sahne- oder Kräuterschmelzkäse

Zubereitungszeit: 20 Minuten
Garzeit: etwa 15 Minuten

1. Porree putzen, die Stangen längs halbieren, gründlich waschen, abtropfen lassen und in feine Streifen schneiden.

2. Speiseöl in einem großen Topf erhitzen. Gehacktes darin unter Rühren anbraten. Dabei die Fleischklümpchen mit einer Gabel zerdrücken. Mit Salz und Pfeffer würzen.

3. Porreestreifen hinzufügen und kurz mit andünsten. Fleischbrühe hinzugießen, zum Kochen bringen und anschließend zugedeckt etwa 15 Minuten bei mittlerer Hitze garen.

4. Die Champignonscheiben in einem Sieb abtropfen lassen und hinzufügen. Schmelzkäse unterrühren und in der heißen Suppe unter Rühren schmelzen lassen (nicht mehr kochen). Die Suppe mit Salz und Pfeffer abschmecken.

Käsesuppe mit Beilagen | Mit Alkohol

12 Portionen

Pro Portion:
E: 20 g, F: 34 g, Kh: 18 g, kJ: 2136, kcal: 510

Für die Suppe:

100 g	*durchwachsener, geräucherter Speck*
1 EL	*Speiseöl*
50 g	*Weizenmehl*
1 TL	*Senfkörner*
1 TL	*gerebelter Thymian*
½ TL	*gemahlener Kümmelsamen*
½ TL	*Paprikapulver edelsüß*
500 ml (½ l)	*Weißwein*
2 l	*Gemüsebrühe*
250 g	*frisch geriebener Appenzeller-Käse*
250 g	*frisch geriebener Gouda-Käse*
2 EL	*Speisestärke*
1 l	*Milch*
	frisch gemahlener Pfeffer

Für die Beilagen:

500 g	*Möhren*
125 ml (⅛ l)	*Gemüsebrühe*
	Salz
8 Scheiben	*Toastbrot*
60 g	*Butter*
300 g	*Fleischwurst*
2 Bund	*Schnittlauch*
2 Bund	*Petersilie*

Zubereitungszeit: 45 Minuten, ohne Abkühlzeit
Garzeit Suppe: etwa 10 Minuten

1. Für die Suppe Speck in feine Streifen schneiden. Speiseöl in einem großen Topf erhitzen. Speckstreifen darin unter Wenden bei mittlerer Hitze anbraten. Mehl, Senfkörner, Thymian, Kümmelsamen und Paprika hinzufügen. Die Zutaten unter Rühren kurz andünsten.

2. Den Wein hinzugießen und mit einem Schneebesen durchschlagen. Dabei darauf achten, dass keine Klümpchen entstehen. Gemüsebrühe unterrühren und aufkochen lassen.

3. Beide Käsesorten nach und nach hinzufügen und unter Rühren in der Weinbrühe schmelzen lassen.

4. Speisestärke mit etwas Milch anrühren. Restliche Milch mit der angerührten Speisestärke in die Suppe rühren und unter Rühren aufkochen lassen. Die Suppe etwa 10 Minuten bei schwacher Hitze kochen lassen, dabei ab und zu umrühren. Mit Pfeffer abschmecken.

5. Für die Beilagen Möhren putzen, schälen, abspülen, abtropfen lassen und der Länge nach halbieren. Möhrenhälften in Scheiben schneiden. Brühe in einem kleinen Topf zum Kochen bringen. Möhrenscheiben hinzugeben, wieder zum Kochen bringen und zugedeckt etwa 8 Minuten garen. Mit etwas Salz würzen. Die Möhrenscheiben ohne Deckel weiterkochen, bis die Brühe verdampft ist. Abkühlen lassen.

6. Toastbrotscheiben entrinden und in Würfel schneiden. Jeweils die Hälfte der Butter in einer Pfanne zerlassen. Die Brotwürfel darin in 2 Portionen von allen Seiten goldbraun rösten. Die Brotwürfel herausnehmen und abkühlen lassen.

7. Von der Fleischwurst die Pelle abziehen. Fleischwurst in dünne Scheiben schneiden. Schnittlauch und Petersilie abspülen, trocken tupfen. Schnittlauch in Röllchen schneiden. Die Petersilienblättchen von den Stängeln zupfen. Blättchen klein schneiden. Die einzelnen Beilagen in Schälchen anrichten und zu der Suppe servieren.

Käsesuppe mit Croûtons

Klassisch – preiswert – für Kinder

4 Portionen

Pro Portion:
E: 14 g, F: 16 g, Kh: 24 g, kJ: 1328, kcal: 318

125 g	*mittelalter Gouda-Käse (45 % Fett)*
1	*Zwiebel*
1 EL	*Butter oder Margarine*
2–3 EL	*Weizenmehl*
500 ml (1/2 l)	*Gemüsebrühe*
500 ml (1/2 l)	*Milch*
	Salz, frisch gemahlener Pfeffer
	frisch geriebene Muskatnuss
4 Scheiben	*Toastbrot*

Zubereitungszeit: 35 Minuten
Garzeit: etwa 5 Minuten

1. Käse fein reiben. Zwiebel abziehen und in kleine Würfel schneiden. Die Butter oder Margarine in einem Topf zerlassen. Die Zwiebelwürfel darin andünsten.

2. Das Mehl darüberstäuben und unter Rühren etwa 1 Minute erhitzen, bis es hellgelb ist. Brühe und Milch hinzugießen und mit einem Schneebesen durchschlagen. Dabei darauf achten, dass keine Klümpchen entstehen. Alles mit Salz, Pfeffer und Muskat würzen. Die Zutaten unter Rühren zum Kochen bringen und etwa 5 Minuten unter gelegentlichem Rühren bei schwacher Hitze kochen lassen.

3. In der Zwischenzeit Toastbrotscheiben in einem Toaster rösten und abkühlen lassen. Die Rinde abschneiden. Toastbrotscheiben in kleine Würfel schneiden und beiseitelegen.

4. Käse (bis auf 1 Esslöffel zum Garnieren) unter Rühren in der heißen (nicht kochenden!) Suppe schmelzen. Die Käsesuppe mit Salz, Pfeffer und Muskat abschmecken und in Tellern verteilen. Mit Croûtons und restlichem Käse bestreut servieren.

Tipps: Statt Gouda- können Sie auch Emmentaler-Käse verwenden. Je feiner Sie den Käse reiben, desto schneller löst er sich, ohne zu klumpen, in der Suppe auf.

Kerbelsuppe | Vegetarisch – schnell

4 Portionen

Pro Portion:
E: 3 g, F: 34 g, Kh: 3 g, kJ: 1421, kcal: 339

750 ml (3/4 l) Gemüsebrühe
250 g Schlagsahne
4 EL frisch gehackter Kerbel
Salz
Zitronensaft
50 g Butter
2 Eigelb (Größe M)

Zubereitungszeit: 20 Minuten

1. Brühe in einem Topf zum Kochen bringen.

2. Von der Sahne 2 Esslöffel abnehmen und beiseitestellen. Die restliche Sahne mit 3 Esslöffeln Kerbel in einen hohen Rührbecher geben und mit einem Stabmixer pürieren. Die Kerbelsahne unter die Brühe rühren und erhitzen. Die Suppe mit Salz und Zitronensaft abschmecken.

3. Butter in Flöckchen unterrühren. Beiseitegestellte Sahne mit Eigelb verschlagen und vorsichtig in die Suppe rühren (legieren), nicht mehr kochen lassen.

4. Die Suppe in Suppentassen füllen und mit dem restlichen Kerbel bestreut servieren.

Kichererbseneintopf | Exotisch

4 Portionen

Pro Portion:
E: 17 g, F: 11 g, Kh: 57 g, kJ: 1724, kcal: 412

250 g getrocknete Kichererbsen
600 ml kaltes Wasser

1 l Gemüsebrühe
2 Knoblauchzehen
2 kleine Zwiebeln
1 rote Chilischote (ersatzweise 2 Msp. Sambal Oelek)
2 EL Speiseöl
1 TL Garam Masala (indisches Gewürz)
2 TL Currypulver
300 g Staudensellerie
2 Möhren
8 getrocknete Aprikosen
2 kleine Stangen Porree (Lauch)
2 EL Rosinen
Saft von
1 Orange (ersatzweise 4 EL Orangensaft)
150 g Joghurt (3,5 % Fett)
Salz

Zubereitungszeit: 20 Minuten, ohne Einweichzeit
Garzeit: etwa 60 Minuten

1. Die Kichererbsen in einem Topf mit kaltem Wasser bedeckt über Nacht quellen lassen.

2. Die gequollenen Kichererbsen abgießen, abspülen und mit der Brühe im Topf zum Kochen bringen. Anschließend zugedeckt etwa 50 Minuten bei schwacher Hitze kochen lassen, bis die Kichererbsen fast gar sind.

3. In der Zwischenzeit Knoblauch und Zwiebeln abziehen, jeweils in kleine Würfel schneiden. Chilischote halbieren, entstielen und entkernen. Schotenhälften abspülen, abtropfen lassen und in feine Streifen schneiden.

4. Speiseöl in einer Pfanne erhitzen. Knoblauch- und Zwiebelwürfel darin andünsten. Chilistreifen, Garam Masala und Curry hinzufügen, unter gelegentlichem Rühren mitdünsten lassen. Die Pfanne von der Kochstelle nehmen.

5. Staudensellerie putzen und die harten Außenfäden abziehen. Die Selleriestangen abspülen und abtropfen lassen. Möhren putzen, schälen, abspülen und abtropfen lassen. Selleriestangen und Möhren in dünne Scheiben schneiden. Sellerie- und Möhrenscheiben mit der Knoblauch-Zwiebel-Mischung in den Eintopf geben, wieder zum Kochen bringen und weitere etwa 10 Minuten kochen lassen, bis die Kichererbsen und die Gemüsezutaten gar sind.

6. Die Aprikosen in Würfel schneiden. Porree putzen, die Stangen längs halbieren, gründlich waschen und abtropfen lassen. Die Porreestangen in feine Streifen schneiden. Etwa die Hälfte der Porreestreifen in den Eintopf geben. Die restlichen Porreestreifen zum Garnieren beiseitelegen.

7. Aprikosenwürfel, Rosinen, Orangensaft und Joghurt unter den Eintopf rühren und kurz erhitzen (nicht mehr kochen lassen!). Den Eintopf nach Belieben mit etwas Salz abschmecken und in 4 Suppenschalen füllen. Die beiseitegelegten Porreestreifen in Ringe teilen. Den Eintopf mit den Porreeringen garniert servieren.

Beilage: Fladenbrot.

Tipps: Die Suppe statt mit Porreeringen mit Kresse garnieren. Dafür 1 Päckchen Gartenkresse abspülen, trocken tupfen und abschneiden. Die Suppe damit bestreuen.
Verwenden Sie, wenn es schnell gehen soll, 1 Dose Kichererbsen (Abtropfgewicht 265 g). Kichererbsen in ein Sieb geben, mit kaltem Wasser abspülen und abtropfen lassen. Kichererbsen mit 1 Liter Gemüsebrühe in einem Topf zum Kochen bringen. Dann den Eintopf wie ab Punkt 3 beschrieben weiter zubereiten.
Traditionell enthält Garam Masala Kardamom, Gewürznelke, Zimt, schwarzen Pfeffer und eventuell Muskatnuss. Oft findet man das indische Gewürz nicht bei den traditionellen Gewürzen im Supermarktregal, sondern bei den asiatischen Spezialitäten.

Variante: Mangoldeintopf (4 Portionen). Dafür 500 g Mangold putzen, gründlich waschen und abtropfen lassen. Die Blattrippen herausschneiden und in sehr feine Streifen schneiden. Mangoldblätter ebenfalls in Streifen schneiden. 1 Zwiebel abziehen und in kleine Würfel schneiden. 1 Esslöffel Sonnenblumenöl in einem Topf erhitzen. Zwiebelwürfel darin glasig dünsten. 1 Liter Gemüsebrühe hinzugießen und zum Kochen bringen. In der Zwischenzeit 300 g Süßkartoffeln oder Speisekartoffeln waschen, schälen, abspülen, abtropfen lassen und in Würfel schneiden. 2 Möhren putzen, schälen, abspülen, abtropfen lassen und in Stifte schneiden. Kartoffelwürfel und Möhrenstifte in die Brühe geben und zugedeckt etwa 10 Minuten bei schwacher Hitze kochen lassen. Dann 4 kleine Tomaten waschen, abtropfen lassen, kreuzweise einschneiden, kurz in kochendes Wasser legen und in kaltem Wasser abschrecken. Die Tomaten enthäuten, vierteln, entkernen und die Stängelansätze herausschneiden. Anschließend Tomatenviertel und Mangoldstreifen in den Eintopf geben, wieder zum Kochen bringen und zugedeckt weitere etwa 5 Minuten garen. Den Mangoldeintopf zum Schluss noch mit Salz und Pfeffer abschmecken.

Kichererbsensuppe mit Gemüse und Joghurt-Dip | Raffiniert

4 Portionen

Pro Portion:
E: 16 g, F: 14 g, Kh: 32 g, kJ: 1372, kcal: 328

Für die Suppe:
1 Zwiebel
10 g Ingwerwurzel (etwa 2 cm)
100 g Knollensellerie
150 g Möhren
200 g grüne Bohnen (ersatzweise TK-Bohnen)
1 Zucchini (150 g)
2 Dosen Kichererbsen (Abtropfgewicht je 265 g)
2 EL Speiseöl
1 geh. TL Currypulver
750 ml (3/4 l) Gemüsebrühe
Salz
frisch gemahlener Pfeffer
200 g Tomaten
1 EL Zitronensaft
2 TL Sojasauce

Für den Dip:
150 g Joghurt
150 g saure Sahne (10 % Fett)
2 EL Schnittlauchröllchen

Zubereitungszeit: 40 Minuten
Garzeit: etwa 10 Minuten

1. Für die Suppe die Zwiebel abziehen und in kleine Würfel schneiden. Ingwer schälen, abspülen, abtropfen lassen und klein würfeln.

2. Sellerie putzen, schälen, abspülen, abtropfen lassen und dann in dünne Streifen schneiden. Die Möhren putzen, schälen, abspülen, abtropfen lassen und ebenfalls in dünne Streifen schneiden.

3. Von den Bohnen die Enden abschneiden. Die Bohnen evenuell abfädeln, waschen, abtropfen lassen und in Stücke schneiden (TK-Bohnen antauen lassen und klein schneiden).

4. Die Zucchini waschen, abtrocknen und die Enden abschneiden. Zucchini längs halbieren und in dünne Scheiben schneiden.

5. Kichererbsen in ein Sieb geben, mit kaltem Wasser abspülen und abtropfen lassen.

6. Das Speiseöl in einem Topf erhitzen. Zwiebel-, Ingwerwürfel, Sellerie- und Möhrenstreifen mit Curry darin etwa 3 Minuten unter gelegentlichem Rühren andünsten.

7. Bohnenstücke, Zucchinischeiben und Kichererbsen hinzugeben. Brühe hinzugießen, mit Salz und Pfeffer würzen.

8. Die Zutaten zum Kochen bringen, zugedeckt etwa 8 Minuten bei schwacher Hitze leicht köcheln lassen.

9. In der Zwischenzeit die Tomaten kreuzweise einschneiden und kurz in kochendes Wasser legen. Anschließend in kaltem Wasser abschrecken, enthäuten und die Stängelansätze entfernen. Die Tomaten achteln, zur Suppe geben und weitere 2 Minuten köcheln lassen. Die Suppe mit Zitronensaft, Sojasauce, Salz und Pfeffer abschmecken.

10. Für den Dip Joghurt mit saurer Sahne und Schnittlauch in einer kleinen Schüssel glatt rühren und mit Salz und Pfeffer abschmecken. Joghurt-Dip zur Suppe reichen.

Tipps: Wer es etwas schärfer mag, kann die Suppe zum Schluss mit 1 Messerspitze Sambal Oelek ab--schmecken.
Die Suppe möglichst mit heller Sojasauce würzen, da diese milder im Geschmack ist.
Ingwer wird meist in 5–10 cm langen Stücken angeboten. Im Gemüsefach des Kühlschranks halten sich Ingwerwurzeln 7–10 Tage und in Folie verpackt sogar 2 Wochen. Junge, zarte und noch nicht faserige Wurzeln lassen sich nach dem Schälen leicht fein würfeln. Ältere, zähe und bereits faserige Wurzeln entweder für das Rezept geschält mitkochen und anschließend wieder entfernen oder geschält in kleinen Stücken durch die Knoblauchpresse drücken, so dass die faserigen Teile zurückbleiben.

Klare Tomatensuppe mit Polenta-Rauten | Raffiniert

4 Portionen

Pro Portion:
E: 6 g, F: 25 g, Kh: 23 g, kJ: 1486, kcal: 355

Für die Tomatensuppe:

2 mittelgroße Zwiebeln
3 Knoblauchzehen
50 ml Olivenöl
1 kg Tomaten
1 Dose geschälte Tomaten (Einwaage 800 g)
250 ml (1/4 l) Tomatensaft
Salz, frisch gemahlener Pfeffer
4 Eiweiß (Größe M)
2 mittelgroße Tomaten
1 Topf Basilikum

Für die Polenta-Rauten:

300 ml Gemüsebrühe
50 ml Milch
100 g Maisgrieß
1 Bund Schnittlauch
30 g frisch geriebener Parmesan-Käse
40 g Butter oder Margarine

Zubereitungszeit: 60 Minuten, ohne Abkühl- und Kühlzeit
Garzeit: etwa 35 Minuten

1. Für die Suppe die Zwiebeln und Knoblauch abziehen, in kleine Würfel schneiden. Das Olivenöl in einem Topf erhitzen, die Zwiebel- und Knoblauchwürfel darin andünsten.

2. Tomaten waschen, abtrocknen, halbieren und die Stängelansätze herausschneiden. Die Tomatenhälften in kleine Würfel schneiden. Zusammen mit den geschälten Tomaten und dem Tomatensaft zu den Zwiebel- und Knoblauchwürfeln in den Topf geben. Unter Rühren aufkochen lassen. Mit Salz und Pfeffer würzen. Die Suppe etwa 30 Minuten bei schwacher Hitze kochen lassen. Den Topf von der Kochstelle nehmen. Die Tomatensuppe erkalten lassen und in den Kühlschrank stellen. Eventuell Eiswürfel hinzufügen.

3. Eiweiß in die eiskalte Suppe geben, gut unterrühren und unter ständigem Rühren aufkochen lassen, die Hitze reduzieren. Die Suppe etwa 5 Minuten ohne Rühren leicht kochen lassen (das Wasser darf sich nur ganz leicht bewegen). Einen Durchschlag mit einem Leinentuch auslegen und in einen Topf hängen. Die Tomatensuppe durch das Tuch gießen.

4. Tomaten waschen, abtropfen lassen, kreuzweise einschneiden, kurz in kochendes Wasser legen und in kaltem Wasser abschrecken. Tomaten enthäuten, halbieren, entkernen und die Stängelansätze herausschneiden. Die Tomatenhälften der Länge nach in Streifen schneiden. Basilikum abspülen und trocken tupfen. Die Blättchen von den Stängeln zupfen. Die durchgesiebte Suppe erhitzen, mit Salz und Pfeffer abschmecken.

5. In der Zwischenzeit für die Polenta-Rauten Brühe mit Milch in einem Topf aufkochen. Maisgrieß unter Rühren einrieseln lassen und nach Packungsanleitung ausquellen lassen, mit Salz und Pfeffer würzen.

6. Den Schnittlauch abspülen, trocken tupfen und in kleine Röllchen schneiden. Schnittlauchröllchen und Parmesan-Käse unter die Grießmasse rühren. Die Polentamasse etwa 1 cm dick auf eine mit Speiseöl bestrichene Platte streichen. Polentamasse erkalten lassen und in Rauten schneiden.

7. Butter oder Margarine in einer Pfanne zerlassen. Die Polenta-Rauten darin von beiden Seiten goldbraun braten, herausnehmen und in die heiße Suppe geben. Die Suppe mit Tomatenstreifen, Basilikumblättchen und Polentarauten als Einlage servieren.

Kohlrabi-Apfel-Suppe | Für Kinder

4 Portionen

Pro Portion:
E: 5 g, F: 29 g, Kh: 18 g, kJ: 1491, kcal: 356

2 Kohlrabi (je etwa 350 g)
1 Apfel, z. B. Cox Orange
4 Scheiben Toastbrot
40 g Butter
1 Topf Kerbel
750 ml (3/4 l) Gemüsebrühe
250 g Schlagsahne
Salz, frisch gemahlener Pfeffer

Zubereitungszeit: 30 Minuten
Dämpfzeit: 15–20 Minuten

1. Die Kohlrabi putzen, schälen, abspülen, abtropfen lassen und in gleich große Stücke schneiden. Wasser in einem Topf (mit Dämpfeinsatz, Ø etwa 24 cm) zum Kochen bringen. Kohlrabistücke in den Dämpfeinsatz geben. Den Dämpfeinsatz in den Topf hängen und die Kohlrabistücke zugedeckt 15–20 Minuten dämpfen.

2. Apfel schälen, vierteln und entkernen. Apfelviertel in Stücke schneiden. Nach etwa 10 Minuten Dämpfzeit die Apfelstücke zu den Kohlrabistücken in den Dämpfeinsatz geben und in weiteren 5–10 Minuten gar dämpfen.

3. Toastbrotscheiben entrinden und in kleine Würfel schneiden. Die Butter in einer Pfanne zerlassen. Dann die Toastbrotwürfel darin von allen Seiten hellbraun rösten.

4. Den Kerbel abspülen und trocken tupfen. Die Blättchen von den Stängeln zupfen. Einige Blättchen zum Garnieren beiseitelegen. Restliche Blättchen klein schneiden.

5. Gemüsebrühe in einem hohen Topf zum Kochen bringen. Kohlrabi-, Apfelstücke und Sahne hinzufügen. Die Zutaten mit einem Stabmixer pürieren. Die Suppe unter Rühren aufkochen lassen. Mit Salz und Pfeffer abschmecken.

6. Kohlrabi-Apfel-Suppe mit Croûtons und den beiseitegelegten Kerbelblättchen garniert servieren.

Kohlrabi-Apfel-Suppe mit Lachs

Für Gäste

4 Portionen

Pro Portion:
E: 13 g, F: 29 g, Kh: 17 g, kJ: 1609, kcal: 385

3 Kohlrabi (etwa 600 g)
2 Äpfel (etwa 300 g), z. B. Elstar
3 Schalotten
1 l Geflügelbrühe
2 TL geriebener Meerrettich (aus dem Glas)
300 g Schlagsahne
Salz, frisch gemahlener Pfeffer
evtl. etwas Zitronensaft
½ Bund Zitronenmelisse
8 Scheiben Räucherlachs

Zubereitungszeit: 35 Minuten
Garzeit: etwa 75 Minuten

1. Kohlrabi putzen, schälen, abspülen und abtropfen lassen. Die Kohlrabi zuerst in dicke Scheiben, dann in große Würfel schneiden. Die Äpfel schälen, vierteln und entkernen. Apfelviertel ebenfalls in große Würfel schneiden. Schalotten abziehen und in feine Streifen schneiden.

2. Die Kohlrabi-, Apfelwürfel und Schalottenstreifen in einen gewässerten Römertopf® (4-Liter-Inhalt) geben. Die Brühe hinzugießen.

3. Den Römertopf® mit dem Deckel verschließen und auf dem Rost in den kalten Backofen schieben.
Ober-/Unterhitze: etwa 200 °C
Heißluft: etwa 180 °C

4. Nach etwa 60 Minuten Garzeit Meerrettich und Sahne unter die Suppe rühren. Den Römertopf® wieder mit dem Deckel verschließen. Die Suppe weitere etwa 15 Minuten garen.

5. Die gare Suppe in eine hohe Rührschüssel füllen, mit einem Stabmixer fein pürieren und anschließend durch ein Haarsieb passieren. Mit Salz, Pfeffer und eventuell etwas Zitronensaft abschmecken.

6. Melisse abspülen und trocken tupfen. Die Blättchen von den Stängeln zupfen. Lachsscheiben in Streifen schneiden. Die Kohlrabi-Apfel-Suppe mit Lachsstreifen und Melisseblättchen garniert servieren.

Kohlrabitopf mit Bratwurstklößchen | Für Kinder

8–10 Portionen

Pro Portion:
E: 13 g, F: 30 g, Kh: 11 g, kJ: 1540, kcal: 368

1 kg Kohlrabi
50 g Butter
2 l Gemüsebrühe
250 g Schlagsahne
1 Pck. Kartoffelpüreepulver (für 3 Portionen)
4 grobe, ungebrühte Bratwürste (je etwa 100 g)
Salz, frisch gemahlener Pfeffer
etwas Currypulver
2 EL glatte Petersilienstreifen

Zubereitungszeit: 55 Minuten
Garzeit: etwa 25 Minuten

1. Kohlrabi putzen, schälen, abspülen, abtropfen lassen und halbieren. Kohlrabi zuerst in Scheiben, dann in Streifen schneiden.

2. Butter in einem großen Topf zerlassen. Kohlrabistreifen darin andünsten. Gemüsebrühe und Sahne hinzufügen, zum Kochen bringen. Die Suppe etwa 15 Minuten bei schwacher Hitze unter gelegentlichem Rühren kochen lassen. Kartoffelpüreepulver unterrühren.

3. Die Bratwurstmasse portionsweise aus der Haut drücken. Aus der Masse kleine Klößchen formen und ebenfalls in die Suppe geben.

4. Die Klößchen etwa 10 Minuten in der Suppe bei schwacher Hitze gar ziehen lassen.

5. Den Kohlrabitopf mit Salz, Pfeffer und Curry abschmecken und anschließend mit Petersilie bestreut servieren.

Kokossuppe mit Huhn und Koriander | Exotisch – schnell

4 Portionen

Pro Portion:
E: 32 g, F: 22 g, Kh: 4 g, kJ: 1427, kcal: 344

500 ml (1/2 l)	*Hühnerbrühe*
500 ml (1/2 l)	*Kokosmilch*
1	*rote Chilischote*
	Saft von
1/2	*Limette*
2	*Hühnerbrüste (ohne Haut und Knochen, etwa 600 g)*
4	*Limettenblättchen*
	Salz
	frisch gemahlener Pfeffer
1/2 Bund	*Koriander*

Zubereitungszeit: 20 Minuten
Garzeit: etwa 10 Minuten

1. Hühnerbrühe und Kokosmilch in einen Wok geben und aufkochen lassen. Chilischote halbieren, entstielen und entkernen. Schotenhälften waschen, trocken tupfen und in feine Ringe schneiden. Limettensaft und Chiliringe zu der Kokosbrühe in den Wok geben.

2. Die Hühnerbrüste unter fließendem kalten Wasser abspülen, mit Küchenpapier trocken tupfen, quer in dünne Scheiben schneiden und etwa 10 Minuten in der Suppe bei schwacher Hitze gar ziehen lassen. Die Limettenblättchen abspülen, trocken tupfen und unter die Suppe rühren. Mit Salz und Pfeffer abschmecken.

3. Koriander abspülen und trocken tupfen. Die Blättchen von den Stängeln zupfen (einige Blättchen zum Garnieren beiseitelegen). Blättchen klein schneiden und in die Suppe geben. Die Suppe mit den beiseitegelegten Korianderblättchen garnieren.

Tipp: Die Suppe eignet sich für 4 Personen als Vorspeise oder für 2 Personen als Hauptspeise.

Korianderschaumsüppchen mit Garnelen | Für Gäste

4 Portionen

Pro Portion:
E: 24 g, F: 26 g, Kh: 23 g, kJ: 1802, kcal: 433

400 g Kartoffeln
175 g Bambussprossen (aus der Dose)
2 milde Chilischoten (etwa 80 g)
200 g Sojabohnensprossen
3 Frühlingszwiebeln
1 Möhre (etwa 100 g)
2 EL Olivenöl
1 l Geflügelfond oder -brühe
2 Bund Koriander
4 EL Sojasauce
Salz, frisch gemahlener Pfeffer
1 Dose Kokosmilch (400 ml)

8 frische Garnelen (etwa 250 g)
2 EL Olivenöl
kleine, vorbereitete Korianderstängel

Außerdem:
4 Holzspieße oder
4 Stängel Zitronengras

Zubereitungszeit: 40 Minuten
Garzeit: etwa 25 Minuten

1. Kartoffeln waschen, schälen, abspülen, abtropfen lassen und in kleine Würfel schneiden. Bambussprossen in einem Sieb abtropfen lassen. Die Chilischoten abspülen, trocken tupfen und sehr klein schneiden, eventuell entkernen. Sojabohnensprossen in ein Sieb geben, mit kaltem Wasser abspülen und abtropfen lassen. Frühlingszwiebeln putzen, waschen, abtropfen lassen und in kleine Würfel schneiden. Möhre putzen, schälen, abspülen, abtropfen lassen und ebenfalls in kleine Würfel schneiden.

2. Jeweils etwas Olivenöl in einem Topf erhitzen. Die vorbereiteten Zutaten darin portionsweise andünsten. Alle gedünsteten Zutaten wieder in den Topf geben. Geflügelfond oder -brühe hinzugießen, zum Kochen bringen und zugedeckt etwa 25 Minuten bei schwacher Hitze leicht kochen lassen.

3. Koriander abspülen und trocken tupfen. Die Blättchen von den Stängeln zupfen. Blättchen grob zerkleinern und in die Suppe rühren. Mit Sojasauce, Salz und Pfeffer würzen. Die Suppe mit einem Stabmixer pürieren. Kokosmilch unterrühren. Nochmals mit den Gewürzen abschmecken.

4. Garnelen schälen, vom Rücken her den Darm entfernen. Garnelen kurz unter fließendem kalten Wasser abspülen und trocken tupfen. Dann mit Salz und Pfeffer würzen. Das Olivenöl in einer Pfanne erhitzen. Die Garnelen darin von beiden Seiten etwa 8 Minuten braten, herausnehmen und auf Holzspieße oder auf dünne Zitronengrasstängel spießen (je Spieß 2 Garnelen).

5. Die fertige Suppe eventuell nochmals erhitzen, mit dem Pürierstab aufschäumen und in Suppentassen anrichten. Garnelenspieße jeweils auf den Tassenrand legen und mit frischen Korianderblättchen garnieren.

Tipps: Zusätzlich können auch kleine, gebratene Geflügelmedaillons in die Suppe gegeben werden. Leicht angeschlagene Sahne macht die Suppe noch cremiger.

Kräuter-Pilz-Suppe | Vegetarisch

4 Portionen

Pro Portion:
E: 6 g, F: 6 g, Kh: 3 g, kJ: 387, kcal: 93

1 Zwiebel
1 Knoblauchzehe
3 Stangen Staudensellerie (etwa 200 g)
300 g Champignons
200 g Austernpilze
1 Bund Petersilie
2 EL Olivenöl
800 ml Gemüsebrühe
1 TL gerebelter Thymian
Salz, frisch gemahlener Pfeffer
Cayennepfeffer
1–2 EL Zitronensaft
evtl. 4 EL Joghurt

Zubereitungszeit: 40 Minuten
Garzeit: etwa 10 Minuten

1. Zwiebel und Knoblauch abziehen, in kleine Würfel schneiden. Den Staudensellerie putzen und die harten Außenfäden abziehen. Selleriestangen waschen, abtropfen lassen und in feine Scheiben schneiden.

2. Die Pilze putzen, mit Küchenpapier abreiben, eventuell abspülen und trocken tupfen. Champignons in Scheiben und Austernpilze in Streifen schneiden. Die Petersilie abspülen und trocken tupfen. Die Blättchen von den Stängeln zupfen. Blättchen klein schneiden und beiseitelegen.

3. Das Olivenöl in einem Topf erhitzen. Die Zwiebel-, Knoblauchwürfel und Sellerieschieben darin etwa 3 Minuten unter gelegentlichem Rühren andünsten. Champignonscheiben und Austernpilzstreifen hinzugeben, unter Rühren weitere etwa 3 Minuten dünsten.

4. Die Brühe hinzugießen. Beiseitegelegte Petersilie unterrühren. Mit Thymian, Salz und Pfeffer würzen. Die Zutaten zum Kochen bringen und zugedeckt etwa 10 Minuten bei schwacher Hitze leicht köcheln lassen.

5. Die Kräuter-Pilz-Suppe mit Cayennepfeffer und Zitronensaft abschmecken. Die Suppe in 4 Schalen verteilen und nach Belieben je 1 Esslöffel Joghurt daraufgeben.

Kräutersuppe | Für Gäste

4 Portionen

Pro Portion:
E: 2 g, F: 14 g, Kh: 3 g, kJ: 607, kcal: 146

1 kleines	
Bund	*Rucola (Rauke, etwa 50 g)*
je 1 kleines	
Bund	*Kerbel, Basilikum und Petersilie*
1 Kästchen	*Kresse*
2	*Schalotten oder 1 Zwiebel*
1 EL	*Butter*
	Salz, frisch gemahlener Pfeffer
400 ml	*Gemüsebrühe*
125 g	*Schlagsahne oder*
	Crème fraîche
	frisch geriebene Muskatnuss

Zubereitungszeit: 40 Minuten
Garzeit: etwa 15 Minuten

1. Rucola und die Kräuter waschen, trocken tupfen. Die Kerbel-, Basilikum- und Petersilienblättchen von den Stängeln zupfen. Kerbel- und Petersilienstängel klein hacken (Basilikumstängel nicht verwenden, sie sind häufig holzig).

2. Die Kresse abspülen, trocken tupfen und (bis auf einen kleinen Rest zum Garnieren) mit einer Schere abschneiden. Schalotten oder Zwiebel abziehen und in kleine Würfel schneiden.

3. Butter in einem Topf zerlassen. Gehackte Stängel und Schalotten- oder Zwiebelwürfel darin andünsten. Mit Salz und Pfeffer würzen. Brühe hinzugießen, zum Kochen bringen und etwa 15 Minuten bei schwacher Hitze leicht kochen lassen.

4. Die abgezupften Kräuterblättchen klein schneiden. Den Rucola in Streifen schneiden. Kräuter und Rucolastreifen in die Suppe geben, mit einem Stabmixer gut pürieren und anschließend durch ein Sieb gießen. Die Sahne oder die Crème fraîche unterrühren. Die Suppe kurz erwärmen, aber nicht mehr kochen lassen.

5. Die Suppe mit Salz, Pfeffer und Muskat abschmecken, in Suppentassen oder -teller füllen und mit der restlichen Kresse garnieren.

Tipps: Rucola wird im Handel inzwischen ganzjährig angeboten. Der Geschmack der jungen Blätter ist angenehm kräftig bis scharf. Rucola kann roh in Salaten oder warm als Gemüse (Suppen, Füllungen) verwendet werden.

Krebsschwanzsuppe „Royal“ I

Für Gäste

6 Portionen

Pro Portion:
E: 7 g, F: 12 g, Kh: 5 g, kJ: 688, kcal: 164

500 g	*Krebse (etwa 5 Krebse)*
1 ½ l	*Wasser*
2 gestr. TL	*Salz*
75 g	*Butter*
30 g	*Weizenmehl*
1 l	*Fischfond oder -brühe*
	Salz, frisch gemahlener Pfeffer
	Paprikapulver edelsüß
	frisch geriebene Muskatnuss
2 EL	*kaltes Wasser*
	Krebssuppen-Extrakt
1 Prise	*Zucker*
3 EL	*Crème fraîche*
einige	*Dillstängel*

Zubereitungszeit: 40 Minuten, ohne Abkühlzeit
Garzeit: etwa 20 Minuten

1. Krebse gründlich unter fließendem kalten Wasser abbürsten. Wasser mit Salz in einem großen, breiten Topf zum Kochen bringen. Die Krebse mit dem Kopf zuerst hineingeben und zum Kochen bringen. Krebse etwa 10 Minuten gar ziehen lassen (dabei färben sich die Krebse rot). Das Wasser abgießen und die Krebse erkalten lassen.

2. Die Scheren am Körper abbrechen und die Krebsschalen in kleine Stücke brechen. Das Fleisch in kleine Stücke schneiden.

3. Butter in einem Topf zerlassen. Die Krebsschalen darin etwa 5 Minuten dünsten. Mehl hinzufügen und unter Rühren so lange erhitzen, bis es hellgelb ist.

4. Fischfond oder -brühe gut unterrühren. Darauf achten, dass keine Klümpchen entstehen. Fischfond oder -brühe unter Rühren zum Kochen bringen und etwa 20 Minuten kochen lassen. Mit Salz, Pfeffer, Paprika und Muskat abschmecken. Die Suppe durch ein feines Sieb in einen Topf gießen, wieder zum Kochen bringen.

5. Die Suppe mit Krebssuppen-Extrakt und Zucker abschmecken. Das Krebsfleisch in die Suppe geben und erhitzen.

6. Die Suppe in 6 vorgewärmten Suppentellern anrichten. Jeweils ½ Esslöffel Crème fraîche und je 1 abgespülten und trocken getupften Dillstängel in jeden Suppenteller geben.

Krenfleisch mit Möhren | Deftig

4 Portionen

Pro Portion:
E: 22 g, F: 39 g, Kh: 44 g, kJ: 2618, kcal: 626

2	Zwiebeln
2 Bund	Möhren
1 Bund	gelbe Möhren
1 Bund	Mairübchen
1 Bund	Radieschen
3	große, festkochende Kartoffeln
2 EL	Butter
	Salz, frisch gemahlener Pfeffer
600 g	Pökelrippchen
250 g	Schlagsahne
1 kleines Glas	tafelfertiger Meerrettich (48 g)
etwas	Speisestärke
	Saft von
1	Zitrone
1 Bund	Petersilie

Zubereitungszeit: 30 Minuten
Garzeit: etwa 30 Minuten

1. Die Zwiebeln abziehen und in kleine Würfel schneiden. Die Möhren putzen, schälen, abspülen, abtropfen lassen und in etwa 1 cm dicke Scheiben schneiden. Mairübchen waschen, schälen, abspülen, abtropfen lassen. Die Mairübchen je nach Größe halbieren oder vierteln. Radieschen putzen, waschen, trocken tupfen und eventuell halbieren.

2. Kartoffeln waschen, schälen, abspülen, abtropfen lassen und in etwa 2 cm große Würfel schneiden.

3. Die Butter in einem Topf zerlassen. Zwiebelwürfel darin andünsten. Möhrenscheiben, Mairübchen und Kartoffelwürfel portionsweise hinzugeben und mit andünsten. Mit Salz und Pfeffer würzen. So viel Wasser hinzugießen, dass die Gemüsezutaten bedeckt sind. Rippchen darauflegen. Die Zutaten zum Kochen bringen und etwa 30 Minuten bei mittlerer Hitze garen.

4. Die Rippchen aus dem Gemüsetopf nehmen. Dann Sahne und Meerrettich unter den Gemüsetopf rühren. Speisestärke mit etwas Wasser anrühren, in den Gemüsetopf rühren und unter Rühren aufkochen lassen. Den Gemüsetopf leicht binden. Mit Salz, Pfeffer und Zitronensaft abschmecken.

5. Petersilie abspülen und trocken tupfen. Die Blättchen von den Stängeln zupfen. Die Blättchen klein schneiden. Die Rippchen in Stücke schneiden. Das Krenfleisch mit Petersilie bestreut servieren.

Kreolischer Seafoodgumbo I

Etwas teurer – für Gäste

4–6 Portionen

Pro Portion:
E: 34 g, F: 8 g, Kh: 18 g, kJ: 1206, kcal: 289

1 Gemüsezwiebel
2 Knoblauchzehen
2 gelbe Paprikaschoten
2 Stangen Staudensellerie
3 große Tomaten
2–3 EL Speiseöl
1 Dose geschälte Tomaten (Einwaage 500 g)
1 1/2 l Krustentierfond
2 Lorbeerblätter
Salz
frisch gemahlener Pfeffer
1 Msp. weißer Pfeffer
1 Msp. Cayennepfeffer
1 TL gerebelter Thymian
500 g Okraschoten
200 g gewürfelter Seelachs
200 g gewürfelter Steinbeißer
200 g Venusmuschelfleisch
200 g kleine, geschälte Garnelen

Zubereitungszeit: 45 Minuten
Garzeit: etwa 30 Minuten

1. Zwiebel und Knoblauch abziehen. Dann die Zwiebel halbieren, mit dem Knoblauch in Würfel schneiden. Paprikaschoten halbieren, entstielen, entkernen und die weißen Scheidewände entfernen. Die Schotenhälften waschen, abtropfen lassen und in grobe Würfel schneiden. Den Staudensellerie putzen und die harten Außenfäden abziehen. Selleriestangen waschen, abtropfen lassen und in Scheiben schneiden. Tomaten waschen, abtropfen lassen, halbieren und die Stängelansätze herausschneiden. Tomatenhälften grob zerkleinern.

2. Speiseöl in einem großen Topf erhitzen. Zwiebel- und Knoblauchwürfel darin andünsten. Paprikawürfel, Selleriescheiben und Tomatenstücke portionsweise hinzugeben und kurz mitdünsten lassen.

3. Geschälte Tomaten, den Fond und Lorbeerblätter hinzugeben. Mit Salz, Pfeffer, Cayennepfeffer und Thymian würzen. Die Zutaten zum Kochen bringen und etwa 5 Minuten bei mittlerer Hitze (ohne Deckel) garen.

4. In der Zwischenzeit die Okraschoten putzen, waschen, abtropfen lassen und in Scheiben schneiden. Die Okraschotenscheiben in den Eintopf geben und weitere etwa 20 Minuten bei mittlerer Hitze (ohne Deckel) garen.

5. Fisch und Meeresfrüchte eventuell kurz abspülen, trocken tupfen und in den Eintopf geben. Fisch und Meeresfrüchte langsam in etwa 10 Minuten bei schwacher Hitze gar ziehen lassen. Lorbeerblätter entfernen.

Beilage: Langkornreis.

Kürbiseintopf mit roten Linsen I

Einfach

4 Portionen

Pro Portion:
E: 18 g, F: 25 g, Kh: 33 g, kJ: 1807, kcal: 432

3 Zwiebeln (etwa 150 g)
2 Knoblauchzehen
500 g Kürbis
200 g Staudensellerie
450 g Kartoffeln
4 EL Kürbiskernöl
Salz
frisch gemahlener Pfeffer
1 l Gemüsebrühe
100 g rote Linsen
1 Bund Zitronenthymian
200 g Wiener Würstchen

evtl. geröstete Kürbiskerne oder Sonnenblumenkerne

Zubereitungszeit: 35 Minuten
Garzeit: 30–35 Minuten

1. Zwiebeln und Knoblauch abziehen, in kleine Würfel schneiden. Kürbis schälen, halbieren und die Kerne mit einem Löffel herauskratzen. Kürbisfruchtfleisch in Stücke schneiden. Den Staudensellerie putzen und die harten Außenfäden abziehen. Die Selleriestangen waschen, abtropfen lassen und in Stücke schneiden. Kartoffeln waschen, schälen, abspülen, abtropfen lassen und würfeln.

2. Zwei Esslöffel des Kürbiskernöls in einem großen Topf erhitzen. Zwiebel- und Knoblauchwürfel darin andünsten. Kürbis-, Selleriestücke und Kartoffelwürfel portionsweise hinzugeben und mit andünsten. Mit Salz und Pfeffer würzen. Die Brühe hinzugießen und zum Kochen bringen. Das Gemüse zugedeckt 20–25 Minuten bei mittlerer Hitze kochen lassen.

3. Rote Linsen in ein Sieb geben, mit kaltem Wasser abspülen und abtropfen lassen. Den Zitronenthymian abspülen und trocken tupfen. Die Blättchen von den Stängeln zupfen. Würstchen in Scheiben schneiden.

4. Nach 20–25 Minuten Garzeit die Linsen, Zitronenthymian und Würstchenscheiben hinzugeben. Den Eintopf zugedeckt weitere etwa 10 Minuten garen. Den Eintopf nochmals mit Salz und Pfeffer abschmecken.

5. Den Eintopf in 4 Suppentellern verteilen und mit dem restlichen Kürbiskernöl beträufeln. Nach Belieben mit Kürbiskernen oder Sonnenblumenkernen bestreuen.

Tipp: Wenn Sie keinen Zitronenthymian bekommen, können Sie ersatzweise auch 1 Bund Thymian und 1 Teelöffel abgeriebene Zitronenschale von 1 Bio-Zitrone (unbehandelt, ungewachst) verwenden.

Kürbis-Möhren-Suppe mit Chili und Koriander | Preiswert

4 Portionen

Pro Portion:
E: 3 g, F: 25 g, Kh: 7 g, kJ: 1110, kcal: 265

300 g rotfleischiger Kürbis, z. B. Muskatkürbis
200 g Möhren
100 g rote Zwiebeln
2 kleine, rote Chilischoten
2 Knoblauchzehen
Salz
1 ½ l Geflügelbrühe

Für das Korianderöl:
1 Bund Koriander
100 ml Sonnenblumenkernöl

Zubereitungszeit: 35 Minuten
Garzeit: etwa 60 Minuten

1. Den Kürbis schälen und halbieren. Die Kerne mit einem Löffel herauskratzen. Das Kürbisfleisch in große Würfel schneiden. Möhren putzen, schälen, abspülen, abtropfen lassen und ebenfalls in Würfel schneiden. Zwiebeln abziehen und klein würfeln. Chilischoten abspülen, abtrocknen, halbieren, entkernen und in feine Ringe schneiden. Knoblauch abziehen und durch eine Knoblauchpresse drücken.

2. Kürbis-, Möhren-, Zwiebelwürfel, Chiliringe und den Knoblauch in einen gewässerten Römertopf® (4-Liter-Inhalt) geben und gut vermengen. Mit Salz würzen. Die Brühe hinzugießen.

3. Den Römertopf® mit dem Deckel verschließen und auf dem Rost in den kalten Backofen schieben.
Ober-/Unterhitze: etwa 200 °C
Heißluft: etwa 180 °C

4. In der Zwischenzeit für das Korianderöl Koriander abspülen und trocken tupfen. Die Blättchen von den Stängeln zupfen. Blättchen klein schneiden und in einen Becher geben. Die Hälfte des Sonnenblumenöls und 1 Prise Salz hinzufügen. Die Zutaten fein pürieren. Restliches Sonnenblumenöl hinzugeben, nochmals pürieren.

5. Nach etwa 60 Minuten Garzeit die Kürbis-Möhren-Suppe in eine hohe Rührschüssel geben und mit einem Stabmixer pürieren. Mit Salz abschmecken und in 4 Tellern verteilen.

6. Dann die Kürbis-Möhren-Suppe jeweils mit 1 Klecks Korianderöl garnieren und sofort servieren.

Tipps: Anstelle des Korianderöls können Sie auch fertiges Kürbiskernöl verwenden. Wer keinen Koriander mag, kann auch auf Minze zurückgreifen. Wenn Sie die Suppe etwas sämiger mögen, dann garen Sie 300 g Kartoffelwürfel mit.

Kürbissuppe | Klassisch – preiswert

4 Portionen

Pro Portion:
E: 3 g, F: 9 g, Kh: 8 g, kJ: 522, kcal: 125

750 g Kürbis, z. B. Hokkaido
1 Zwiebel
40 g Butter oder Margarine
750 ml (3/4 l) Gemüsebrühe
Salz
frisch gemahlener Pfeffer
frisch geriebene Muskatnuss
1/2 TL Zucker
Weißweinessig

1 EL Schnittlauchröllchen

Zubereitungszeit: 25 Minuten
Garzeit: etwa 20 Minuten

1. Kürbis schälen, halbieren und die Kerne mit einem Löffel herauskratzen. Das Kürbisfruchtfleisch in kleine Würfel schneiden. Zwiebel abziehen und klein würfeln.

2. Die Butter oder Margarine in einem Topf zerlassen. Zwiebel- und Kürbiswürfel darin andünsten. Die Brühe hinzugießen und zum Kochen bringen. Die Suppe zugedeckt etwa 20 Minuten bei schwacher Hitze kochen lassen.

3. Die Suppe pürieren oder durch ein Sieb streichen. Dann mit Salz, Pfeffer, Muskat, Zucker und Essig abschmecken. Die Kürbissuppe mit Schnittlauchröllchen bestreut servieren.

Tipps: Geben Sie nach Belieben 1/2 abgezogene, zerdrückte Knoblauchzehe in die Suppe. Dann die Suppe nochmals kurz erhitzen.
Erwärmen Sie zusätzlich 1 Paar in Scheiben geschnittene Wiener Würstchen in der Suppe.

Kürbissuppe mit Blutwurst

Raffiniert – für Gäste

4 Portionen

Pro Portion:
E: 9 g, F: 44 g, Kh: 18 g, kJ: 2148, kcal: 514

750 g	*Kürbis, z. B. Hokkaido*
1	*Zwiebel*
40 g	*Butter oder Margarine*
500 ml (1/2 l)	*Gemüsebrühe*
200 ml	*Orangensaft*
3–4 Stängel	*Thymian*
100 g	*geräucherter Speck, im Stück*
2	*Sternanis*
200 g	*Schlagsahne*
	Salz, frisch gemahlener Pfeffer
1–2 EL	*Currypulver*
etwas	*gemahlener Kreuzkümmel*
1	*geräucherte, feste Blutwurst (Ø etwa 5 cm, etwa 100 g)*
	Weizenmehl
etwas	*Olivenöl*
60 g	*abgezogene Haselnusskerne*
1 EL	*Schnittlauchröllchen*

Zubereitungszeit: 40 Minuten
Garzeit: etwa 20 Minuten

1. Den Kürbis schälen, halbieren und die Kerne mit einem Löffel herauskratzen. Das Kürbisfleisch in kleine Würfel schneiden. Zwiebel abziehen und ebenfalls in kleine Würfel schneiden.

2. Die Butter oder Margarine in einem Topf zerlassen. Zwiebel- und Kürbiswürfel darin andünsten. Die Brühe und Orangensaft hinzugießen.

3. Den Thymian abspülen und trocken tupfen. Speck, Sternanis und Thymian in die Brühe geben, dann zum Kochen bringen und etwa 20 Minuten kochen lassen.

4. Speck, Sternanis und Thymian mit einer Schaumkelle aus der Suppe nehmen. Die Suppe pürieren oder durch ein Sieb streichen.

5. Sahne hinzugießen und nochmals kurz erwärmen. Die Suppe mit Salz, Pfeffer, Curry und Kreuzkümmel abschmecken.

6. Von der Blutwurst den Darm abziehen. Blutwurst in etwa 1 cm dicke Scheiben schneiden und in Mehl wälzen.

7. Olivenöl in einer großen Pfanne erhitzen. Blutwurstscheiben darin von beiden Seiten kurz anbraten. Dann Haselnusskerne hinzufügen und kurz mitbraten lassen. Die Suppe mit Schnittlauchröllchen bestreuen und mit Blutwurstscheiben und Haselnusskernen servieren.

Kürbissuppe mit Haselnussklößchen | Für Gäste

4 Portionen

Pro Portion:
E: 10 g, F: 44 g, Kh: 19 g, kJ: 2192, kcal: 522

Für die Kürbissuppe:

850 g Kürbis, z. B. Hokkaido
2 Zwiebeln
50 g Butter
500 ml (1/2 l) Gemüsebrühe

Für die Haselnussklößchen:

125 g Schlagsahne
1 Prise Salz
5 EL gemahlene Haselnusskerne
3 EL Hartweizengrieß
1 Ei (Größe M)
Salz

1 Becher (150 g) Crème fraîche
frisch gemahlener Pfeffer

1 Bund Dill

Zubereitungszeit: 40 Minuten
Garzeit: etwa 10 Minuten

1. Für die Kürbissuppe den Kürbis schälen, halbieren und die Kerne mit einem Löffel herauskratzen. Das Kürbisfleisch in Würfel schneiden. Zwiebeln abziehen und in kleine Würfel schneiden.

2. Butter in einem Topf zerlassen. Zwiebelwürfel darin andünsten. Kürbiswürfel hinzufügen und mitdünsten lassen. Gemüsebrühe hinzugeben, zum Kochen bringen und etwa 10 Minuten kochen lassen.

3. In der Zwischenzeit für die Haselnussklößchen die Sahne mit Salz in einem Topf zum Kochen bringen. 3 Esslöffel von den Haselnusskernen mit Weizengrieß mischen und in die kochende Sahne rühren. So lange rühren, bis sich die Masse als Kloß vom Topfboden löst. Etwas abkühlen lassen. Ei und restliche Haselnusskerne unterrühren.

4. Wasser mit etwas Salz in einem Topf zum Kochen bringen. Von der Haselnuss-Sahne-Masse mit zwei Teelöffeln Klößchen abstechen, in das kochende Salzwasser geben und etwa 5 Minuten bei schwacher Hitze gar ziehen lassen. Die Haselnussklößchen mit einer Schaumkelle herausnehmen.

5. Die Kürbissuppe mit einem Stabmixer pürieren, Dann Crème fraîche unterrühren. Mit Salz und Pfeffer abschmecken.

6. Dill abspülen und trocken tupfen. Die Spitzen von den Stängeln zupfen. Spitzen klein schneiden.

7. Die Kürbissuppe in Suppentassen füllen. Die Haselnussklößchen in den Suppentassen verteilen. Die Kürbissuppe mit Dill bestreut servieren.

Lammgyrossuppe | Für die Party

8–10 Portionen

Pro Portion:
E: 24 g, F: 29 g, Kh: 20 g, kJ: 1952, kcal: 466

1 kg Lammfleisch (aus der Keule, ohne Knochen)
4 Knoblauchzehen
6 EL Olivenöl
2 EL Gyros-Gewürzsalz
1 EL gerebelter Oregano
3 kleine Gemüsezwiebeln (etwa 600 g)
je 1 rote, gelbe und grüne Paprikaschote
2 mittelgroße Zucchini
1 ½ l Gemüsebrühe
1 Dose Kidneybohnen (Abtropfgewicht 250 g)
1 Dose geschälte Tomaten (Einwaage 400 g)
Salz, frisch gemahlener Pfeffer
Paprikapulver edelsüß
2 Bund glatte Petersilie

Zubereitungszeit: 40 Minuten, ohne Durchziehzeit
Garzeit: etwa 50 Minuten

1. Das Lammfleisch unter fließendem kalten Wasser abspülen und trocken tupfen. Lammfleisch zuerst in Scheiben, dann in Streifen oder Würfel schneiden und in eine Schüssel geben.

2. Knoblauch abziehen, durch eine Knoblauchpresse drücken und zu dem Fleisch geben. Olivenöl, Gyros-Gewürzsalz und Oregano gut untermischen, etwas durchziehen lassen.

3. Gemüsezwiebeln abziehen, halbieren, in Streifen schneiden und mit dem Fleisch vermischen.

4. Die Paprikaschoten halbieren, entstielen, entkernen und die weißen Scheidewände entfernen. Schotenhälften waschen, trocken tupfen und dann in Streifen schneiden.

5. Die Zucchini waschen, abtrocknen und die Enden abschneiden. Zucchini in dünne Scheiben schneiden.

6. Die Fleisch-Zwiebel-Gewürz-Mischung in einem großen, flachen Topf unter Rühren anbraten (eventuell in 2 Portionen). Paprikastreifen und Zucchinischeiben hinzugeben, kurz mit andünsten. Gemüsebrühe hinzugießen und zum Kochen bringen. Die Suppe etwa 40 Minuten garen.

7. Kidneybohnen in ein Sieb geben, mit kaltem Wasser abspülen und abtropfen lassen. Tomaten mit der Flüssigkeit und die Bohnen zu der Suppe in den Topf geben, wieder zum Kochen bringen. Mit Salz, Pfeffer und Paprika würzen. Die Zutaten noch etwa 10 Minuten ziehen lassen.

8. Petersilie abspülen und trocken tupfen. Die Blättchen von den Stängeln zupfen. Die Blättchen in feine Streifen schneiden. Die Suppe mit Petersilie bestreut servieren.

Tipp: Sie können die Suppe auch im Backofen garen. Dazu wie oben angegeben alle vorbereiteten Zutaten (das Fleisch unangebraten) in einen Bräter schichten. Den Bräter auf dem Rost in den vorgeheizten Backofen schieben. Die Suppe bei Ober-/Unterhitze: etwa 200 °C, Heißluft: etwa 180 °C etwa 75 Minuten garen.

Leichte Brokkolicremesuppe I

Schnell – für Kinder

4 Portionen

Pro Portion:
E: 14 g, F: 9 g, Kh: 18 g, kJ: 866, kcal: 205

1 kg	*Brokkoli*
300 ml	*Wasser*
1 EL	*Instant-Gemüsebrühe*
500 ml (1/2 l)	*Milch*
4 EL	*Haferkleieflocken (erhältlich im Reformhaus oder Bioladen)*
	Salz
	frisch gemahlener, weißer Pfeffer
	frisch geriebene Muskatnuss

Zubereitungszeit: 15 Minuten
Garzeit: etwa 15 Minuten

1. Vom Brokkoli die Blätter entfernen. Den Brokkoli in Röschen teilen, die Stängel am Strunk schälen und klein schneiden. Brokkoliröschen und -stückchen waschen, abtropfen lassen.

2. Wasser mit Brühe und dem Brokkoli in einem Topf zum Kochen bringen. Zugedeckt etwa 15 Minuten bei mittlerer Hitze dünsten. Anschließend pürieren.

3. Milch erhitzen, nach und nach zum Brokkolipüree geben. Die Flüssigkeit mit dem Pürierstab so lange pürieren, bis eine glatte Cremesuppe entstanden ist.

4. Haferkleieflocken unterrühren. Die Suppe nochmals kurz unter Rühren aufkochen lassen. Die Suppe mit Salz, Pfeffer und Muskat abschmecken.

Tipp: Als schnelle Verfeinerungsidee die Suppe mit Räucherlachsstreifen, Krabben, fein gewürfelten Tomatenstückchen oder Knoblauch-Croûtons servieren.

Leipziger Allerlei mit Kalbshackbällchen | Etwas aufwendiger – für Gäste

4 Portionen

Pro Portion:
E: 43 g, F: 42 g, Kh: 30 g, kJ: 2845, kcal: 679

Für die Hackbällchen:

1 Brötchen (Semmel) vom Vortag
2 Schalotten
600 g Kalbsgehacktes
1 Ei (Größe M)
1 EL fein gehackte Kapern
2 EL Schnittlauchröllchen
Salz
frisch gemahlener Pfeffer
Salzwasser

500 g weißer Spargel
1 kleiner Blumenkohl
1 Bund Möhren
300 g frische Erbsen
200 g rosé Champignons
2 Schalotten
2 EL Butter
3 EL Weizenmehl
1 Bund Kerbel
250 g Schlagsahne
Saft von
1 Zitrone

Zubereitungszeit: 45 Minuten
Garzeit Hackbällchen: etwa 15 Minuten
Garzeit Eintopf: etwa 20 Minuten

1. Das Brötchen in kaltem Wasser einweichen und ausdrücken. Schalotten abziehen und in kleine Würfel schneiden. Das Gehackte in eine Rührschüssel geben. Ausgedrücktes Brötchen, Ei, Schalottenwürfel, gehackte Kapern und Schnittlauchröllchen hinzugeben. Die Zutaten zu einer glatten Masse verkneten. Mit Salz und Pfeffer würzen.

2. Das Salzwasser in einem Topf zum Kochen bringen. Aus der Hackfleischmasse mit angefeuchteten Händen kleine Bällchen formen. Die Hackbällchen in dem siedenden Salzwasser bei schwacher Hitze etwa 15 Minuten gar ziehen lassen. Die Hackbällchen mit einer Schaumkelle herausnehmen, auf einen Teller legen und warm stellen. Den Fond durch ein feines Sieb passieren und beiseitestellen.

3. Den Spargel von oben nach unten schälen. Darauf achten, dass die Schalen vollständig entfernt, die Köpfe aber nicht verletzt werden. Die unteren Enden abschneiden (holzige Stellen vollkommen entfernen). Die Spargelstangen abspülen, abtropfen lassen und in etwa 4 cm lange Stücke schneiden.

4. Von dem Blumenkohl die Blätter und schlechten Stellen entfernen. Den Blumenkohl in Röschen teilen, waschen und abtropfen lassen.

5. Möhren putzen, schälen, abspülen, abtropfen lassen und je nach Größe in Scheiben schneiden oder der Länge nach halbieren.

6. Die Erbsen aus den Schoten palen, waschen und abtropfen lassen. Champignons putzen, mit Küchenpapier abreiben, eventuell abspülen, trocken tupfen und vierteln. Die Schalotten abziehen und in kleine Würfel schneiden.

7. Butter in einem großen Topf zerlassen. Schalottenwürfel darin andünsten und mit Mehl bestäuben. Beiseitegestellten Fond unter Rühren hinzugießen. Spargelstücke, Blumenkohlröschen und Möhrenscheiben oder -stücke hinzugeben. So viel heißes Wasser hinzugießen, dass die Gemüsezutaten mit Wasser bedeckt sind. Anschließend zum Kochen bringen. Den Eintopf zudeckt etwa 15 Minuten bei schwacher Hitze kochen lassen.

8. Kerbel abspülen und trocken tupfen. Die Blättchen von den Stängeln zupfen. Blättchen klein schneiden.

9. Nach etwa 15 Minuten Garzeit die Erbsen und die Champignonviertel in den Eintopf geben, wieder zum Kochen bringen und zugedeckt weitere etwa 5 Minuten bei schwacher Hitze kochen lassen.

10. Sahne und Kerbel unterrühren. Die warm gestellten Hackbällchen hinzugeben. Das Leipziger Allerlei mit Salz, Pfeffer und Zitronensaft abschmecken.

Linseneintopf mit Speck | Klassisch

6 Portionen

Pro Portion:
E: 25 g, F: 29 g, Kh: 45 g, kJ: 2402, kcal: 574

1 Zwiebel
125 g durchwachsener Speck
2–3 EL Speiseöl
1 EL Currypulver
500 g Kartoffeln
500 ml (½ l) Fleischbrühe
1 Dose Linsen mit Suppengrün (Einwaage 800 g)
2 Pck. TK-Suppengrün (je 50 g)
1 Apfel
4 Wiener Würstchen
evtl. gehackte Petersilie

Zubereitungszeit: 30 Minuten
Garzeit: etwa 20 Minuten

1. Zwiebel abziehen und klein würfeln. Speck ebenfalls in kleine Würfel schneiden.

2. Das Speiseöl in einem Topf erhitzen. Zwiebel- und Speckwürfel darin andünsten. Curry darüberstäuben und kurz mit andünsten.

3. Kartoffeln waschen, schälen, abspülen, abtropfen lassen, in Würfel schneiden und hinzugeben. Die Brühe hinzugießen, zum Kochen bringen und zugedeckt etwa 15 Minuten bei mittlerer Hitze kochen lassen.

4. Die Linsen mit der Flüssigkeit und das Suppengrün hinzufügen, wieder zum Kochen bringen.

5. Apfel schälen, vierteln, entkernen, in kleine Stücke schneiden. Wiener Würstchen in Stücke schneiden.

6. Apfelstücke mit den Wiener Würstchen in den Eintopf geben und etwa 5 Minuten mitgaren lassen. Nach Belieben mit Petersilie bestreuen.

Linsensuppe | Einfach

4 Portionen

Pro Portion:
E: 25 g, F: 16 g, Kh: 38 g, kJ: 1689, kcal: 406

250 g getrocknete Linsen
1 l Fleisch- oder Gemüsebrühe
250 g Kartoffeln
1 Bund Suppengrün (Knollensellerie, Möhre, Porree [Lauch])
1 mittelgroße Zwiebel
½ gestr. TL Salz
frisch gemahlener Pfeffer
2 Mettenden (Rauchenden)
etwas Weißweinessig
1 Prise Zucker
2 EL gehackte Petersilie

Zubereitungszeit: 30 Minuten
Garzeit: 80–90 Minuten

1. Linsen abspülen, abtropfen lassen, mit Brühe in einem Topf zum Kochen bringen und zugedeckt etwa 60 Minuten bei schwacher Hitze kochen lassen, dabei gelegentlich umrühren.

2. In der Zwischenzeit Kartoffeln waschen, schälen, abspülen, abtropfen lassen und in Würfel schneiden. Sellerie und Möhre putzen, schälen, abspülen, abtropfen lassen und in kleine Würfel schneiden.

3. Porree putzen, die Stange längs halbieren, gründlich waschen, abtropfen lassen und in Streifen schneiden. Zwiebel abziehen, halbieren und klein würfeln.

4. Kartoffelwürfel, vorbereitetes Suppengrün und Zwiebelwürfel zu den Linsen in den Topf geben. Mit Salz und Pfeffer würzen. Die Zutaten zum Kochen bringen und zugedeckt 20–30 Minuten kochen lassen, dabei gelegentlich umrühren.

5. Die Mettenden in Scheiben schneiden, in den Eintopf geben und etwa 1 Minute mitkochen lassen.

6. Den Eintopf mit Essig und Zucker abschmecken. Mit Petersilie bestreut servieren.

Tipps: Braten Sie zuerst etwa 150 g geräucherten, gewürfelten Speck in dem Topf an und geben dann die Linsen hinzu. Lassen Sie 1 Teelöffel gehackten Kümmelsamen mitkochen.
Noch herzhafter wird der Linseneintopf, wenn Sie 500 g geräucherte Schweinerippe mitkochen. Dann die Speckwürfel weglassen.
Linsen garen schneller, wenn sie über Nacht in kaltem Wasser eingeweicht (30–40 Minuten Garzeit) oder im Schnellkochtopf zubereitet werden (20 Minuten Garzeit).
Aufgewärmt schmeckt die Suppe besonders gut.

Linsensuppe mit Fasan I

Raffiniert – mit Alkohol

4 Portionen

Pro Portion:
E: 48 g, F: 18 g, Kh: 36 g, kJ: 2289, kcal: 547

1 küchenfertiger Fasan (etwa 800 g)
2 l Wasser
1 Zwiebel
1 Lorbeerblatt
3 Gewürznelken

½ Stange Porree (Lauch)
1 Möhre
6 Pfefferkörner
3 Wacholderbeeren
1 gestr. TL Salz
frisch gemahlener Pfeffer
1 EL Schweineschmalz
60 g fein gewürfelter, geräucherter Speck
je 60 g fein gewürfelte Zwiebeln und Möhren
40 g fein gewürfelter Staudensellerie
200 g getrocknete, braune Linsen
2 EL Tomatenmark
125 ml (⅛ l) Rotwein
80 g Backpflaumen
80 ml Sherry
3 EL Balsamico-Essig
1 TL Dijon-Senf
1 Prise Zucker
frisch geriebene Muskatnuss
½ Bund Schnittlauch

Zubereitungszeit: 50 Minuten, ohne Abkühlzeit
Garzeit: 85–95 Minuten

1. Den Fasan von innen und außen unter fließendem kalten Wasser abspülen. Den Fasan abtropfen lassen und in einen Topf geben. Die Zwiebel mit Lorbeerblatt und Gewürznelken spicken und zum Fasan geben. So viel kochendes Wasser hinzugeben, dass der Fasan gut bedeckt ist, wieder zum Kochen bringen und abschäumen.

2. Porree putzen, die Stange längs halbieren, gründlich waschen und abtropfen lassen. Die Möhre putzen, schälen, abspülen, abtropfen lassen. Porree, Möhre, Pfefferkörner, Wacholderbeeren, Salz und Pfeffer zum Fasan in den Topf geben, wieder zum Kochen bringen und zugedeckt 40–50 Minuten garen.

3. Den Fasan aus der Brühe nehmen und etwas abkühlen lassen. Die Brühe durch ein Sieb gießen und auffangen. Die Fasanenhaut abziehen. Das Fleisch von den Knochen lösen und die Sehnen entfernen. Das Fleisch in Stücke schneiden.

4. Schmalz in dem Topf zerlassen. Speck- und Gemüsewürfel darin andünsten. Die Linsen hinzufügen und mit andünsten. Das Tomatenmark unterrühren und kurz mitdünsten lassen.

5. Den Rotwein hinzugießen, zum Kochen bringen und einkochen lassen, mit der Fasanenbrühe auffüllen. Die Backpflaumen vierteln und hinzufügen. Die Zutaten zum Kochen bringen und zugedeckt etwa 45 Minuten kochen lassen.

6. Die Suppe mit Sherry, Essig, Senf, Salz, Pfeffer, Zucker und Muskat süßsauer abschmecken.

7. Schnittlauch abspülen, trocken tupfen und in Röllchen schneiden. Fasanenfleischstücke in der Suppe erhitzen. Die Suppe mit Schnittlauchröllchen bestreut servieren.

Löffelkrautsuppe mit Lachs und Muscheln | Für Gäste

4 Portionen

Pro Portion:
E: 24 g, F: 8 g, Kh: 22 g, kJ: 1089, kcal: 260

400 g festkochende Kartoffeln
1 Bund Frühlingszwiebeln (etwa 250 g)
2 große Fleischtomaten (etwa 400 g)
1 Topf Löffelkraut
1 l Fischfond oder -brühe
Salz
frisch gemahlener Pfeffer
Knoblauchpulver

320 g Lachsfilet
200 g Pfahlmuschelfleisch
2 EL Olivenöl

Zubereitungszeit: 20 Minuten
Garzeit: etwa 30 Minuten

1. Kartoffeln waschen, schälen, abspülen, abtropfen lassen und in kleine Stücke schneiden. Die Frühlingszwiebeln putzen, waschen, abtropfen lassen und in dünne Scheiben schneiden. Die Tomaten waschen, trocken tupfen, vierteln, entkernen und die Stängelansätze herausschneiden. Tomatenviertel in kleine Würfel schneiden. Löffelkraut abspülen und trocken tupfen. Die Blättchen von den Stängeln zupfen (eventuell einige Blättchen zum Garnieren beiseitelegen). Blättchen grob zerkleinern.

2. Fischfond oder -brühe in einem großen Topf erhitzen. Kartoffelstücke, Frühlingszwiebelscheiben, Tomatenwürfel und Löffelkraut hinzufügen. Mit Salz, Pfeffer und Knoblauch würzen. Alle Zutaten zum Kochen bringen und zugedeckt etwa 30 Minuten garen. Die Suppe fein pürieren.

3. Lachsfilet und Muschelfleisch unter fließendem kalten Wasser abspülen und trocken tupfen. Mit Salz und Pfeffer würzen. Lachsfilet in Scheiben (kleine Medaillons) schneiden.

4. Olivenöl in einer Pfanne erhitzen. Lachsmedaillons und Muschelfleisch darin von beiden Seiten 2–3 Minuten braten.

5. Dann die Suppe in Tellern anrichten. Mit den Lachsmedaillons, Muschelfleisch und nach Belieben mit den beiseitegelegten Löffelkrautblättchen garnieren.

Tipps: Die Suppe kann mit Schlagsahne, Butterflöckchen oder Crème fraîche verfeinert werden.
Löffelkraut gehört zu den Kreuzblütlern. Das Löffelkraut hat einen angenehmen Duft. Es sollten nur die unteren löffelförmigen Blätter verwendet werden.
Sie eignen sich auch gut als Zutat in Salaten. Statt Löffelkraut kann auch Kresse verwendet werden.

Lübecker National | Deftig

6 Portionen

Pro Portion:
E: 32 g, F: 39 g, Kh: 27 g, kJ: 2477, kcal: 592

1 kg Schweinebauch
2 Zwiebeln
1 kg Möhren
800 g festkochende Kartoffeln, z. B. Grata, Sieglinde
2 EL Butter
1 EL Zucker
Salz
frisch geschroteter, grober, schwarzer Pfeffer
1 Lorbeerblatt
1 Bund glatte Petersilie

1 Glas scharfer Senf

Zubereitungszeit: 45 Minuten
Garzeit: etwa 90 Minuten

1. Schweinebauch von Schwarte, eventuell Knochen und Knorpeln befreien. Schweinebauch unter fließendem kalten Wasser abspülen, trocken tupfen und in etwa 2 cm große Würfel schneiden. Die Zwiebeln abziehen und klein würfeln. Möhren putzen, schälen, abspülen und abtropfen lassen. Kartoffeln waschen, schälen, abspülen und abtropfen lassen. Möhren und Kartoffeln ebenfalls in Würfel schneiden.

2. Butter in einem Topf zerlassen. Zwiebelwürfel darin glasig dünsten. Möhren- und Fleischwürfel hinzugeben und kurz mit andünsten. Mit Zucker bestreuen und karamellisieren lassen. So viel Wasser hinzugießen, dass die Möhren- und Fleischwürfel gut bedeckt sind. Mit Salz und reichlich schwarzem Pfeffer würzen. Lorbeerblatt hinzufügen.

3. Die Zutaten zum Kochen bringen und zugedeckt etwa 60 Minuten bei mittlerer Hitze kochen lassen.

4. Nach etwa 60 Minuten Garzeit die Kartoffelwürfel in den Eintopf geben, wieder zum Kochen bringen und zugedeckt weitere etwa 30 Minuten bei mittlerer Hitze garen. Petersilie abspülen und trocken tupfen. Die Blättchen von den Stängeln zupfen. Die Blättchen klein schneiden. Dann den Eintopf mit Salz und Pfeffer abschmecken, mit Petersilie bestreut servieren. Den Senf dazureichen.

Beilage: Bauernbrot.

Lumpensuppe | Für die Party – einfach

12 Portionen

Pro Portion:
E: 41 g, F: 25 g, Kh: 40 g, kJ: 2463, kcal: 589

1 kg Rindergulasch
5 EL Speiseöl
1 kg Zwiebeln
2 EL Paprikapulver edelsüß
2 EL Weizenmehl
1 l Fleischbrühe
1 Dose Gulaschsuppe (400 ml)
1 Glas Erbsen und Möhren (Abtropfgewicht 420 g)
1 Glas Champignonscheiben (Abtropfgewicht 315 g)
1 Glas Tomatenpaprika, in Streifen (Abtropfgewicht 450 g)
1 Glas Wild-Preiselbeeren (Einwaage 450 g)
250 g Tomatenketchup
Salz, frisch gemahlener Pfeffer

Zubereitungszeit: 40 Minuten
Garzeit: etwa 45 Minuten

1. Gulasch mit Küchenpapier trocken tupfen und in etwa 1 cm große Würfel schneiden.

2. Jeweils etwas Speiseöl in einem großen Topf erhitzen. Die Fleischwürfel darin portionsweise von allen Seiten anbraten.

3. Die Zwiebeln abziehen, in kleine Würfel schneiden, zu den Fleischwürfeln in den Topf geben und mit andünsten. Mit Paprika und Mehl bestäuben, unter Rühren kurz mit andünsten.

4. Brühe hinzugießen und zum Kochen bringen. Die Suppe zugedeckt etwa 45 Minuten bei schwacher Hitze kochen lassen.

5. Gulaschsuppe, Erbsen und Möhren, Champignonscheiben, Tomatenpaprika (jeweils mit dem Saft) und Wild-Preiselbeeren zu der Suppe in den Topf geben. Die Suppe unter Rühren aufkochen lassen. Ketchup unterrühren.

6. Die Lumpensuppe mit Paprika, Salz und Pfeffer würzen.

Beilage: Bauernbrot.

Maissuppe mit Hackfleisch und Tomaten | Schnell – für Kinder

4 Portionen

Pro Portion:
E: 13 g, F: 14 g, Kh: 18 g, kJ: 1081, kcal: 258

1 Zwiebel
1 EL Speiseöl
200 g Schweinegehacktes
15 g Weizenmehl
1 Pck. stückige Tomaten mit Kräutern (370 g)
600 ml klare Fleischbrühe
15 g Tomatenmark
Salz, frisch gemahlener Pfeffer
Paprikapulver edelsüß
Cayennepfeffer
1 Prise Zucker
4 Stängel Petersilie
1 Dose Gemüsemais (Abtropfgewicht 285 g)

Zubereitungszeit: 20 Minuten
Garzeit: etwa 15 Minuten

1. Zwiebel abziehen und in kleine Würfel schneiden. Speiseöl in einem Topf erhitzen. Zwiebelwürfel darin andünsten.

2. Gehacktes hinzugeben und etwa 10 Minuten unter Rühren bei mittlerer bis starker Hitze goldbraun anbraten. Dabei die Fleischklümpchen mit einer Gabel zerdrücken. Mehl darüberstäuben und etwa 1 Minute mitdünsten lassen.

3. Tomatenstücke mit Brühe und Tomatenmark hinzugeben. Mit Salz, Pfeffer, Paprika, Cayennepfeffer und Zucker würzen. Die Zutaten zum Kochen bringen und zugedeckt etwa 10 Minuten bei schwacher Hitze leicht kochen lassen.

4. Petersilie abspülen und trocken tupfen. Die Blättchen von den Stängeln zupfen. Blättchen grob zerschneiden. Mais in ein Sieb geben, mit kaltem Wasser abspülen, abtropfen lassen und in die Suppe geben. Die Suppe wieder zum Kochen bringen und weitere etwa 5 Minuten leicht kochen lassen.

5. Die Maissuppe mit Salz und Cayennepfeffer abschmecken. Mit Petersilie bestreuen und servieren.

Mallorquinische Kohlsuppe | Einfach

4–6 Portionen

Pro Portion:
E: 7 g, F: 19 g, Kh: 30 g, kJ: 1346, kcal: 321

2 Stangen	*Porree (Lauch, etwa 300 g)*
1 Bund	*Frühlingszwiebeln*
1	*Knoblauchzehe*
400 g	*Tomaten*
500–600 g	*junger Weißkohl oder Wirsing*
3 EL	*Speiseöl*
1–1 1/4 l	*Gemüsebrühe*
4–6 Scheiben	*Weißbrot vom Vortag*
50 g	*Butter*
	Salz
	frisch gemahlener Pfeffer

Zubereitungszeit: 40 Minuten
Garzeit: 30–40 Minuten

1. Porree putzen, die Stangen längs halbieren, gründlich waschen und abtropfen lassen. Frühlingszwiebeln putzen, waschen und abtropfen lassen. Porree und Frühlingszwiebeln in Streifen oder Scheiben schneiden. Knoblauch abziehen und in Scheiben schneiden.

2. Die Tomaten waschen, abtrocknen und die Stängelansätze herausschneiden. Tomaten in kleine Würfel schneiden. Weißkohl oder Wirsing von den schlechten Blättern befreien. Den Kohl vierteln und den Strunk herausschneiden. Kohlviertel waschen, abtropfen lassen und in feine Streifen schneiden.

3. Speiseöl in einem großen Topf erhitzen. Porree- und Frühlingszwiebelstreifen oder -scheiben, Kohlstreifen und Knoblauchscheiben darin andünsten.

4. Die Brühe hinzugießen und zum Kochen bringen. Die Zutaten zugedeckt 30–40 Minuten bei schwacher Hitze garen. Etwa 5 Minuten vor Ende der Garzeit Tomatenwürfel hinzufügen und mitgaren lassen.

5. In der Zwischenzeit Weißbrot in Würfel schneiden. Butter in einer großen Pfanne erhitzen. Die Weißbrotwürfel darin unter Wenden anrösten.

6. Die Kohlsuppe mit Salz und Pfeffer würzen. Die Brotwürfel in die Suppe geben. Sofort servieren.

Mangold-Dinkel-Eintopf | Vegetarisch

4 Portionen

Pro Portion:
E: 9 g, F: 13 g, Kh: 35 g, kJ: 1274, kcal: 305

100 g Dinkelkörner
250 ml (1/4 l) kaltes Wasser
2 Zwiebeln
1 Knoblauchzehe
50 g Butter
1 l Gemüsebrühe
250 g Kartoffeln
150 g Knollensellerie
200 g Möhren
700 g Mangold
Salz, frisch gemahlener Pfeffer
Paprikapulver edelsüß

Zubereitungszeit: 35 Minuten, ohne Einweichzeit
Garzeit: etwa 30 Minuten

1. Dinkel in eine Schale geben, mit kaltem Wasser übergießen und über Nacht einweichen.

2. Zwiebeln und Knoblauch abziehen, in kleine Würfel schneiden. Butter in einem Topf zerlassen. Zwiebel- und Knoblauchwürfel darin andünsten. Brühe hinzugießen. Eingeweichte Dinkelkörner mit dem Einweichwasser hinzugeben, zum Kochen bringen und etwa 15 Minuten bei schwacher Hitze kochen lassen.

3. Kartoffeln waschen, schälen, abspülen, abtropfen lassen und in Würfel schneiden. Sellerie und Möhren putzen, schälen, abspülen, abtropfen lassen und in grobe Würfel schneiden. Kartoffel-, Sellerie- und Möhrenwürfel in den Eintopf geben, wieder zum Kochen bringen und weitere etwa 10 Minuten garen.

4. Den Mangold putzen, eventuell die großen Blattstiele entfernen. Mangold gründlich waschen, abtropfen lassen, in kleine Stücke schneiden. In den Eintopf geben, aufkochen und etwa 5 Minuten mitkochen lassen.

5. Den Eintopf mit Salz, Pfeffer und Paprikapulver edelsüß abschmecken.

Tipp: Statt Mangold Spinatstreifen in die Suppe geben.

Marokkanischer Kürbistopf | Deftig

6 Portionen

Pro Portion:
E: 33 g, F: 14 g, Kh: 10 g, kJ: 1256, kcal: 300

900 g	*Lammfleisch (aus der Schulter)*
	Salz
	frisch gemahlener Pfeffer
24	*kleine Schalotten*
2	*Knoblauchzehen*
2 EL	*Olivenöl*
1 TL	*gemahlener Ingwer*
1 TL	*Kreuzkümmel*
1 Msp.	*gemahlener Safran*
1 kg	*Kürbis, z. B. Hokkaido*
1 Bund	*Minze*

Zubereitungszeit: 45 Minuten
Garzeit: etwa 80 Minuten

1. Lammfleisch unter fließendem kalten Wasser abspülen, trocken tupfen und in Würfel schneiden. Mit Salz und Pfeffer würzen. Schalotten und Knoblauch abziehen. Knoblauch in sehr kleine Würfel schneiden.

2. Olivenöl in einem großen Topf erhitzen. Die Lammwürfel darin kurz von allen Seiten anbraten. Schalotten und Knoblauch hinzugeben und unter mehrmaligem Wenden mitbraten lassen. Mit Ingwer, Kreuzkümmel und Safran würzen. So viel Wasser hinzugießen, dass die Lammwürfel knapp bedeckt sind, zum Kochen bringen. Zugedeckt etwa 60 Minuten garen.

3. In der Zwischenzeit den Kürbis schälen, halbieren und die Kerne mit einem Löffel herauskratzen. Das Fruchtfleisch in schalottengroße Stücke schneiden.

4. Die Kürbisstücke nach etwa 60 Minuten Garzeit zu den Lammwürfeln in den Topf geben. So viel Wasser hinzugießen, dass das Kürbisfleisch in der Flüssigkeit liegt. Die Zutaten wieder zum Kochen bringen und zugedeckt weitere etwa 20 Minuten garen. Den Kürbistopf mit den Gewürzen abschmecken.

5. Minze abspülen und trocken tupfen. Die Blättchen von den Stängeln zupfen. Blättchen in grobe Streifen schneiden. Den Kürbistopf in Suppenschalen anrichten und mit den Minzestreifen bestreuen.

Beilage: Reis.

Mecklenburger Fischtopf I

Für die Party – mit Alkohol

8–10 Portionen

Pro Portion:
E: 19 g, F: 15 g, Kh: 5 g, kJ: 1053, kcal: 251

250 g	*Möhren*
250 g	*Zwiebeln*
350 g	*Knollensellerie*
5 Stangen	*Staudensellerie*
40 g	*Butter*
4 EL	*Speiseöl*
250 ml (1/4 l)	*trockener Weißwein*
1 1/2 l	*Fischfond oder -brühe*
je 200 g	*Hecht-, Schleien-, Forellen- und Aalfilet*
	Salz, frisch gemahlener, bunter, grober Pfeffer
	Worcestersauce
2 EL	*gehackte Petersilie*

Zubereitungszeit: 45 Minuten
Garzeit: etwa 30 Minuten

1. Möhren putzen, schälen, abspülen, abtropfen lassen und in Scheiben schneiden. Zwiebeln abziehen, halbieren, zuerst in Scheiben schneiden, dann in Ringe teilen. Knollensellerie putzen, schälen, abspülen, abtropfen lassen und in kleine Stifte schneiden. Staudensellerie putzen und die harten Außenfäden abziehen. Selleriestangen waschen, abtropfen lassen und in Scheiben schneiden.

2. Butter in einem großen Topf zerlassen, Speiseöl miterhitzen. Das vorbereitete Gemüse darin eventuell in 2 Portionen andünsten. Weißwein und Fischfond oder -brühe hinzugießen, zum Kochen bringen und etwa 20 Minuten bei schwacher Hitze kochen lassen.

3. Die Hecht-, Schleien-, Forellen- und Aalfilets unter fließendem kalten Wasser abspülen, trocken tupfen, eventuell entgräten und dann in mundgerechte Stücke schneiden. Fischstücke in der leicht kochenden Suppe etwa 10 Minuten gar ziehen lassen. Mit Salz, Pfeffer und Worcestersauce würzen.

4. Den Fischtopf mit Petersilie bestreut sofort servieren.

Mediterraner Fischeintopf I

Etwas teurer

6 Portionen

Pro Portion:
E: 34 g, F: 13 g, Kh: 7 g, kJ: 1177, kcal: 280

500 g kleine TK-Tintenfische
225 g TK-Shrimps
300 g TK-Tilapia- oder Rotbarbenfilets
1 Glas Miesmuscheln (Abtropfgewicht 120 g)
2 mittelgroße Zucchini (etwa 400 g)
3 Fleischtomaten
6 EL Olivenöl
800 ml Fischfond oder Gemüsebrühe
3 Knoblauchzehen
1 Pck. TK-Kräuter der Provence (25 g)
Salz
frisch gemahlener Pfeffer
1 Bund Zitronenthymian

Zubereitungszeit: 30 Minuten, ohne Auftauzeit
Garzeit: etwa 10 Minuten

1. TK-Meeresfrüchte und Fischfilets nach Packungsanleitung auftauen. Anschließend unter fließendem kalten Wasser abspülen und trocken tupfen. Fischfilets in Stücke schneiden, dabei eventuell die Gräten entfernen. Miesmuscheln in einem Sieb abtropfen lassen.

2. Die Zucchini waschen, abtrocknen und die Enden abschneiden. Zucchini längs halbieren und in dicke Scheiben schneiden.

3. Tomaten waschen, abtropfen lassen, kreuzweise einschneiden, kurz in kochendes Wasser legen und in kaltem Wasser abschrecken. Tomaten enthäuten, vierteln, entkernen und die Stängelansätze herausschneiden. Tomatenviertel in Würfel schneiden und beiseitelegen.

4. Jeweils etwas Olivenöl in einem großen Topf erhitzen. Meeresfrüchte und Fischstücke darin portionsweise andünsten. Die Zucchinischeiben hinzufügen. Fischfond oder Gemüsebrühe hinzugießen. Knoblauch abziehen, durch eine Knoblauchpresse drücken und mit den gefrorenen Kräutern unter den Eintopf rühren. Mit Salz und Pfeffer würzen.

5. Den Eintopf zum Kochen bringen. Die Zutaten etwa 10 Minuten bei schwacher Hitze gar ziehen lassen. Beiseitegelegte Tomatenwürfel und Muscheln unterrühren, kurz miterhitzen.

6. Den Zitronenthymian abspülen und trocken tupfen. Einige Stängel beiseitelegen. Die Blättchen von den restlichen Stängeln zupfen. Die Blättchen klein schneiden und unter den Fischeintopf rühren.

7. Den Eintopf mit den beiseitegelegten Thymianzweigen garniert servieren.

Beilage: Knoblauchbutter mit frischem, gehackten Basilikum vermengen. Mit Baguette oder Brötchen zum Eintopf reichen.

Tipp: Den Zitronenthymian können Sie durch getrockneten Thymian und 1–2 Teelöffel Zitronensaft ersetzen.

Meeresfrüchtesuppe | Exotisch

4 Portionen

Pro Portion:
E: 33 g, F: 20 g, Kh: 30 g, kJ: 1812, kcal: 436

500 g gemischte TK-Meeresfrüchte
8 TK-Garnelen (etwa 200 g)
2 rote Peperoni (etwa 20 g)
je 1 rote und grüne Paprikaschote (etwa 400 g)
1 Stängel Zitronengras
100 g Langkornreis
Salz
frisch gemahlener Pfeffer
1 EL rosa Pfefferbeeren
2 EL Fischsauce (erhältlich im Asialaden) oder Sojasauce
1 Dose Kokosmilch (400 ml)

Zubereitungszeit: 25 Minuten, ohne Auftauzeit
Garzeit: etwa 75 Minuten

1. Meeresfrüchte und Garnelen nach Packungsanleitung auftauen oder antauen lassen.

2. Die Peperoni längs aufschneiden und entkernen. Paprikaschoten halbieren, entstielen, entkernen und die weißen Scheidewände entfernen. Peperoni und Paprikaschoten waschen und trocken tupfen. Die Peperoni quer in schmale Streifen, Paprikaschoten in grobe Würfel schneiden.

3. Zitronengrasstängel von der äußeren Schale befreien, abspülen, trocken tupfen und längs vierteln (so kann das Aroma besser in das Kochgut übergehen).

4. Die Meeresfrüchte und Garnelen unter fließendem kalten Wasser abspülen, trocken tupfen und in eine Schüssel geben. Peperonistreifen, Paprikawürfel und Reis hinzufügen, gut vermischen. Mit Salz, Pfeffer, Pfefferbeeren, Fischsauce oder Sojasauce und Zitronengrasstücken würzen. Die Meeresfrüchte-Garnelen-Mischung in einen gewässerten Römertopf® (3-Liter-Inhalt) geben. Kokosmilch hinzugießen.

5. Den Römertopf® mit dem Deckel verschließen und auf dem Rost in den kalten Backofen schieben.
Ober-/Unterhitze: etwa 220 °C
(untere Einschubleiste)
Heißluft: etwa 200 °C

6. Nach etwa 75 Minuten Garzeit den Römertopf® aus dem Backofen nehmen. Die Zitronengrasstücke entfernen, die Meeresfrüchtesuppe in Suppenschalen anrichten und servieren.

Mexikanische Hühnersuppe

Raffiniert

4 Portionen

Pro Portion:
E: 31 g, F: 48 g, Kh: 16 g, kJ: 2764, kcal: 661

1 junges, küchenfertiges Suppenhuhn oder Hähnchen (etwa 1 kg)
2–3 Knoblauchzehen
120 g Zwiebeln
2–3 rote Chilischoten
1 TL Korianderkörner
1 ½ l Hühnerbrühe
1 Kartoffel (etwa 100 g)
500 g Tomaten
2 reife Avocados (je etwa 200 g)
Salz, frisch gemahlener Pfeffer
2–3 EL Zitronensaft
1 EL gehackte Petersilie
150 g saure Sahne

Zubereitungszeit: 40 Minuten, ohne Abkühlzeit
Garzeit: etwa 70 Minuten

1. Das Suppenhuhn oder Hähnchen von innen und außen unter fließendem kalten Wasser abspülen, trocken tupfen und mit der Geflügelschere der Länge nach halbieren. Knoblauch und Zwiebeln abziehen, halbieren. Chilischoten waschen, abtrocknen, längs aufschneiden und entkernen.

2. Huhn- oder Hähnchenhälften, Zwiebel-, Knoblauchhälften, Chilischoten, Koriander und Brühe in einen gewässerten Römertopf® geben. Den Topf mit dem Deckel verschließen und auf dem Rost in den kalten Backofen schieben.
Ober-/Unterhitze: etwa 200 °C
Heißluft: etwa 180 °C

3. In der Zwischenzeit die Kartoffel waschen, schälen, abspülen, abtropfen lassen. Die Tomaten waschen, kreuzweise einschneiden, kurz in kochendes Wasser legen und in kaltem Wasser abschrecken. Tomaten enthäuten, vierteln, entkernen und die Stängelansätze herausschneiden.

4. Nach etwa 60 Minuten Garzeit die garen Hühner- oder Hähnchenhälften und Chilischoten aus der Suppe nehmen. Das Fleisch etwas abkühlen lassen. Die Suppe durch ein feines Sieb gießen, entfetten und wieder in den Römertopf® geben.

5. Von den Hühner- oder Hähnchenhälften die Haut entfernen. Dann das Fleisch von den Knochen lösen, in Würfel schneiden und in die Suppe geben. Die Kartoffel auf der groben Seite der Haushaltsreibe in die Suppe reiben. Tomatenviertel hinzufügen. Den Römertopf® ohne Deckel wieder auf dem Rost in den heißen Backofen schieben. Die Suppe etwa 10 Minuten bei gleicher Backofeneinstellung erhitzen.

6. Die Avocados der Länge nach halbieren, schälen und jeweils den Stein entfernen. Avocadohälften in Scheiben schneiden. Die Suppe mit Salz, Pfeffer und Zitronensaft würzen. Avocadoscheiben in die Suppe geben. Die Suppe mit Petersilie bestreut servieren. Saure Sahne dazureichen.

Beilage: Geröstetes Knoblauchbaguette.

Mexiko-Eintopf | Gut vorzubereiten

4 Portionen

Pro Portion:
E: 27 g, F: 19 g, Kh: 27 g, kJ: 1660, kcal: 396

300 g Tatar
1 Ei (Größe M)
2 EL kernige Haferflocken
Salz, frisch gemahlener Pfeffer
1 TL mittelscharfer Senf
2 EL Speiseöl
2 Zwiebeln (etwa 100 g)
1 Knoblauchzehe
2 rote Paprikaschoten
1 kleine, rote Chilischote
1 Stange Porree (Lauch)
300 ml Gemüsebrühe
1 Dose geschälte Tomaten (Einwaage 800 g)
2 mittelgroße Zucchini (etwa 400 g)
1 Dose Kidneybohnen (Abtropfgewicht 250 g)
1 Dose Gemüsemais (Abtropfgewicht 140 g)

Zubereitungszeit: 45 Minuten
Garzeit: etwa 20 Minuten

1. Tatar in eine Rührschüssel geben. Ei und Haferflocken unterkneten. Mit Salz, Pfeffer und Senf würzen. Aus der Fleischmasse mit angefeuchteten Händen kleine Klößchen formen. Speiseöl in einem Topf erhitzen. Die Klößchen darin von allen Seiten braun anbraten und herausnehmen.

2. Zwiebeln und Knoblauch abziehen, grob zerkleinern. Paprikaschoten halbieren, entstielen, entkernen und die weißen Scheidewände entfernen. Schotenhälften waschen, abtropfen lassen und grob würfeln. Die Chilischote halbieren, entstielen und entkernen. Schotenhälften waschen, trocken tupfen und grob hacken.

3. Porree putzen, die Stange längs halbieren, gründlich waschen, abtropfen lassen und in Streifen schneiden. Zwiebel-, Knoblauch-, Chilistücke, Paprikawürfel und Porreestreifen portionsweise in dem verbliebenen Bratfett andünsten. Brühe hinzugießen, zum Kochen bringen und zugedeckt etwa 10 Minuten bei schwacher Hitze dünsten.

4. Tomaten hinzufügen und unter Rühren aufkochen lassen. Mit Salz und etwas Pfeffer abschmecken. Die Zutaten mit einem Stabmixer fein pürieren.

5. Zucchini waschen, abtrocknen und die Enden abschneiden. Eventuell der Länge nach halbieren und in Scheiben schneiden. Bohnen und Mais in ein Sieb geben, mit kaltem Wasser abspülen und abtropfen lassen. Zucchinischeiben, Bohnen und Mais zur Tomatenmasse in den Topf geben und weitere 5–8 Minuten bei schwacher Hitze kochen lassen. Die Hackklößchen hinzugeben und etwa 3 Minuten miterhitzen.

6. Den Eintopf nochmals mit Salz und Pfeffer abschmecken. Mit herzhaftem Mischbrot anrichten.

Milchsuppe mit Schneeklößchen

Für Kinder – schnell

4 Portionen

Pro Portion:
E: 9 g, F: 9 g, Kh: 34 g, kJ: 1174, kcal: 281

Für die Suppe:

1 Pck. Dr. Oetker Pudding-Pulver Vanille-, Mandel- oder Sahne-Geschmack
60 g Zucker
1 Prise Salz
1 l Milch
1 Eigelb (Größe M)
½ Bio-Zitrone (unbehandelt, ungewachst)

Für die Schneeklößchen:

1 Eiweiß (Größe M)
1 schwach geh. TL Zucker

Zubereitungszeit: 25 Minuten

1. Für die Suppe Pudding-Pulver mit Zucker und Salz mischen. Mit mindestens 6 Esslöffeln von der Milch anrühren. Eigelb unterrühren. Die Zitronenhälfte heiß abwaschen, abtrocknen und die Schale dünn abschälen. Restliche Milch mit der Zitronenschale in einem großen Topf zum Kochen bringen.

2. Angerührtes Pudding-Pulver in die von der Kochstelle genommene Milch rühren und unter Rühren kurz aufkochen lassen. Anschließend die Zitronenschale entfernen.

3. Für die Schneeklößchen Eiweiß mit Zucker sehr steif schlagen. Mit zwei Teelöffeln kleine Klößchen abstechen und auf die Suppe setzen. Die Klößchen zugedeckt etwa 5 Minuten in der Suppe gar ziehen lassen (Flüssigkeit muss sich leicht bewegen).

Tipps: Die Suppe nach Belieben mit Zimt-Zucker bestreuen oder 50 g Rosinen mitkochen. Die Milchsuppe mit fein geschnittener Zitronenschale und Minzblättchen garnieren.

Variante 1: Für eine **Schokoladensuppe** die Suppe mit 1 Päckchen Dr. Oetker Pudding-Pulver Schokoladen-Geschmack und 75 g Zucker, aber ohne Zitronenschale zubereiten. Dafür nach Belieben 1 Stück Zimtstange mitkochen und vor dem Verzehr entfernen.

Variante 2: Für eine **Grießsuppe** 1 Liter Milch mit Zitronenschale aufkochen. 60 g Weichweizengrieß und 60 g Zucker mischen, unter Rühren hinzugeben und ohne Deckel etwa 5 Minuten quellen lassen. Nach Belieben Zitronenschale entfernen. Die Suppe warm oder kalt servieren.

Variante 3: Für einen **Haferschleim** 1 Liter Milch mit Zitronenschale aufkochen. 40 g Haferflocken und 1 Prise Salz unterrühren. Einmal kurz aufkochen und dann ohne Deckel etwa 10 Minuten bei schwacher Hitze quellen lassen, dabei gelegentlich umrühren. Zum Schluss die Zitronenschale entfernen und 50 g Zucker sowie 1 Päckchen Dr. Oetker Vanillin-Zucker unterrühren. Je nach Haferflockensorte (zart, kernig) bekommt die Suppe eine etwas andere Konsistenz.

Minestrone | Klassisch

4 Portionen

Pro Portion:
E: 12 g, F: 12 g, Kh: 29 g, kJ: 1155, kcal: 275

200 g Möhren
300 g vorwiegend festkochende Kartoffeln
150 g Zucchini
200 g Porree (Lauch)
100 g Staudensellerie
100 g grüne Bohnen
2 Zwiebeln
75 g durchwachsener Speck
2 Fleischtomaten
2 EL Olivenöl
1 l Gemüsebrühe
100 g TK-Erbsen
50 g Hörnchennudeln oder Gabelspaghetti
2 EL gehackte Petersilie
2 EL gehackte Basilikumblättchen
Salz
Paprikapulver rosenscharf

Zubereitungszeit: 45 Minuten
Garzeit: etwa 20 Minuten

1. Möhren putzen, schälen, abspülen und abtropfen lassen. Kartoffeln waschen, schälen, abspülen, abtropfen lassen. Möhren und Kartoffeln in kleine Würfel schneiden.

2. Die Zucchini waschen, abtrocknen und die Enden abschneiden. Zucchini in Scheiben schneiden. Porree putzen, die Stangen längs halbieren, gründlich waschen, abtropfen lassen und in Streifen schneiden. Den Staudensellerie putzen und die harten Außenfäden abziehen. Selleriestangen waschen, abtropfen lassen und in Scheiben schneiden.

3. Von den Bohnen die Enden abschneiden, eventuell abfädeln. Bohnen waschen, abtropfen lassen und in Stücke schneiden oder brechen. Zwiebeln abziehen und in Würfel schneiden. Speck ebenfalls würfeln.

4. Tomaten waschen, abtropfen lassen, kreuzweise einschneiden, kurz in kochendes Wasser legen und in kaltem Wasser abschrecken. Tomaten enthäuten, halbieren, entkernen und die Stängelansätze herausschneiden. Tomatenhälften in Würfel schneiden.

5. Olivenöl in einem großen Topf erhitzen. Die Speck- und Zwiebelwürfel darin andünsten. Möhren-, Kartoffelwürfel, Selleriescheiben und Bohnen portionsweise hinzugeben und mitdünsten lassen.

6. Gemüsebrühe hinzugießen und zum Kochen bringen. Die Zutaten zugedeckt 10–12 Minuten kochen lassen. Dann Zucchinischeiben, Porreestreifen, gefrorene Erbsen und Nudeln hinzufügen, wieder zum Kochen bringen und zugedeckt weitere 5–7 Minuten kochen lassen.

7. Tomatenwürfel, Petersilie und Basilikum in die Suppe geben und erhitzen. Die Suppe mit Salz und Paprika abschmecken.

Tipps: Die Nudeln immer nur knapp gar kochen (Packungsanleitung beachten), da sie in der heißen Suppe noch nachgaren. Die Minestrone ist ohne Nudeln gefriergeeignet. Die Nudeln dann extra garen und vor dem Servieren in die Suppe geben.
Für eine vegetarische Variante den Speck weglassen und 2 Esslöffel Olivenöl oder Butter zusätzlich verwenden. Die Suppe vor dem Servieren mit frisch geriebenem Parmesan-Käse bestreuen.

Mitternachts-Tomatensuppe

Für die Party

12 Portionen

Pro Portion:
E: 26 g, F: 21 g, Kh: 13 g, kJ: 1548, kcal: 370

2 kg	*Tomaten*
4	*Gemüsezwiebeln*
5	*Knoblauchzehen*
6–8 EL	*Olivenöl*
2 Dosen	*geschälte Tomaten (Einwaage 800 g)*
3 Stangen	*Porree (Lauch)*
	Salz, frisch gemahlener Pfeffer
	gerebelter Oregano
6	*frische Bratwürste (je etwa 100 g)*
1 Bund	*glatte Petersilie*
1 Becher (150 g)	*Crème fraîche*

Zubereitungszeit: 45 Minuten
Garzeit: etwa 25 Minuten

1. Die Tomaten waschen, trocken tupfen, halbieren und die Stängelansätze entfernen. Tomaten in grobe Würfel schneiden. Gemüsezwiebeln abziehen, halbieren und ebenfalls grob würfeln. Knoblauch abziehen und in Stücke schneiden.

2. Olivenöl in einem großen Topf erhitzen. Zwiebelwürfel und Knoblauchstücke darin andünsten. Tomatenwürfel hinzufügen. Tomaten aus den Dosen mit der Flüssigkeit hinzugeben. Die Zutaten zum Kochen bringen und etwa 15 Minuten bei mittlerer Hitze kochen lassen.

3. In der Zwischenzeit den Porree putzen, die Stangen längs halbieren, gründlich waschen, abtropfen lassen und in Streifen schneiden. Die Suppe mit Salz, Pfeffer und Oregano würzen und nach Belieben pürieren. Die Porreestreifen in die Suppe geben.

4. Die Bratwurstmasse aus der Haut drücken und zu kleinen Klößchen formen. Die Klößchen ebenfalls in die Suppe geben, zum Kochen bringen und weitere etwa 10 Minuten bei schwacher Hitze kochen lassen. Die Suppe kräftig mit den Gewürzen abschmecken.

5. Petersilie abspülen und trocken tupfen. Die Blättchen von den Stängeln zupfen. Blättchen in Streifen schneiden und in die Suppe geben.

6. Die Suppe in Suppentellern oder -tassen anrichten. Mit je 1 Klecks Crème fraîche servieren.

Möhrencremesuppe | Klassisch

4 Portionen

Pro Portion:
E: 4 g, F: 15 g, Kh: 11 g, kJ: 819, kcal: 196

700 g Möhren
2 kleine Zwiebeln
30 g Butter oder 2 EL Speiseöl
1 l Gemüse-, Geflügel- oder Fleischbrühe
Salz, frisch gemahlener Pfeffer
Zucker
frisch geriebene Ingwerwurzel oder gemahlener Ingwer
evtl. 3–4 EL Crème fraîche
2 TL geröstete Sesamsamen

Zubereitungszeit: 20 Minuten
Garzeit: 12–15 Minuten

1. Die Möhren putzen, schälen, abspülen, abtropfen lassen und in etwa 1 cm dicke Scheiben schneiden. Danach die Zwiebeln abziehen und in kleine Würfel schneiden.

2. Butter oder Speiseöl in einem Topf zerlassen bzw. erhitzen. Zwiebelwürfel darin andünsten. Die Möhrenscheiben hinzugeben und mitdünsten lassen.

3. Brühe hinzugießen und zum Kochen bringen. Die Möhrenscheiben zugedeckt 12–15 Minuten garen.

4. Die Möhrensuppe mit einem Stabmixer pürieren. Mit Salz, Pfeffer, Zucker und Ingwer würzen. Nach Belieben Crème fraîche unterrühren. Die Möhrensuppe in 4 Suppentassen verteilen und mit Sesamsamen bestreut servieren.

Tipp: Die Möhrensuppe mit in Streifen geschnittenem Räucherlachs und Dillspitzen garnieren.

Möhrencremesuppe mit Käseklößchen | Für die Party

12 Portionen

Pro Portion:
E: 9 g, F: 25 g, Kh: 20 g, kJ: 1458, kcal: 348

Für die Möhrencremesuppe:
3 Schalotten
1 ½ kg Möhren
150 g Knollensellerie
100 g Butter
knapp 2 l Gemüsebrühe

Für die Käseklößchen:
150 ml Milch
50 g Butter
1 Prise Salz
frisch geriebene Muskatnuss
150 g Weizenmehl
3 Eier (Größe M)
60–70 g fein geraspelter Greyerzer-Käse
Salzwasser

Salz
etwas Zucker
frisch gemahlener Pfeffer
1 Becher (150 g) Crème fraîche
einige vorbereitete Kerbelblättchen
100 g grob gehackte Haselnusskerne

Zubereitungszeit: 70 Minuten
Garzeit Suppe: etwa 15 Minuten
Garzeit Klößchen: etwa 3 Minuten

1. Für die Suppe Schalotten abziehen und in kleine Würfel schneiden. Möhren und Sellerie putzen, schälen, abspülen, abtropfen lassen und in grobe Würfel schneiden.

2. Butter in einem großen Topf zerlassen. Zuerst die Schalottenwürfel, dann Möhren- und Selleriewürfel darin portionsweise andünsten. Das angedünstete Gemüse wieder in den Topf geben. Gemüsebrühe hinzugießen, zum Kochen bringen und zugedeckt etwa 15 Minuten bei mittlerer Hitze kochen lassen.

3. In der Zwischenzeit für die Klößchen die Milch mit Butter, Salz und Muskat in einem kleinen Topf zum Kochen bringen. Das Mehl auf einmal in die von der Kochstelle genommene Flüssigkeit schütten, zu einem glatten Kloß rühren und unter Rühren etwa 1 Minute erhitzen.

4. Den Kloß sofort in eine Rührschüssel geben. Nach und nach die Eier mit Handrührgerät mit Knethaken auf höchster Stufe unterarbeiten. Käseraspel unterrühren.

5. Salzwasser in einem Topf aufkochen lassen. Von der Käsemasse mit zwei kalt abgespülten Teelöffeln kleine Klößchen abstechen. Die Käseklößchen in dem kochenden Salzwasser etwa 3 Minuten bei schwacher Hitze gar ziehen lassen.

6. Die Suppe mit Salz, Zucker und Pfeffer würzen und mit einem Stabmixer fein pürieren. Crème fraîche unter die Suppe ziehen.

7. Die Möhrencremesuppe mit den Käseklößchen und einigen Kerbelblättchen in Schalen anrichten. Mit Haselnusskernen bestreut servieren.

Möhren-Ingwer-Suppe mit Riesengarnelen | Exotisch

4 Portionen

Pro Portion:
E: 5 g, F: 17 g, Kh: 8 g, kJ: 915, kcal: 219

500 g Möhren
1 Zwiebel
1 walnussgroßes Stück Ingwerwurzel
50 g Butter
1 Prise Zucker
80 ml frisch gepresster Orangensaft
800 ml Gemüsebrühe
4 Riesengarnelen (frisch oder TK)
1 EL Speiseöl
Salz
frisch gemahlener Pfeffer
2 EL Zitronen- oder Limettensaft
100 g Schlagsahne oder Crème fraîche
etwas süßscharfe Chilisauce (Sweet Chicken Sauce)
etwas gehackte Petersilie

Zubereitungszeit: 30 Minuten
Garzeit: etwa 15 Minuten

1. Die Möhren putzen, schälen, abspülen, abtropfen lassen und in Würfel schneiden. Die Zwiebel abziehen, ebenfalls in Würfel schneiden. Ingwer schälen und in kleine Stücke schneiden. Butter in einem Topf zerlassen. Möhren-, Zwiebelwürfel und Ingwerstücke darin mit etwas Zucker andünsten. Orangensaft und Brühe hinzugießen, zum Kochen bringen und zugedeckt etwa 15 Minuten bei mittlerer Hitze garen.

2. Die frischen oder aufgetauten Garnelen längs fast ganz aufschneiden, aufklappen und den Darm entfernen (schwarzer Faden). Garnelen unter fließendem kalten Wasser kurz abspülen und mit Küchenpapier trocken tupfen.

3. Das Speiseöl in einer Pfanne erhitzen, die Garnelen darin auf der Innenseite scharf anbraten. Mit Salz und Pfeffer würzen, mit Zitronen- oder Limettensaft ablöschen. Garnelen zugedeckt warm stellen.

4. Sahne oder Crème fraîche und die Chilisauce in die Suppe geben. Die Suppe mit einem Stabmixer fein pürieren und nochmals leicht erwärmen (nicht mehr kochen lassen). Mit Salz und Pfeffer abschmecken. Die Suppe in Tellern oder Schälchen verteilen. Die angebratenen Riesengarnelen in die Suppe geben. Die Suppe mit gehackter Petersilie bestreuen.

Möhrensuppe mit roten Linsen und Minze | Raffiniert – schnell

4 Portionen

Pro Portion:
E: 7 g, F: 4 g, Kh: 16 g, kJ: 567, kcal: 135

750 g	*Möhren*
10 g	*Ingwerwurzel*
1	*rote Peperoni*
1 ½ EL	*Speiseöl*
90 g	*getrocknete, rote Linsen*
	frisch gemahlener Pfeffer
1 Msp.	*gemahlener Kardamom*
650 ml	*Gemüsebrühe*
6 Blättchen	*Minze*
	Salz
	frisch geriebene Muskatnuss

Zubereitungszeit: 30 Minuten
Garzeit: 8–10 Minuten

1. Möhren putzen, schälen, abspülen, abtropfen lassen und in kleine Würfel schneiden. Ingwer schälen und klein würfeln. Peperoni längs aufschneiden, entkernen, abspülen, trocken tupfen und in feine Streifen schneiden.

2. Speiseöl in einem Topf erhitzen. Möhren-, Ingwerwürfel und Peperonistreifen darin etwa 5 Minuten unter gelegentlichem Rühren andünsten.

3. Linsen, Pfeffer und Kardamom hinzufügen, etwa 2 Minuten mit andünsten. Brühe hinzugießen. Die Zutaten zum Kochen bringen, zugedeckt 8–10 Minuten bei schwacher Hitze leicht köcheln lassen.

4. In der Zwischenzeit die Minzeblättchen waschen, trocken tupfen und in feine Streifen schneiden. Die Suppe mit Salz und Muskat abschmecken.

5. Die Suppe in Suppentassen füllen und mit Minzeblättchen garniert servieren.

Tipp: Minze übrig? Kein Problem – sie schmeckt gut im selbst gemachten Tee. Dafür die restlichen Minzblättchen mit Stielen waschen und trocken tupfen. Minzstiele in eine Teekanne geben, mit kochendem Wasser überbrühen und 5–8 Minuten ziehen lassen. Den Tee dann abseihen.

Munkmarscher Muscheleintopf I

Klassisch – mit Alkohol

4 Portionen

Pro Portion:
E: 14 g, F: 8 g, Kh: 11 g, kJ: 898, kcal: 214

2 kg Sylter Miesmuscheln
2 Tomaten
1 Stange Porree (Lauch)
2 Möhren
2 Stangen Staudensellerie
1 kleine Fenchelknolle
2–3 EL Olivenöl
1 Döschen Safranfäden (0,2 g)
200 ml trockener Weißwein, z. B. Riesling
1 l Fischfond
Salz, frisch gemahlener Pfeffer
1 Bund Petersilie
1 Bund Schnittlauch

Zubereitungszeit: 30 Minuten
Garzeit: etwa 5 Minuten

1. Muscheln in reichlich kaltem Wasser gründlich waschen. Muscheln einzeln abbürsten, bis sie nicht mehr sandig sind (Muscheln, die sich beim Waschen öffnen, sind ungenießbar). Eventuell die Fäden (Bartbüschel) entfernen.

2. Die Tomaten waschen, abtropfen lassen, vierteln, entkernen und die Stängelansätze herausschneiden. Porree putzen, die Stange längs halbieren, gründlich waschen, abtropfen lassen und in sehr kleine Stücke schneiden.

3. Möhren putzen, schälen, abspülen und abtropfen lassen. Staudensellerie putzen und die harten Außenfäden abziehen. Selleriestangen waschen und abtropfen lassen.

4. Von der Fenchelknolle die Stiele dicht oberhalb der Knolle abschneiden. Braune Stellen und Blätter entfernen. Die Wurzelenden gerade schneiden. Die Knolle waschen und halbieren. Möhren, Sellerie und Fenchelknolle in etwa 1 cm große Würfel schneiden.

5. Olivenöl in einem hohen Topf erhitzen. Die vorbereiteten Gemüsezutaten darin unter Rühren andünsten. Muscheln und Safranfäden hinzugeben. Mit dem Wein ablöschen. Die Miesmuscheln zugedeckt zum Kochen bringen und unter Rütteln des Topfes etwa 5 Minuten garen.

6. Die Muscheln mit einer Schaumkelle aus der Kochflüssigkeit nehmen (Muscheln, die sich nach dem Garen nicht öffnen, sind ungenießbar). Den Sud durch ein Sieb gießen und in einen kleineren Topf geben. Den Fischfond hinzugeben, zum Kochen bringen und etwas einkochen lassen.

7. In der Zwischenzeit das Muschelfleisch aus den Schalen pulen (lösen). Das Muschelfleisch mit dem Gemüse in den Muschelfond geben. Mit etwas Salz (vorsichtig, da die Muscheln schon salzig sind) und Pfeffer abschmecken.

8. Die Petersilie abspülen und trocken tupfen. Die Blättchen von den Stängeln zupfen. Blättchen klein schneiden. Schnittlauch abspülen, trocken tupfen und in Röllchen schneiden. Petersilie und Schnittlauchröllchen unter den Muscheleintopf heben und sofort servieren.

Beilage: Ofenfrisches Baguette oder Graubrot.

Ofensuppe | Gut vorzubereiten

12 Portionen

Pro Portion:
E: 31 g, F: 39 g, Kh: 32 g, kJ: 2678, kcal: 637

1 1/2 kg	*Schnitzelfleisch*
	Salz
	frisch gemahlener Pfeffer
	gekörnte Fleischbrühe
6	*mittelgroße Zwiebeln*
2 Gläser	*Tomatenpaprika (Abtropfgewicht je 165 g)*
1 große Dose	*Ananasstücke (Abtropfgewicht 490 g)*
2 Gläser	*Champignonscheiben (Abtropfgewicht je 530 g)*
1 Pck.	*TK-Erbsen (500 g)*
2 Gläser	*Chilisauce (Fonduesauce, je etwa 320 g)*
1 kg	*Schlagsahne*
1/2 Flasche	*scharfer Curryketchup (225 g)*
750 ml (3/4 l)	*Wasser*

Zubereitungszeit: 40 Minuten
Garzeit: etwa 90 Minuten

1. Den Backofen vorheizen.
Ober-/Unterhitze: etwa 200 °C
Heißluft: etwa 180 °C

2. Das Schnitzelfleisch unter fließendem kalten Wasser abspülen, trocken tupfen und in Würfel schneiden. Die Fleischwürfel in einen Bräter oder feuerfesten, großen Topf geben. Mit Salz, Pfeffer und Fleischbrühe würzen.

3. Zwiebeln abziehen, halbieren, in Würfel schneiden und zu den Fleischwürfeln geben. Tomatenpaprika in einem Sieb abtropfen lassen. Die Ananasstücke ebenfalls in einem Sieb abtropfen lassen, eventuell etwas kleiner schneiden. Champignonscheiben mit der Flüssigkeit, Tomatenpaprika, Ananasstücke und tiefgefrorene Erbsen hinzufügen.

4. Chilisauce mit Sahne und Curryketchup verrühren und über die eingeschichteten Zutaten gießen. So viel Wasser hinzufügen, dass die Zutaten bedeckt sind. Vorsichtig umrühren. Den Bräter oder Topf mit dem Deckel verschließen und auf dem Rost in den vorgeheizten Backofen schieben.

5. Suppe etwa 90 Minuten garen, dabei gelegentlich umrühren, eventuell noch etwas Wasser hinzugießen.

Oldenburger Ententopf | Mit Alkohol

6 Portionen

Pro Portion:
E: 23 g, F: 18 g, Kh: 12 g, kJ: 1337, kcal: 319

100 g getrocknete, weiße Bohnen
1 Bund Suppengrün (Knollensellerie, Möhre, Porree [Lauch])
2 Zwiebeln
2 Knoblauchzehen
4 große Entenkeulen (je etwa 300 g)
Salz, frisch gemahlener Pfeffer
2–3 EL Olivenöl
2 EL Tomatenmark
200 ml Rotwein
1 Bund Thymian
evtl. Wasser oder Hühnerbrühe

Zubereitungszeit: 45 Minuten, ohne Einweichzeit
Garzeit: etwa 90 Minuten

1. Bohnen in kaltem Wasser über Nacht (mindestens 12 Stunden) einweichen.

2. Möhre, Sellerie und Porree putzen. Dann Möhre und Sellerie schälen, abspülen, abtropfen lassen und in etwa 2 cm große Würfel schneiden. Die Porreestange längs halbieren, gründlich waschen, abtropfen lassen und in kleine Stücke schneiden. Die Zwiebeln und den Knoblauch abziehen, ebenfalls klein würfeln.

3. Entenkeulen unter fließendem kalten Wasser abspülen und trocken tupfen. Entenkeulen mit Salz und Pfeffer würzen.

4. Den Backofen vorheizen.
Ober-/Unterhitze: etwa 160 °C
Heißluft: etwa 140 °C

5. Olivenöl in einem breiten, feuerfesten Topf erhitzen. Die Entenkeulen darin von allen Seiten anbraten und herausnehmen. Zwiebel-, Knoblauchwürfel und das vorbereitete Suppengrün in dem verbliebenen Bratfett unter Rühren andünsten. Tomatenmark unterrühren und kurz mitdünsten lassen. Mit Rotwein ablöschen.

6. Thymian abspülen und trocken tupfen. Die Blättchen von den Stängeln zupfen. Die Bohnen mit dem Einweichwasser und die Hälfte der Thymianblättchen zu dem Gemüse in den Topf geben. Mit Salz und Pfeffer würzen. Die Entenkeulen auf das Gemüse setzen. Sie sollen in der Flüssigkeit schwimmen. Eventuell mit Wasser oder Hühnerbrühe auffüllen.

7. Den Topf mit dem Deckel verschließen und auf dem Rost in den vorgeheizten Backofen schieben.

8. Die Entenkeulen nach etwa 90 Minuten Garzeit mit einer Gabel einstechen und prüfen, ob das Fleisch weich ist. Falls nicht, die Garzeit um etwa 15 Minuten verlängern und verdampfte Flüssigkeit durch Wasser ersetzen.

9. Die garen Entenkeulen aus dem Topf nehmen und das Fleisch von den Knochen lösen. Die Haut entfernen. Das Fleisch in mundgerechte Stücke schneiden und wieder zu dem Gemüse in den Topf geben. Den Ententopf mit Salz und Pfeffer abschmecken. Restliche Thymianblättchen unterrühren.

Orientalischer Kichererbseneintopf mit Lamm | Raffiniert

4–6 Portionen

Pro Portion:
E: 48 g, F: 40 g, Kh: 22 g, kJ: 2677, kcal: 640

1 kg	*mageres Lammfleisch*
	Salz
	frisch gemahlener Pfeffer
120 ml	*Olivenöl*
6	*Knoblauchzehen*
1 TL	*gemahlener Ingwer*
1 Msp.	*gemahlener Safran*
1 l	*Wasser*
2 Dosen	*Kichererbsen (Abtropfgewicht je 265 g)*
2	*dicke Möhren*
1 Bund	*Petersilie*
1 TL	*gemahlener Kreuzkümmel (Cumin)*

Zubereitungszeit: 30 Minuten
Garzeit: etwa 90 Minuten

1. Das Lammfleisch unter fließendem kalten Wasser abspülen, trocken tupfen und in etwa 50 g schwere Würfel schneiden. Mit Salz und Pfeffer würzen.

2. Olivenöl in einem Bräter oder Schmortopf erhitzen. Die Lammfleischwürfel darin von allen Seiten anbraten. Knoblauch abziehen, durch eine Knoblauchpresse drücken. Mit dem Ingwer zu den Fleischwürfeln geben und kurz mitdünsten lassen. Safran hinzugeben.

3. Wasser hinzugießen und zum Kochen bringen. Die Lammfleischwürfel zugedeckt etwa 60 Minuten bei mittlerer Hitze garen.

4. In der Zwischenzeit die Kichererbsen in ein Sieb geben, mit kaltem Wasser abspülen und abtropfen lassen. Die Möhren putzen, schälen, abspülen, abtropfen lassen und in sehr kleine Würfel schneiden (kichererbsengroß).

5. Die Kichererbsen und Möhrenstückchen nach etwa 60 Minuten Garzeit zu den Lammfleischwürfeln in den Topf geben. Den Eintopf wieder zum Kochen bringen und zugedeckt weitere etwa 30 Minuten garen.

6. Petersilie abspülen und trocken tupfen. Die Blättchen von den Stängeln zupfen. Die Blättchen klein schneiden.

7. Den orientalischen Kichererbseneintopf mit Kreuzkümmel, Salz und Pfeffer würzen. Die Petersilie unterrühren.

Tipps: Statt des Lammfleischs können Sie auch 1 kg Hühnerbrust- oder Putenbrustfilet verwenden. Die Garzeit beträgt dann nur etwa 20 Minuten.
Möchten Sie keine Kichererbsen aus der Dose verwenden, können Sie auch getrocknete Kichererbsen nehmen. Dann die getrockneten Kichererbsen vor dem Kochen mindestens 12 Stunden (am besten über Nacht) in kaltem Wasser einweichen (400 g Kichererbsen in 1 ½ Liter Wasser). Samen, die im Einweichwasser oben schwimmen, sollten Sie aussortieren und wegwerfen. Die übrigen Kichererbsen nach Ablauf der Einweichzeit abspülen und in frischem Wasser kochen. Im Einweichwasser können sich unverdauliche Stoffe lösen. Die Garzeit beträgt mindestens 45–60 Minuten.

Paprikahuhn | Für Gäste

8 Portionen

Pro Portion:
E: 55 g, F: 38 g, Kh: 29 g, kJ: 2824, kcal: 676

- *2 küchenfertige Fleischhähnchen (je 1,2 kg)*
- *Salz*
- *frisch gemahlener Pfeffer*
- *8–10 Perlzwiebeln*
- *je 2 rote und gelbe Paprikaschoten*
- *800 g kleine, neue Kartoffeln*
- *2–3 EL Olivenöl*
- *2 TL Paprikapulver rosenscharf*
- *1 l Hühnerbrühe*
- *1 Lorbeerblatt*
- *1 Bund Petersilie*

- *250 g Crème fraîche*

Zubereitungszeit: 45 Minuten
Garzeit: etwa 45 Minuten

1. Die Hähnchen mit einer Geflügelschere jeweils in 8 Stücke teilen. Hähnchenteile unter fließendem kalten Wasser abspülen und trocken tupfen. Mit Salz und Pfeffer würzen.

2. Perlzwiebeln abziehen. Paprikaschoten halbieren, entstielen, entkernen und die weißen Scheidewände entfernen. Schotenhälften waschen, abtropfen lassen und in grobe Würfel schneiden.

3. Kartoffeln gründlich unter fließendem kalten Wasser abbürsten und abtropfen lassen. Große Kartoffeln halbieren.

4. Olivenöl in einem breiten Topf oder Bräter erhitzen. Die Hähnchenteile darin von allen Seiten bei mittlerer Hitze anbraten und herausnehmen.

5. Die Perlzwiebeln und Paprikawürfel in dem verbliebenen Bratfett unter Rühren andünsten. Mit Paprika bestäuben und kurz mitdünsten lassen. Hühnerbrühe hinzugießen.

6. Kartoffeln, Hähnchenteile und Lorbeerblatt in den Topf oder Bräter geben. Dann den Eintopf zum Kochen bringen und zugedeckt etwa 45 Minuten bei mittlerer Hitze garen. Mit Salz, Pfeffer und Paprika abschmecken. Lorbeerblatt entfernen.

7. Petersilie abspülen und trocken tupfen. Die Blättchen von den Stängeln zupfen. Blättchen klein schneiden. Paprikahuhn mit Petersilie bestreuen und sofort servieren. Crème fraîche dazureichen.

Paprika-Linsen-Eintopf mit Forelle | Raffiniert

4 Portionen

Pro Portion:
E: 31 g, F: 11 g, Kh: 53 g, kJ: 1839, kcal: 436

2 Zwiebeln
3 Knoblauchzehen
600 g grüne Paprikaschoten
350 g Kartoffeln
3 EL Olivenöl
1 1/2 l Gemüsebrühe
230 g rote Linsen
2 EL Tomatenketchup
Salz
frisch gemahlener Pfeffer
200 g geräucherte Forellenfilets

Zubereitungszeit: 25 Minuten
Garzeit: 20–25 Minuten

1. Zwiebeln und Knoblauch abziehen, in kleine Würfel schneiden. Paprikaschoten halbieren, entstielen, entkernen und die weißen Scheidewände entfernen. Die Schotenhälften waschen, abtropfen lassen und in grobe Würfel schneiden. Kartoffeln waschen, schälen, abspülen, abtropfen lassen und ebenfalls grob würfeln.

2. Olivenöl in einem Topf erhitzen. Zwiebel- und Knoblauchwürfel darin andünsten. Brühe, Kartoffelwürfel und Linsen hinzugeben, zum Kochen bringen. Die Zutaten zugedeckt etwa 15 Minuten bei schwacher Hitze garen.

3. Paprikawürfel hinzugeben, wieder zum Kochen bringen und weitere 5–10 Minuten bei schwacher Hitze kochen lassen. Den Eintopf mit Ketchup, Salz und Pfeffer würzen.

4. Forellenfilets grob zerteilen, eventuell vorhandene Gräten entfernen. Die Forellenstücke in den Eintopf geben und miterhitzen.

Paprika-Sauerkraut-Suppe

Mit Alkohol – vegetarisch

2 Portionen

Pro Portion:
E: 4 g, F: 12 g, Kh: 16 g, kJ: 828, kcal: 198

je 1	*rote und gelbe Paprikaschote*
100 g	*Zwiebeln*
100 g	*Sauerkraut*
1 EL	*Speiseöl*
500 ml (1/2 l)	*heiße Gemüsebrühe*
1 gestr. TL	*Speisestärke*
etwa 3 EL	*Schlagsahne*
	Salz, frisch gemahlener Pfeffer
1–2 EL	*Weißwein*
1 EL	*fein gehackte Petersilie*

Zubereitungszeit: 30 Minuten
Garzeit: etwa 15 Minuten

1. Paprikaschoten halbieren, entstielen, entkernen und die weißen Scheidewände entfernen. Schotenhälften waschen, abtropfen lassen und in feine Streifen schneiden. Zwiebeln abziehen und klein würfeln. Sauerkraut auseinanderzupfen und klein schneiden.

2. Das Speiseöl in einem Topf erhitzen. Die Zwiebelwürfel darin andünsten. Paprikastreifen und Sauerkraut hinzufügen, kurz mit andünsten. Die Brühe hinzugießen und zum Kochen bringen. Die Suppe etwa 15 Minuten kochen lassen.

3. Die Speisestärke mit Sahne anrühren, in die heiße Suppe rühren und unter Rühren kurz aufkochen lassen. Die Suppe mit Salz, Pfeffer und Weißwein abschmecken. Mit Petersilie bestreut servieren.

Tipp: Für eine nicht vegetarische Variante etwa 200 g in Scheiben geschnittene Cabanossi mit andünsten.

Paprika-Zucchini-Topf mit Strauchtomaten, Pistou und Bergkäse | Raffiniert

4–6 Portionen

Pro Portion:
E: 13 g, F: 20 g, Kh: 8 g, kJ: 1119, kcal: 267

2 Schalotten
2 rote Paprikaschoten
je 1 gelbe und grüne Zucchini
1–2 EL Olivenöl
Salz
frisch gemahlener Pfeffer
2 ½ l Gemüsebrühe
1 Rispe kleine Strauchtomaten (etwa 120 g)

Für das Pistou (provenzalisches Pesto):
3 Knoblauchzehen
Salz
1 Bund Basilikum
30 ml Olivenöl
50 g frisch geriebener Parmesan-Käse

100 g grob geriebener Bergkäse, z. B. Comté

Zubereitungszeit: 45 Minuten
Garzeit: etwa 15 Minuten

1. Die Schalotten abziehen, zuerst in dicke Scheiben schneiden, dann in Ringe teilen. Die Paprikaschoten halbieren, entstielen, entkernen und weiße Scheidewände entfernen. Die Schotenhälften waschen, abtropfen lassen und in etwa 2 cm große Würfel schneiden. Zucchini waschen, abtrocknen und die Enden abschneiden. Zucchini längs vierteln und ebenfalls in etwa 2 cm große Würfel schneiden.

2. Olivenöl in einem großen Topf erhitzen. Schalottenringe darin andünsten. Paprika- und Zucchiniwürfel hinzugeben und mit andünsten. Mit Salz und Pfeffer würzen. Brühe hinzugießen, zum Kochen bringen und etwa 15 Minuten bei schwacher Hitze kochen lassen. Tomaten waschen und trocken tupfen. Eventuell die Stängelansätze herausschneiden.

3. In der Zwischenzeit für das Pesto Knoblauch abziehen und grob zerschneiden, mit 1 Prise Salz in einen Mörser geben und mit dem Stößel zu einer Paste zerreiben.

4. Das Basilikum abspülen und trocken tupfen. Die Blättchen von den Stängeln zupfen. Blättchen grob zerschneiden, zu der Knoblauchpaste geben und fein zerreiben. Die Knoblauch-Basilikum-Masse in einen Rührbecher geben. Olivenöl unterarbeiten. Parmesan-Käse untermischen. Mit Pfeffer abschmecken.

5. Die Tomaten in den garen Paprika-Zucchini-Topf geben und erhitzen. Paprika-Zucchini-Topf in tiefen Tellern anrichten. Mit dem Bergkäse bestreut servieren. Pesto dazureichen.

Beilage: Ofenfrisches Baguette.

Pichelsteiner | Klassisch

4 Portionen

Pro Portion:
E: 29 g, F: 19 g, Kh: 20 g, kJ: 1549, kcal: 370

- *500 g gemischte Fleischsorten aus Schulter oder Nacken (Lamm, Schwein, Rind)*
- *2 Zwiebeln*
- *30 g Butterschmalz oder 3 EL Speiseöl*
- *Salz*
- *gerebelter Majoran*
- *gerebelter Liebstöckel*
- *frisch gemahlener Pfeffer*
- *500 ml (½ l) Gemüsebrühe*
- *250 g Möhren*
- *375 g vorwiegend festkochende Kartoffeln*
- *350 g Porree (Lauch)*
- *300 g Weißkohl*
- *frisch geriebene Muskatnuss*
- *2 EL gehackte Petersilie*

Zubereitungszeit: 40 Minuten
Garzeit: etwa 60 Minuten

1. Das Fleisch unter fließendem kalten Wasser abspülen, trocken tupfen und in etwa 2 cm große Würfel schneiden. Zwiebeln abziehen, eventuell halbieren und in Scheiben schneiden.

2. Butterschmalz oder Speiseöl in einem Topf erhitzen. Die Fleischwürfel darin von allen Seiten anbraten. Kurz bevor das Fleisch genügend gebräunt ist, Zwiebelscheiben hinzufügen und kurz mit andünsten. Mit Salz, Majoran, Liebstöckel und Pfeffer würzen. Brühe hinzugießen, zum Kochen bringen und zugedeckt etwa 40 Minuten bei mittlerer Hitze garen.

3. In der Zwischenzeit die Möhren putzen, schälen, abspülen und abtropfen lassen. Kartoffeln waschen, schälen und abspülen. Die Möhren und Kartoffeln in Würfel schneiden. Porree putzen, die Stangen längs halbieren, gründlich waschen, abtropfen lassen und in Streifen schneiden.

4. Von dem Weißkohl die äußeren welken Blätter entfernen. Den Kohl vierteln, abspülen, abtropfen lassen und den Strunk herausschneiden. Die Weißkohlviertel in schmale Streifen schneiden.

5. Nach Ende der Kochzeit Möhren-, Kartoffelwürfel, Porree- und Kohlstreifen hinzufügen und wieder zum Kochen bringen. Mit Salz und Pfeffer würzen. Den Eintopf zugedeckt weitere etwa 20 Minuten garen.

6. Den Eintopf nochmals mit Salz, Pfeffer und Muskat abschmecken. Mit Petersilie bestreut servieren.

Tipps: Der Eintopf ist gefriergeeignet. Verfeinern Sie den Eintopf kurz vor dem Servieren noch mit etwas abgeriebener Zitronenschale von 1 Bio-Zitrone (unbehandelt, ungewachst), Korianderblättchen und 3 Esslöffeln Olivenöl.
Oder servieren Sie den Eintopf mit einem **Schnittlauch-Pinienkern-Dip**. Dafür 1 Bio-Zitrone (unbehandelt, ungewachst) heiß abwaschen, abtrocknen und die Schale abreiben. 2 Esslöffel Schnittlauchröllchen mit 2 Esslöffeln gerösteten und gehackten Pinienkernen, 100 g Crème fraîche und Zitronenschale verrühren. Mit Salz und Pfeffer abschmecken.

Pichelsteiner von Meeresfrüchten | Etwas teurer

4 Portionen

Pro Portion:
E: 33 g, F: 10 g, Kh: 6 g, kJ: 1062, kcal: 254

2 Möhren
2 Stangen Staudensellerie
4 große Wirsingblätter
20 kleine Herzmuscheln
12 Miesmuscheln
2 EL Sonnenblumenöl
500 ml (1/2 l) Gemüsebrühe
500 ml (1/2 l) Fischfond
Salz
1/2 Bund glatte Petersilie
12 küchenfertige Garnelen
200 g Lachsfilet (ohne Haut)
200 g weißes Fischfleisch, z. B. Zander oder Seeteufel
frisch gemahlener Pfeffer

Zubereitungszeit: 40 Minuten
Garzeit: etwa 15 Minuten

1. Die Möhren putzen, schälen, abspülen, abtropfen lassen und in Scheiben schneiden. Staudensellerie putzen und die harten Außenfäden abziehen. Selleriestangen waschen, abtropfen lassen und in schräge Stücke schneiden. Die Wirsingblätter ebenfalls abspülen, trocken tupfen und in etwa 1 cm kleine Stücke schneiden.

2. Beide Muschelsorten in reichlich kaltem Wasser gründlich waschen und einzeln abbürsten, bis sie nicht mehr sandig sind (Muscheln, die sich beim Waschen öffnen, sind ungenießbar). Eventuell die Fäden (Bartbüschel) entfernen.

3. Das Sonnenblumenöl in einem hohen Topf erhitzen. Möhrenscheiben, Selleriestücke und Wirsingstückchen darin andünsten.

4. Gemüsebrühe und Fischfond hinzugießen. Mit Salz würzen. Die Zutaten zum Kochen bringen und etwa 5 Minuten kochen lassen.

5. Petersilie abspülen und trocken tupfen. Die Blättchen von den Stängeln zupfen. Die Blättchen klein schneiden.

6. Garnelen, Lachsfilet und das Fischfleisch unter fließendem kalten Wasser abspülen und trocken tupfen. Lachsfilet und weißes Fischfleisch in jeweils 12 gleich große Würfel schneiden.

7. Wenn die einzelnen Gemüsesorten weich sind, Herz- und Miesmuschel hinzugeben, zum Kochen bringen und etwa 5 Minuten bei schwacher Hitzen kochen lassen (Muscheln, die sich nach dem Garen nicht öffnen, sind ungenießbar). Fischwürfel und Petersilie hinzufügen, etwa 5 Minuten gar ziehen (nicht mehr kochen) lassen.

8. Die Suppe mit Salz und Pfeffer abschmecken.

Beilage: Roggenbaguettescheiben, mit Butter bestrichen und mit gehackter Petersilie bestreut.

Pikante Partysuppe | Mit Alkohol

12 Portionen

Pro Portion:
E: 34 g, F: 30 g, Kh: 19 g, kJ: 2251, kcal: 539

600 g Rinderrouladen
800 g Schweineschnitzel
6–8 EL Speiseöl
Salz, frisch gemahlener Pfeffer
Paprikapulver edelsüß
Paprikapulver rosenscharf
4 EL Tomatenmark
3 gestr. EL Weizenmehl
2 ½ l Fleischbrühe
500 ml (½ l) Rotwein
2 Gläser Silberzwiebeln (Abtropfgewicht je 190 g)
2 Dosen Gemüsemais (Abtropfgewicht je 285 g)
2 Stangen Porree (Lauch)
6 mittelgroße Tomaten
250 g Schlagsahne

Zubereitungszeit: 45 Minuten
Garzeit: etwa 30 Minuten

1. Rouladen- und Schnitzelfleisch unter fließendem kalten Wasser abspülen, trocken tupfen, in schmale Streifen schneiden.

2. Jeweils etwas Speiseöl in einer Pfanne erhitzen. Die Fleischstreifen darin portionsweise von allen Seiten anbraten. Mit Salz, Pfeffer, Paprika edelsüß und rosenscharf bestreuen und kurz mitdünsten (nicht zu lange, Paprikapulver wird sonst bitter).

3. Die Fleischstreifen jeweils aus der Pfanne nehmen und in einen großen Topf geben, Tomatenmark unterrühren. Mehl darüberstäuben und unter Rühren kurz andünsten.

4. Fleischbrühe und Rotwein hinzugießen und zum Kochen bringen. Das Fleisch etwa 25 Minuten garen.

5. In der Zwischenzeit Silberzwiebeln und Mais in je einem Sieb abtropfen lassen. Porree putzen, die Stangen längs halbieren, gründlich waschen, abtropfen lassen und in Streifen schneiden.

6. Tomaten waschen, abtropfen lassen, kreuzweise einschneiden, kurz in kochendes Wasser legen und in kaltem Wasser abschrecken. Die Tomaten enthäuten, vierteln, entkernen und die Stängelansätze herausschneiden.

7. Silberzwiebeln, Mais, Porreestreifen und Tomatenviertel in die Suppe geben, wieder zum Kochen bringen und weitere etwa 5 Minuten kochen lassen.

8. Sahne unterrühren und erhitzen. Die Suppe mit den Gewürzen abschmecken.

Tipps: Anstelle von Rindfleisch können Sie auch Putenfleisch verwenden.
Noch schneller geht es, wenn Sie statt der 2 Stangen Porree 300 g TK-Porree und anstelle der Tomaten 1 Dose geschälte Tomaten (Einwaage 800 g) verwenden. Nach Belieben die Suppe mit blanchierten Porreestreifen garnieren.
Sie können die Suppe gut bereits am Vortag zubereiten und kalt stellen. Die Suppe dann vor dem Verzehr bei schwacher Hitze erhitzen.

Pikanter Garnelentopf | Für Gäste

4 Portionen

Pro Portion:
E: 33 g, F: 8 g, Kh: 26 g, kJ: 1301, kcal: 311

300 g TK-Seelachsfilet
250 g TK-Garnelen (ohne Schale)
300 g TK-Brechbohnen
1 kleine Fenchelknolle (etwa 200 g)
200 g Cocktailtomaten
1 Bund Zitronenthymian
2 EL Olivenöl
1 l Gemüsebrühe
100 g Suppennudeln, z. B. Muschelnudeln
Salz
frisch gemahlener Pfeffer
Knoblauchpulver
2–3 EL süße Chilisauce

Zubereitungszeit: 40 Minuten, ohne Auftauzeit
Garzeit: etwa 25 Minuten

1. Seelachsfilet, Garnelen und Brechbohnen jeweils getrennt nach Packungsanleitung auftauen lassen. In der Zwischenzeit von der Fenchelknolle die Stiele dicht oberhalb der Knolle abschneiden. Braune Stellen und Blätter entfernen. Knolle waschen, abtropfen lassen, zuerst in Scheiben, dann in Würfel schneiden.

2. Die Tomaten waschen, abtrocknen, halbieren und die Stängelansätze entfernen. Den Thymian abspülen und trocken tupfen. Die Blättchen von den Stängeln zupfen. Seelachsfilet unter fließendem kalten Wasser abspülen, trocken tupfen und in kleine Würfel schneiden. Von den Garnelen eventuell den Darm entfernen. Dafür die Garnelen mit einem spitzen Messer am Rücken aufschneiden, den schwarzen Faden (Darm) entfernen. Garnelen abspülen und trocken tupfen.

3. Olivenöl in einem großen Topf erhitzen, Fenchelwürfel darin andünsten. Brühe hinzugießen und zum Kochen bringen. Die Fenchelwürfel etwa 10 Minuten kochen lassen. Dann die aufgetauten Bohnen hinzugeben. Die Zutaten wieder zum Kochen bringen und zugedeckt weitere etwa 5 Minuten bei schwacher Hitze kochen lassen.

4. Die Suppennudeln hinzugeben und nochmals etwa 5 Minuten kochen lassen. Fischwürfel, Garnelen und Tomatenhälften hinzufügen und in etwa 5 Minuten gar ziehen lassen. Den Garnelentopf mit Salz, Pfeffer, Knoblauch und Chilisauce würzen, Thymianblättchen unterrühren.

Pikantes Kartoffelgulasch | Deftig

6–8 Portionen

Pro Portion:
E: 34 g, F: 23 g, Kh: 26 g, kJ: 1917, kcal: 459

1 kg	*Rindergulasch (etwa 4 cm große Würfel)*
	Salz
	frisch gemahlener Pfeffer
2–3 EL	*Speiseöl*
800 g	*Zwiebeln*
2 TL	*Paprikapulver rosenscharf*
800 g	*große, festkochende Kartoffeln, z. B. Linda*
je 2	*rote und gelbe Paprikaschoten*
2 TL	*Kümmelsamen*
2 EL	*Butter*
1	*Bio-Zitrone (unbehandelt, ungewachst)*
2	*Knoblauchzehen*
1 Bund	*Schnittlauch*
1 Becher (150 g)	*Crème fraîche*

Zubereitungszeit: 60 Minuten
Garzeit: etwa 90 Minuten

1. Gulasch mit Küchenpapier trocken tupfen und mit Salz und Pfeffer würzen. Speiseöl in einem großen Topf erhitzen. Gulasch darin eventuell in 2 Portionen von allen Seiten leicht anbraten.

2. Die Zwiebeln abziehen, in Würfel schneiden, zum Gulasch geben und mit andünsten. Mit Paprika bestäuben. So viel kaltes Wasser hinzugießen, dass das Fleisch bedeckt ist. Die Zutaten zum Kochen bringen. Das Gulasch zugedeckt etwa 60 Minuten bei mittlerer Hitze garen.

3. Die Kartoffeln waschen, schälen, abspülen, abtropfen lassen und in etwa 2 cm große Würfel schneiden. Paprikaschoten halbieren, entstielen, entkernen und die weißen Scheidewände entfernen. Die Schotenhälften waschen, abtropfen lassen und ebenfalls in etwa 2 cm große Würfel schneiden. Kartoffel- und Paprikawürfel zum Gulasch geben, wieder zum Kochen bringen und zugedeckt weitere etwa 30 Minuten garen. Eventuell etwas Wasser hinzugießen.

4. Kümmel klein hacken. Die Butter unterarbeiten. Zitrone heiß abwaschen, abtrocknen und die Schale abreiben. Knoblauch abziehen und durch eine Knoblauchpresse drücken. Zitronenschale und Knoblauch unter die Kümmelbutter geben.

5. Das Kartoffelgulasch mit der Würzbutter pikant abschmecken. Schnittlauch abspülen, trocken tupfen und in Röllchen schneiden. Crème fraîche mit Schnittlauchröllchen bestreut zum Gulasch dazureichen.

Pizzasuppe | Für die Party – für Kinder

12 Portionen

Pro Portion:
E: 5 g, F: 3 g, Kh: 8 g, kJ: 326, kcal: 77

3 Dosen	*geschälte Tomaten (Einwaage je 800 g)*
3	*gelbe Paprikaschoten*
2 Stangen	*Porree (Lauch)*
1 Glas	*Champignonscheiben (Abtropfgewicht 540 g)*
750 ml (3/4 l)	*Gemüsebrühe*
250 g	*Kräuter-Schmelzkäse oder Kräuter-Frischkäse*
	Salz, frisch gemahlener Pfeffer
	gerebelter Oregano
1/2 Bund	*frisches Basilikum*

Zubereitungszeit: 35 Minuten
Garzeit: 10–15 Minuten

1. Tomaten mit der Flüssigkeit in einen großen Topf geben, pürieren, durch ein Sieb streichen und wieder in den Topf geben.

2. Die Paprikaschoten halbieren, entstielen, entkernen und die weißen Scheidewände entfernen. Die Schotenhälften waschen, abtropfen lassen und in Streifen schneiden. Porree putzen, die Stangen längs halbieren, gründlich waschen und abtropfen lassen. Porreestangen in dünne Streifen schneiden.

3. Die Paprika- und Porreestreifen zu den pürierten Tomaten in den Topf geben, unter Rühren zum Kochen bringen und 10–15 Minuten unter gelegentlichem Rühren kochen lassen.

4. Die Champignonscheiben in einem Sieb abtropfen lassen und hinzufügen. Brühe hinzugießen und aufkochen lassen.

5. Schmelz- oder Frischkäse mit etwas Suppe glatt rühren, dann unter die restliche Suppe rühren. Die Suppe erwärmen, mit Salz, Pfeffer und Oregano abschmecken. Die Suppe dabei aber nicht mehr kochen lassen.

6. Basilikum abspülen und trocken tupfen. Die Blättchen von den Stängeln zupfen. Die Suppe mit Basilikumblättchen bestreut servieren.

Polenta-Kräuter-Suppe | Raffiniert

4 Portionen

Pro Portion:
E: 9 g, F: 33 g, Kh: 42 g, kJ: 1984, kcal: 472

- *2 Bund Suppengrün (Knollensellerie, Möhren, Porree [Lauch])*
- *200 g durchwachsener Speck*
- *70 g Polentagrieß (Maisgrieß)*
- *1 TL gerebelter Thymian*
- *½ TL gerebelter Majoran*
- *1 TL gemahlene Kurkuma (Gelbwurz)*
- *1 ½ l Gemüsebrühe*
- *1 Bund Petersilie*
- *Salz*
- *frisch gemahlener Pfeffer*

Zubereitungszeit: 35 Minuten
Garzeit: etwa 12 Minuten

1. Sellerie und Möhren putzen, schälen, abspülen, abtropfen lassen und in kleine Würfel schneiden. Den Porree putzen, die Stangen längs halbieren, gründlich waschen, abtropfen lassen und dann in dünne Streifen schneiden. Speck klein würfeln.

2. Einen Wok erhitzen. Die Speckwürfel darin ausbraten, mit einer Schaumkelle herausnehmen, auf Küchenpapier abtropfen lassen und beiseitelegen.

3. Grieß, Thymian, Majoran, Kurkuma und das vorbereitete Suppengrün portionsweise in dem Speckfett anrösten.

4. Brühe hinzugießen und zum Kochen bringen. Die Hitze reduzieren und den Deckel auflegen. Suppengrün und Grieß etwa 12 Minuten in der Brühe garen.

5. In der Zwischenzeit Petersilie abspülen und trocken tupfen. Die Blättchen von den Stängeln zupfen. Blättchen klein schneiden.

6. Die Suppe nochmals aufkochen lassen und Speckwürfel hinzugeben. Die Suppe mit Salz und Pfeffer würzen, mit Petersilie bestreut servieren.

Tipps: Sie können die Suppe auch mit Hartweizengrieß zubereiten.
Für eine vegetarische Variante der Suppe können Sie den Speck weglassen. Stattdessen 2 Esslöffel Olivenöl in dem Wok erhitzen und die Zutaten darin andünsten, dann 1 Esslöffel Butter hinzufügen.

Porreecremesuppe mit Mett

Schnell – für Kinder

4 Portionen

Pro Portion:
E: 17 g, F: 29 g, Kh: 6 g, kJ: 1446, kcal: 346

1	*Zwiebel*
2 Stangen	*Porree (Lauch, etwa 400 g)*
30 g	*Butter oder Margarine*
250 g	*Schweinemett*
1 l	*Gemüsebrühe*
	Salz
	frisch gemahlener Pfeffer
100–150 g	*Sahne-Schmelzkäse*

Zubereitungszeit: 20 Minuten
Garzeit: 8–9 Minuten

1. Zwiebel abziehen und in kleine Würfel schneiden. Porree putzen, die Stangen längs halbieren, gründlich waschen und abtropfen lassen. Den Porree in Streifen schneiden.

2. Die Butter oder Margarine in einem Topf zerlassen. Zwiebelwürfel darin andünsten. Das Mett hinzufügen und unter Rühren anbraten. Dabei die Fleischklümpchen mit einer Gabel zerdrücken. Porreestreifen hinzugeben und 3–4 Minuten mitdünsten lassen.

3. Brühe hinzugießen, mit Salz und Pfeffer würzen. Die Zutaten zum Kochen bringen und zugedeckt etwa 5 Minuten bei schwacher Hitze leicht köcheln lassen.

4. Schmelzkäse in die heiße Suppe geben und unter Rühren schmelzen lassen. Porreecremesuppe mit Salz und Pfeffer abschmecken.

Porreecremesuppe mit Schinken I

Schnell – für Kinder

4 Portionen

Pro Portion:

E: 13 g, F: 19 g, Kh: 5 g, kJ: 1030, kcal: 247

1	*Zwiebel*
2 Stangen	*Porree (Lauch, etwa 400 g)*
30 g	*Butter oder Margarine*
1 l	*Gemüsebrühe*
	Salz
	frisch gemahlener Pfeffer
2 Scheiben	*gekochter Schinken*
100–150 g	*Sahne-Schmelzkäse*
2 EL	*frisch gehobelter Parmesan-Käse*

Zubereitungszeit: 20 Minuten
Garzeit: 8–9 Minuten

1. Zwiebel abziehen und in kleine Würfel schneiden. Porree putzen, die Stangen längs halbieren, gründlich waschen und abtropfen lassen. Den Porree in Streifen schneiden.

2. Die Butter oder Margarine in einem Topf zerlassen. Die Zwiebelwürfel darin andünsten. Die Porreestreifen hinzugeben und unter Rühren weitere 3–4 Minuten andünsten.

3. Brühe hinzugießen, mit Salz und Pfeffer würzen. Die Zutaten zum Kochen bringen und zugedeckt etwa 5 Minuten leicht köcheln lassen. Schinken in kleine Würfel schneiden und beiseitelegen.

4. Schmelzkäse in die heiße Suppe geben und unter Rühren schmelzen lassen. Porreecremesuppe mit Salz und Pfeffer abschmecken. Mit Schinkenwürfeln und Parmesan-Käse servieren.

Tipps: Die Suppe lässt sich gut verdoppeln und auch auf Vorrat einfrieren. Schinken und Parmesan-Käse frisch dazureichen. Schmelzkäse können Sie auch in anderen Geschmacksrichtungen (z. B. Kräuter) verwenden. Es gibt ihn auch fettreduziert im Handel.

Porree-Tomaten-Suppe | Mit Alkohol

6 Portionen

Pro Portion:
E: 4 g, F: 12 g, Kh: 24 g, kJ: 960, kcal: 229

1 l Salzwasser
125 g Langkornreis
2 Stangen Porree (Lauch, etwa 400 g)
2 Zwiebeln
750 g Tomaten
50 g Butter oder Margarine
1 l Gemüsebrühe
1 EL Tomatenmark
2 EL Portwein
Salz
5 EL Schlagsahne

Zubereitungszeit: 45 Minuten
Garzeit: etwa 15 Minuten

1. Salzwasser in einem Topf zum Kochen bringen. Den Reis hinzugeben und nach Packungsanleitung in 15–20 Minuten fast gar kochen lassen. Reis in ein Sieb geben, mit kaltem Wasser übergießen und abtropfen lassen.

2. Porree putzen, die Stangen längs halbieren, gründlich waschen, abtropfen lassen und in feine Streifen schneiden. Zwiebeln abziehen und in kleine Würfel schneiden.

3. Die Tomaten waschen, abtropfen lassen, kreuzweise einschneiden, kurz in kochendes Wasser legen und in kaltem Wasser abschrecken. Tomaten enthäuten, halbieren, entkernen und die Stängelansätze herausschneiden. Tomatenhälften in Scheiben schneiden.

4. Die Butter oder Margarine in einem Topf zerlassen. Zwiebelwürfel darin glasig dünsten. Tomatenscheiben hinzufügen und 3–5 Minuten mitdünsten lassen.

5. Brühe hinzugießen, zum Kochen bringen und zugedeckt etwa 5 Minuten bei schwacher Hitze kochen lassen. Die Suppe pürieren, anschließend durch ein Sieb streichen und wieder zurück in den Topf geben. Porreestreifen hinzufügen. Die Suppe wieder zum Kochen bringen zugedeckt weitere etwa 10 Minuten bei schwacher Hitze köcheln lassen.

6. Den gegarten Reis, Tomatenmark und Portwein unter die Suppe rühren. Die Suppe mit Salz abschmecken. Die Sahne kurz vor dem Servieren unter die Suppe rühren.

Tipps: Portwein ist ein Likörwein. Ersatzweise können Sie Sherry verwenden. Der Alkohol kann auch ersatzlos weggelassen werden.
Beachten Sie beim Kochen von Reis die Packungsanleitung – sie ist je nach Reissorte verschieden. Als Faustregel gilt: Ungeschälter Reis (Naturreis) benötigt eine längere Garzeit als geschälter Reis. Für dieses Rezept verwenden Sie am besten Langkornreis oder Parboiled-Reis. Beide Reissorten sind festkochende Sorten, die schön körnig bleiben.
Reis als Suppeneinlage immer nur knapp gar kochen. Den gegarten Reis erst kurz vor dem Servieren in die Suppe geben – er gart in der heißen Flüssigkeit nach.

Pot au Feu vom Rind mit Apfelkren | Mit Alkohol

6 Portionen

Pro Portion:
E: 46 g, F: 5 g, Kh: 26 g, kJ: 1479, kcal: 354

1,2 kg Tafelspitz (vom Rind)
100 g Markknochen vom Rind
Salz
3 Gewürznelken
10 schwarze Pfefferkörner
1 Lorbeerblatt
1 braune Zwiebel
2 Knoblauchzehen

Für den Apfelkren
(Kren ist das österreichische Wort für Meerrettich)
3 Äpfel, z. B. Boskop
50 ml Weißwein
Saft von
1 Zitrone
1/2 Stange frischer Meerrettich
Salz, frisch gemahlener Pfeffer
Zucker

2 Bund Suppengrün (Möhren, Knollensellerie, Porree [Lauch])
500 g kleine, neue Kartoffeln
1 Bund glatte Petersilie

Zubereitungszeit: 20 Minuten
Garzeit Pot au Feu: etwa 2 Stunden
Garzeit Apfelkren: etwa 10 Minuten

1. Rindfleisch und Knochen in einem großen Topf mit Wasser bedeckt zum Kochen bringen. Rindfleisch und Knochen in ein Sieb geben und mit kaltem Wasser abspülen. Rindfleisch und Knochen wieder in den Topf geben und 1 Esslöffel Salz hinzufügen. So viel kaltes Wasser hinzugießen, dass das Fleisch und die Knochen gut bedeckt sind. Zum Kochen bringen. Dabei den Schaum mit einer Schaumkelle abschöpfen. So lange abschäumen, bis sich kein Schaum mehr bildet.

2. Dann Nelken, Pfefferkörner und das Lorbeerblatt hinzugeben. Zwiebel und Knoblauch halbieren, ungeschält hinzufügen. Das Rindfleisch mit den Knochen zugedeckt etwa 90 Minuten bei schwacher Hitze kochen lassen.

3. In der Zwischenzeit für den Apfelkren die Äpfel schälen, vierteln, entkernen und grob würfeln. Apfelwürfel in einen Topf geben, sofort mit Wein und Zitronensaft vermischen und zum Kochen bringen. Die Apfelwürfel zugedeckt etwa 10 Minuten bei schwacher Hitze weich dünsten lassen.

4. Die Apfelmasse durch ein feines Sieb streichen. Meerrettich schälen und direkt in das Apfelpüree reiben. Mit Salz, Pfeffer und Zucker abschmecken.

5. Möhren und Sellerie putzen, schälen, abspülen, abtropfen lassen. Porree putzen, die Stangen längs halbieren, gründlich waschen und abtropfen lassen. Kartoffeln gründlich unter fließendem kalten Wasser abbürsten und trocken tupfen.

6. Nach etwa 90 Minuten Garzeit (vorher mit einem Holzspieß prüfen, ob das Fleisch gar ist) das vorbereitete Suppengrün und die Kartoffeln in die Brühe geben, wieder zum Kochen bringen und zugedeckt weitere etwa 30 Minuten garen. Eventuell verdampfte Flüssigkeit durch Wasser ersetzen.

7. Den Tafelspitz, das Gemüse und die Kartoffeln aus der Brühe nehmen. Die Brühe durch ein Sieb gießen.

8. Tafelspitz in Scheiben und die Gemüsezutaten in Stücke schneiden. Anschließend die Fleischscheiben, Gemüsestücke und Kartoffeln wieder in die Brühe geben.

9. Petersilie abspülen und trocken tupfen. Die Blättchen von den Stängeln zupfen. Die Blättchen klein schneiden.

10. Pot an Feu mit Petersilie bestreut servieren. Apfelkren dazureichen.

Tipp: Es reicht auch, wenn Sie den Tafelspitz und die Knochen abspülen, trocken tupfen und mit kaltem Wasser bedeckt zum Kochen bringen. Die Brühe wird jedoch wie unter Punkt 1 beschrieben klarer.

Präsidentensuppe | Für die Party

12 Portionen

Pro Portion:
E: 19 g, F: 21 g, Kh: 7 g, kJ: 1263, kcal: 302

3 große Zwiebeln
2 Knoblauchzehen
6 EL Speiseöl
1 kg Gehacktes (halb Rind-, halb Schweinefleisch)
1 Dose Sauerkraut (Abtropfgewicht 770 g)
1 Dose Tomatenmark (140 g)
1 l Tomatensaft
1 l Fleischbrühe
Paprikapulver edelsüß
gemahlener Kümmelsamen
Salz
frisch gemahlener Pfeffer
Tabasco
8–10 Gewürzgurken
1 Bund Petersilie
300 g saure Sahne

Zubereitungszeit: 30 Minuten
Garzeit: etwa 30 Minuten

1. Zwiebeln und Knoblauch abziehen. Die Zwiebeln halbieren und in grobe Würfel schneiden. Knoblauch klein würfeln.

2. Speiseöl in einem großen Topf erhitzen. Zwiebel- und Knoblauchwürfel darin andünsten.

3. Gehacktes hinzufügen und unter Rühren anbraten. Dabei die Fleischklümpchen mit einer Gabel zerdrücken. Sauerkraut auseinanderzupfen und hinzufügen.

4. Tomatenmark, -saft und Fleischbrühe hinzugießen. Mit Paprika, Kümmel, Salz und Pfeffer würzen. Die Zutaten zum Kochen bringen und etwa 30 Minuten bei schwacher Hitze kochen lassen.

5. Die Suppe mit Tabasco und den Gewürzen abschmecken. Gewürzgurken in feine Scheiben schneiden, hinzufügen und miterhitzen.

6. Die Petersilie abspülen und trocken tupfen. Die Blättchen von den Stängeln zupfen. Blättchen klein schneiden.

7. Die Suppe in Suppentassen oder -tellern verteilen. Jeweils 1 Klecks saure Sahne in die Suppe geben. Mit Petersilie bestreut servieren.

Quark-Kartoffel-Suppe

Raffiniert – für die Party – preiswert

8–10 Portionen

Pro Portion:
E: 12 g, F: 28 g, Kh: 16 g, kJ: 1554, kcal: 370

800 g vorwiegend festkochende Kartoffeln
1 mittelgroße Zwiebel
1 Bund Kerbel
50 g Butter
2 l Gemüsebrühe
250 g Magerquark
Salz
frisch gemahlener Pfeffer
250 g Champignons
200 g magerer, durchwachsener Speck
1 Glas Saftwürstchen (Abtropfgewicht 195 g)
2 EL Speiseöl
1 Bund Schnittlauch

Zubereitungszeit: 50 Minuten
Garzeit: etwa 30 Minuten

1. Kartoffeln waschen, schälen, abspülen, abtropfen lassen und klein schneiden. Zwiebel abziehen, halbieren und in kleine Würfel schneiden. Kerbel abspülen und trocken tupfen. Die Blättchen von den Stängeln zupfen. Einige Blättchen zum Garnieren beiseitelegen. Restliche Blättchen klein schneiden.

2. Jeweils die Hälfte der Butter in einem großen Topf zerlassen. Die Kartoffel- und Zwiebelwürfel darin in 2 Portionen andünsten. Gemüsebrühe hinzugießen und klein geschnittenen Kerbel unterrühren. Die Zutaten zum Kochen bringen und etwa 30 Minuten kochen lassen.

3. Die Suppe mit einem Stabmixer pürieren. Quark unterrühren. Die Suppe mit Salz und Pfeffer würzen und unter Rühren erhitzen.

4. Champignons putzen, mit Küchenpapier abreiben, eventuell abspülen und trocken tupfen. Speck, Würstchen und Champignons in dünne Scheiben oder kleine Würfel schneiden.

5. Das Speiseöl in einer Pfanne erhitzen. Speckwürfel oder -scheiben darin anbraten. Die Champignon- und Würstchenscheiben oder -würfel hinzufügen, mit anbraten, herausnehmen und in die Suppe geben.

6. Schnittlauch abspülen, trocken tupfen und in Röllchen schneiden. Die Suppe mit den beiseitegelegten Kerbelblättchen und Schnittlauchröllchen bestreut servieren.

Ratatouille-Eintopf | Raffiniert

4 Portionen

Pro Portion:
E: 3 g, F: 8 g, Kh: 8 g, kJ: 504, kcal: 120

1	*Aubergine (etwa 200 g)*
1	*Zucchini (etwa 200 g)*
1	*Gemüsezwiebel (etwa 100 g)*
1	*Knoblauchzehe*
je 1/2	*rote und gelbe Paprikaschote*
einige Stängel	*Thymian*
3 EL	*Olivenöl*
500 ml (1/2 l)	*Gemüsebrühe*
1 Dose	*geschälte Tomaten (Einwaage 400 g)*
1–2 TL	*gerebelte Kräuter der Provence*
1–2 TL	*Tomatenmark*
	Salz
	frisch gemahlener Pfeffer
	Paprikapulver edelsüß
evtl.	*Balsamico-Essig*

Zubereitungszeit: 30 Minuten
Garzeit: 15–20 Minuten

1. Die Aubergine und Zucchini waschen, abtrocknen und Stängelansatz bzw. Enden abschneiden. Aubergine und Zucchini in dünne Scheiben schneiden. Die Auberginenscheiben nochmals vierteln. Gemüsezwiebel abziehen, halbieren und würfeln. Knoblauch abziehen und in kleine Würfel schneiden.

2. Paprikaschotenhälften entstielen, entkernen und die weißen Scheidewände entfernen. Schotenhälften waschen, abtropfen lassen und in Streifen schneiden. Thymian abspülen und trocken tupfen. Die Blättchen von den Stängeln zupfen.

3. Olivenöl in einem Topf erhitzen. Zwiebel- und Knoblauchwürfel darin andünsten. Geviertelte Auberginenscheiben und Paprikastreifen hinzugeben, mitdünsten lassen. Brühe hinzugießen, zum Kochen bringen und die Zutaten etwa 10 Minuten garen. Tomaten mit der Flüssigkeit, Zucchinischeiben, Kräuter der Provence und Thymianblättchen hinzufügen. Die Zutaten wieder zum Kochen bringen. Den Eintopf weitere 5–10 Minuten bei schwacher Hitze kochen lassen.

4. Dann den Eintopf mit Tomatenmark, Salz, Pfeffer, Paprika und nach Belieben mit Balsamico-Essig abschmecken.

Tipps: Servieren Sie als Beilage mit Käse überbackene Baguettescheiben. Dafür 4 Baguettescheiben auf ein mit Backpapier belegtes Backblech legen und mit 50 g frisch geriebenem Parmesan-Käse bestreuen. Dann das Backblech in den vorgeheizten Backofen schieben. Die Baguettescheiben bei Ober-/Unterhitze: etwa 200 °C überbacken, bis der Käse goldbraun ist. Frisches Thymiankraut gibt es am besten in den Sommermonaten von Juni bis September. Ersatzweise nehmen Sie für das Rezept gerebelten Thymian (etwa 1 Teelöffel).

Räucherfisch-Rahm-Suppe

Für Gäste

8–10 Portionen

Pro Portion:
E: 26 g, F: 30 g, Kh: 24 g, kJ: 2057, kcal: 491

300 g	*Knollensellerie*
2	*Zwiebeln*
60 g	*Butter oder Margarine*
3 EL	*Weizenmehl*
1,6 l	*Gemüsebrühe*
1 Dose	*rote Bohnen (Abtropfgewicht 550 g)*
1 Glas	*Fischfond (400 ml)*
400 g	*Schlagsahne*
je 150 g	*Räucheraalfilet und geräucherte Forellenfilets*
	Salz, frisch gemahlener Pfeffer

Zubereitungszeit: 35 Minuten
Garzeit: etwa 30 Minuten

1. Den Sellerie putzen, schälen, abspülen, abtropfen lassen und in Würfel schneiden. Zwiebeln abziehen, ebenfalls klein würfeln.

2. Butter oder Margarine in einem großen Topf zerlassen. Zwiebel- und Selleriewürfel darin andünsten. Mehl darüberstäuben und unterrühren.

3. Die Gemüsebrühe unter Rühren hinzugießen und unter Rühren aufkochen lassen. Dabei darauf achten, dass keine Klümpchen entstehen. Die Zutaten etwa 20 Minuten kochen lassen.

4. Die Bohnen in ein Sieb geben, mit kaltem Wasser abspülen und abtropfen lassen.

5. Bohnen, Fischfond und Sahne zur Suppe in den Topf geben. Wieder zum Kochen bringen und weitere etwa 10 Minuten bei schwacher Hitze kochen lassen.

6. In der Zwischenzeit den Fisch in Stücke schneiden, in die Suppe geben und kurz miterhitzen. Die Suppe mit Salz und Pfeffer würzen.

Tipps: Sie können zusätzlich einige Kartoffelwürfel mitgaren und die Suppe mit gehackten Dillspitzen und Kerbelblättchen verfeinern.
Sie können statt der Zwiebeln 2 geputzte Porreestangen in Streifen schneiden und zusammen mit dem Sellerie andünsten.

Reisbällchentopf | Für Kinder

4 Portionen

Pro Portion:
E: 11 g, F: 16 g, Kh: 23 g, kJ: 1174, kcal: 280

70 g	*Parboiled-Reis*
150 ml	*Salzwasser*
250 g	*Möhren*
1 Stange	*Porree (Lauch, etwa 200 g)*
250 g	*Knollensellerie*
2 Gläser	*Gemüsefond (je 400 ml)*
1 EL	*Olivenöl*
200 g	*feines Kalbsbrät*
1/2 Bund	*Kerbel*
	frisch gemahlener Pfeffer
	frisch geriebene Muskatnuss

Zubereitungszeit: 35 Minuten
Garzeit: etwa 60 Minuten

1. Reis in 150 ml kochendes Salzwasser geben und nach Packungsanleitung bissfest garen. Den Reis so lange ohne Deckel weitergaren, bis die Flüssigkeit verdampft ist. Den Reis etwas abkühlen lassen.

2. In der Zwischenzeit Möhren putzen, schälen, abspülen und abtropfen lassen. Den Porree putzen, die Stange längs halbieren, gründlich waschen und gut abtropfen lassen. Sellerie putzen, schälen, abspülen, abtropfen lassen. Das vorbereitete Gemüse in etwa 3 cm lange Streifen schneiden, in einen gewässerten Römertopf® (4-Liter-Inhalt) geben und gut vermischen. Gemüsefond und Olivenöl unterrühren.

3. Kalbsbrät mit dem abgekühlten Reis verrühren. Aus der Masse mit angefeuchteten Händen kleine Bällchen formen und auf das Gemüse in den Römertopf® geben. Den Römertopf® mit dem Deckel verschließen und auf dem Rost in den kalten Backofen schieben.
Ober-/Unterhitze: etwa 200 °C
Heißluft: etwa 180 °C

4. Kerbel abspülen und trocken tupfen. Die Blättchen von den Stängeln zupfen. Nach etwa 60 Minuten Garzeit den Eintopf mit Salz, Pfeffer und Muskat würzen und mit Kerbelblättchen bestreuen.

Tipps: 200 g feines Kalbsbrät entspricht 2 ungebrühten Kalbsbratwürsten.
Parboiled-Reis wird mit Wasser, Wärme und Druck vorbehandelt. Dabei dringt ein Teil der im Silberhäutchen enthaltenen Vitamine des B-Komplexes in das Korn ein und bleibt beim anschließenden Schleifen und Polieren erhalten. Durch diese Behandlung gehen nur wenig Vitalstoffe verloren, außerdem verbessern sich die Kocheigenschaften. Der Reis bleibt beim Wiederaufwärmen körnig.
Für den Römertopf® wird der Backofen nicht vorgeheizt, d. h. er wird erst eingeschaltet, wenn der Römertopf® hineingestellt wird. Das vom Ton aufgesaugte Wasser wird während des Garens als Dampf abgegeben. So bleiben die Speisen saftig und man spart Fett.

Variante: Schneller Reisbällchentopf (4 Portionen)
Wer keinen Römertopf® hat oder es eilig hat, bereitet das Rezept im Topf zu. Für die Reisbällchen den abgekühlten Reis mit Kalbsbrät verrühren und zu Bällchen formen. Gemüse putzen, waschen, abtropfen lassen, klein schneiden und in 2–3 Esslöffeln Olivenöl im Topf andünsten. Gemüsefond und 200 ml Gemüsebrühe hinzugießen und alles etwa 20 Minuten garen. Reisbällchen in die Suppe geben und bei schwacher Hitze in etwa 5 Minuten gar ziehen lassen. Die Suppe würzen und servieren.

Rhabarber-Himbeer-Suppe mit Erdbeeren | Raffiniert – mit Alkohol

4 Portionen

Pro Portion:
E: 4 g, F: 1 g, Kh: 56 g, kJ: 1223, kcal: 292

500 g Rhabarber
125 g Zucker
250 ml (1/4 l) Weißwein
1 Pck. TK-Himbeeren (250 g)
500 g Erdbeeren
1 Eiweiß (Größe M)
1 TL Zucker
5 TL Zucker
1 TL gemahlener Zimt

Zubereitungszeit: 35 Minuten
Garzeit Suppe: etwa 10 Minuten
Garzeit Klöße: etwa 5 Minuten

1. Rhabarber (nicht abziehen), waschen, abtropfen lassen, Stielenden und Blattansätze entfernen. Die Stangen in kleine Stücke schneiden.

2. Zucker in einem Topf erhitzen und unter Rühren leicht bräunen (karamellisieren) lassen. Wein hinzugießen und unter Rühren erhitzen. Rhabarberstücke und gefrorene Himbeeren (einige Himbeeren beiseitelegen) hinzufügen, zum Kochen bringen und etwa 10 Minuten kochen lassen. Die Suppe durch ein Sieb streichen.

3. Erdbeeren putzen, waschen, gut abtropfen lassen, entstielen, halbieren und mit den beiseitegelegten Himbeeren in die Suppe geben.

4. Das Eiweiß sehr steif schlagen, Zucker kurz unterschlagen. Vom dem Eischnee mit einem Löffel kleine Klößchen abstechen.

5. Wasser in einem Topf zum Kochen bringen. Die Schneeklößchen auf das kochende Wasser setzen. Zugedeckt in etwa 5 Minuten fest werden lassen, mit einer Schaumkelle herausnehmen und auf die Suppe setzen.

6. Zucker und Zimt mischen. Die Schneeklößchen damit bestreuen.

Tipp: Die Suppe kann auch am Vortag gekocht und eisgekühlt serviert werden. Die Schneeklößchen dürfen dann jedoch erst kurz vor dem Anrichten auf die Suppe gesetzt werden.

Rheinische Bohnensuppe | Preiswert

8–10 Portionen

Pro Portion:
E: 23 g, F: 17 g, Kh: 19 g, kJ: 1366, kcal: 256

800 g Dicke Rippe (vom Schwein)
2 ½ l Salzwasser
1 Gemüsezwiebel (etwa 100 g)
2 EL Speiseöl
600 g festkochende Kartoffeln
1 kg TK-Grüne Bohnen
1 Bund Bohnenkraut
etwas Kräuteressig
Salz
frisch gemahlener Pfeffer
etwas Zucker

Zubereitungszeit: 40 Minuten, ohne Abkühlzeit
Garzeit: etwa 70 Minuten

1. Die Dicke Rippe unter fließendem kalten Wasser abspülen, trocken tupfen und in 3 Stücke schneiden. Die Fleischstücke in einen Topf mit Salzwasser geben und zum Kochen bringen.

2. In der Zwischenzeit die Gemüsezwiebel abziehen, halbieren und in Würfel schneiden. Speiseöl in einer Pfanne erhitzen. Die Zwiebelwürfel darin andünsten, herausnehmen und zu dem Fleisch in den Topf geben. Das Fleisch zugedeckt etwa 50 Minuten kochen lassen.

3. Kartoffeln waschen, schälen, abspülen, abtropfen lassen und in kleine Würfel schneiden. Kartoffelwürfel und die gefrorenen Bohnen hinzugeben, wieder zum Kochen bringen und weitere etwa 20 Minuten kochen lassen.

4. Das Fleisch aus der Suppe nehmen, etwas abkühlen lassen, in kleine Würfel schneiden und wieder in die Suppe geben.

5. Das Bohnenkraut abspülen und trocken tupfen. Die Blättchen von den Stängeln zupfen. Blättchen grob zerschneiden. Die Suppe mit Essig, Salz, Pfeffer und Zucker würzen. Bohnenkraut unterrühren.

Tipp: Nach Belieben 200 g durchwachsenen Speck in Würfel schneiden, in einer Pfanne auslassen und zu der Suppe reichen.

Rinderpörkölt in Biersauce

Mit Alkohol

8–10 Portionen

Pro Portion:
E: 25 g, F: 11 g, Kh: 18 g, kJ: 1152, kcal: 275

1 kg Rindfleisch (aus der Schulter)
500 g frische Perlzwiebeln oder
1 Glas eingelegte Perlzwiebeln (Abtropfgewicht 300 g)
500 g Staudensellerie
5 Möhren (etwa 500 g)
4 EL Speiseöl
Salz
frisch gemahlener Pfeffer
500 ml (1/2 l) Gemüsebrühe
2 EL Tomatenmark
500 ml (1/2 l) Malzbier (dunkles Bier)
1 Bund Oregano

Zubereitungszeit: 55 Minuten, ohne Einlegzeit
Garzeit: etwa 70 Minuten

1. Das Rindfleisch unter fließendem kalten Wasser abspülen, trocken tupfen und in Würfel schneiden. Frische Perlzwiebeln abziehen. Eingelegte Perlzwiebeln in einem Sieb abtropfen lassen, anschließend etwa 60 Minuten in kaltes Wasser legen, um den Essiggeschmack zu mildern.

2. Staudensellerie putzen und die harten Außenfäden abziehen. Selleriestangen waschen, abtropfen lassen und in Scheiben schneiden. Möhren putzen, schälen, abspülen, abtropfen lassen, halbieren und in Scheiben schneiden.

3. Speiseöl in einem großen Bräter erhitzen. Fleischwürfel darin kräftig von allen Seiten anbraten. Mit Salz und Pfeffer würzen. Die Hälfte der Brühe hinzugießen, zum Kochen bringen und zugedeckt etwa 40 Minuten kochen lassen. Perlzwiebeln, Sellerie- und Möhrenscheiben hinzugeben. Das Tomatenmark unterrühren. Die restliche Brühe und Malzbier hinzugießen, wieder zum Kochen bringen, zugedeckt weitere etwa 30 Minuten garen. Dabei gelegentlich umrühren.

4. Oregano abspülen und trocken tupfen. Die Blättchen von den Stängeln zupfen. Die Oreganoblättchen unterrühren. Mit Salz und Pfeffer abschmecken.

Beilage: Baguette oder kräftiges Bauernbrot.

Rindfleischbrühe | Klassisch

4 Portionen

Pro Portion:
E: 38 g, F: 7 g, Kh: 3 g, kJ: 970, kcal: 230

750 g Rindfleisch, z. B. Bugschaufel, Beinfleisch
2 l kaltes Wasser
Salz
1 Bund Suppengrün (Knollensellerie, Möhren, Porree [Lauch])
2 Zwiebeln
1 Lorbeerblatt
3 Gewürznelken
5 Pfefferkörner

Zubereitungszeit: 30 Minuten
Garzeit: 2 ½–3 Stunden

1. Rindfleisch unter fließendem kalten Wasser abspülen und trocken tupfen. Rindfleisch mit kaltem Wasser und 2 Teelöffeln Salz in einen großen Topf geben. Zum Kochen bringen und ohne Deckel etwa 60 Minuten bei mittlerer Hitze kochen. Dabei ab und zu mit einer Schaumkelle den Schaum abschöpfen.

2. In der Zwischenzeit Sellerie und Möhren putzen, schälen, abspülen, abtropfen lassen und grob würfeln. Porree putzen, die Stange längs halbieren, gründlich waschen, abtropfen lassen und in Streifen schneiden. Zwiebeln abziehen. Eine Zwiebel mit Lorbeerblatt und Gewürznelken spicken.

3. Vorbereitetes Suppengrün, beide Zwiebeln und Pfefferkörner zu dem Rindfleisch in den Topf geben, wieder zum Kochen bringen und dann ohne Deckel 1 ½–2 Stunden bei schwacher Hitze kochen.

4. Das Rindfleisch aus der Brühe nehmen. Die Brühe durch ein feines Sieb oder durch ein mit einem Geschirrtuch ausgelegtes Sieb gießen. Die Brühe mit Salz abschmecken.

Tipps: Sie können die Rindfleischbrühe als Grundlage für viele Rezepte verwenden, in denen Fleischbrühe benötigt wird. Kochen Sie noch Fleisch- oder Markknochen in der Brühe mit.
Die Rindfleischbrühe mit einer Einlage aus Spargelspitzen, feinen Suppennudeln, Eierstich und mit gehackter Petersilie bestreut **(Foto)** als leichte Vorsuppe servieren.
Die Brühe ist (ohne Einlage) gefriergeeignet.

Roter Linseneintopf mit Kreuzkümmel | Vegetarisch

4 Portionen

Pro Portion:
E: 22 g, F: 8 g, Kh: 44 g, kJ: 1423, kcal: 340

1 Zwiebel
1 Knoblauchzehe
1 Chilischote
2 EL Olivenöl
1 TL Currypulver
250 g rote Linsen
1 TL gemahlener Kreuzkümmel (Cumin)
1 ½ l Gemüsebrühe
200 g Kichererbsen (aus der Dose)
1 Bio-Zitrone (unbehandelt, ungewachst)
1 Bund Koriander
Salz, frisch gemahlener Pfeffer

Zubereitungszeit: 30 Minuten
Garzeit: etwa 15 Minuten

1. Zwiebel und Knoblauch abziehen. Die Zwiebel in kleine Würfel schneiden. Knoblauch durch eine Knoblauchpresse drücken. Chilischote abspülen, trocken tupfen und in feine Ringe schneiden, dabei die Kerne entfernen.

2. Das Olivenöl in einem Topf erhitzen. Zwiebelwürfel, Curry, Knoblauch und Chiliringe darin andünsten. Die Linsen hinzufügen und mit Kreuzkümmel bestreuen. Gemüsebrühe hinzugießen. Die Zutaten zum Kochen bringen und zugedeckt bei schwacher Hitze etwa 15 Minuten leicht kochen lassen.

3. In der Zwischenzeit Kichererbsen in einem Sieb abtropfen lassen. Zitrone heiß abwaschen, abtrocknen und die Schale abreiben. Die Zitrone auspressen. Den Koriander abspülen und trocken tupfen. Die Blättchen von den Stängeln zupfen und grob zerkleinern.

4. Etwa die Hälfte der Linsen mit einer Schaumkelle aus dem Eintopf nehmen. Den restlichen Eintopf mit einem Stabmixer fein pürieren.

5. Die abgeschöpften Linsen und Kichererbsen in den pürierten Eintopf geben und miterhitzen. Mit Salz, Pfeffer, Zitronenschale und -saft abschmecken. Den Linseneintopf mit Koriander bestreut servieren.

Tipp: Den Linseneintopf mit Papadams (indische Linsenfladen) servieren.

Salsa-Suppe | Schnell – raffiniert

8–10 Portionen

Pro Portion:
E: 20 g, F: 12 g, Kh: 52 g, kJ: 1733, kcal: 414

1 Bund	*Frühlingszwiebeln*
1 Dose	*Kidneybohnen (Abtropfgewicht 500 g)*
1 Dose	*Gemüsemais (Abtropfgewicht 265 g)*
2 EL	*Speiseöl*
etwa 40 g	*Weizenmehl*
1 l	*Gemüsebrühe*
700 ml	*Tomaten-Chili-Sauce, z. B. Texicana Salsa*
1 Glas	*Ajvar (330 g, Paprikapaste)*
	Salz
	frisch gemahlener Pfeffer
1 Pck.	*TK-Petersilie (25 g)*

Zubereitungszeit: 25 Minuten
Garzeit: etwa 10 Minuten

1. Die Frühlingszwiebeln putzen, waschen, abtropfen lassen und in Scheiben schneiden. Kidneybohnen und Mais in ein Sieb geben, mit kaltem Wasser abspülen und abtropfen lassen.

2. Speiseöl in einem Topf erhitzen. Frühlingszwiebelscheiben darin andünsten. Mit Mehl bestäuben, mit Gemüsebrühe ablöschen und glatt rühren.

3. Tomaten-Chili-Sauce, Ajvar, Kidneybohnen und Mais nacheinander in die Suppe geben und unter Rühren zum Kochen bringen. Dann die Suppe etwa 10 Minuten kochen lassen. Mit Salz und Pfeffer würzen.

4. Die Salsa-Suppe mit Petersilie bestreuen und servieren.

Sauerkrautsuppe mit Croûtons I

Mit Alkohol

8–10 Portionen

Pro Portion:
E: 5 g, F: 27 g, Kh: 22 g, kJ: 1716, kcal: 409

Für die Croûtons:

8 Scheiben Weißbrot
80–100 g Butter

Für die Suppe:

3 mittelgroße Zwiebeln
3 EL Butter oder Margarine
750 g Sauerkraut
600 ml Weißwein
1 ½ l Gemüsebrühe
75 g Weizenmehl
375 g Schlagsahne
Salz, frisch gemahlener Pfeffer
etwas Zucker

Zubereitungszeit: 35 Minuten
Garzeit: etwa 30 Minuten

1. Für die Croûtons Weißbrot entrinden und in kleine Würfel schneiden. Jeweils die Hälfte der Butter in einer Pfanne zerlassen. Die Weißbrotwürfel darin in 2 Portionen unter ständigem Rühren von allen Seiten goldbraun braten und herausnehmen.

2. Für die Suppe Zwiebeln abziehen, halbieren und in kleine Würfel schneiden. Butter oder Margarine in einem großen Topf zerlassen. Die Zwiebelwürfel darin andünsten. Sauerkraut auseinanderzupfen, hinzufügen und mitdünsten lassen.

3. Weißwein und Gemüsebrühe hinzugießen, zum Kochen bringen und etwa 25 Minuten kochen lassen.

4. Das Mehl mit Sahne anrühren, in die Suppe rühren und unter Rühren zum Kochen bringen. Die Suppe 4–5 Minuten bei schwacher Hitze kochen lassen, dabei ab und zu umrühren. Mit Salz, Pfeffer und Zucker abschmecken.

5. Die Sauerkrautsuppe in vorgewärmte Suppentassen oder -teller füllen. Die Croûtons darauf verteilen und sofort servieren.

Tipps: Sie können die Suppe bereits am Vortag vorbereiten. Die Suppe dann aber erst kurz vor dem Servieren mit dem mit Sahne angerührten Mehl andicken. Auch die Croûtons können bereits fertig geröstet in einer gut schließenden Dose mindestens 1 Tag aufbewahrt werden.

Scharfe Tomatensuppe mit Käsetoasts | Vegetarisch – für Gäste

4 Portionen

Pro Portion:
E: 11 g, F: 25 g, Kh: 24 g, kJ: 1581, kcal: 378

Für die Suppe:

1 kg Tomaten
1 kleine, rote Paprikaschote
1 kleine, rote Chilischote
2 Zwiebeln
4 EL Olivenöl
2 EL Tomatenmark
500 ml (1/2 l) Gemüsebrühe
150 g Doppelrahm-Frischkäse mit französischen Kräutern
Sojasauce
Tabasco
Salz, frisch gemahlener Pfeffer
1 EL gehackte Basilikumblättchen

Für die Käsetoasts:

2 Scheiben Vollkorn-Toastbrot
50 g Doppelrahm-Frischkäse mit französischen Kräutern
2 EL Schlagsahne

2 EL steif geschlagene Schlagsahne
einige vorbereitete Basilikumblättchen

Zubereitungszeit: 35 Minuten
Garzeit: etwa 15 Minuten

1. Für die Suppe die Tomaten waschen, abtropfen lassen, kreuzweise einschneiden, kurz in kochendes Wasser legen und in kaltem Wasser abschrecken. Die Tomaten enthäuten, halbieren, entkernen und die Stängelansätze herausschneiden. Tomatenhälften in Würfel schneiden.

2. Die Paprikaschote halbieren, entstielen, entkernen und die weißen Scheidewände entfernen. Schotenhälften waschen, abtropfen lassen und in kleine Würfel schneiden. Chilischote waschen, trocken tupfen, halbieren, entstielen, entkernen und in Ringe schneiden. Zwiebeln abziehen und ebenfalls klein würfeln.

3. Olivenöl in einem Topf erhitzen. Zwiebelwürfel darin glasig dünsten. Tomaten-, Paprikawürfel, Chiliringe und Tomatenmark hinzufügen, kurz mit andünsten. Gemüsebrühe hinzugießen, zum Kochen bringen und zugedeckt etwa 15 Minuten bei mittlerer Hitze garen.

4. Die Tomatensuppe mit einem Stabmixer pürieren und durch ein Sieb streichen. Den Frischkäse in die Suppe rühren und mit Sojasauce, Tabasco, Salz und Pfeffer abschmecken. Basilikum unterrühren.

5. Für die Käsetoasts Vollkorn-Toastbrot toasten und diagonal halbieren.

6. Frischkäse mit Sahne verrühren. Die Toasts mit dem Sahne-Frischkäse bestreichen und unter dem vorgeheizten Grill etwa 1 Minute gratinieren.

7. Die Suppe in Tellern verteilen und je 1 Sahnetuff daraufsetzen. Mit Basilikumblättchen garniert servieren. Die Käsetoasts dazureichen.

Scharfer Sellerie-Pfeffer-Eintopf

Für Gäste

4 Portionen

Pro Portion:

E: 37 g, F: 21 g, Kh: 29 g, kJ: 1972, kcal: 471

1	*kleiner Staudensellerie*
400 g	*gekochter Schinken*
2 EL	*Speiseöl*
400 g	*Muschelfleisch*
800 ml	*Gemüsefond oder -brühe*
1 EL	*rosa Pfefferbeeren*
1 EL	*grüne Pfefferkörner*
	Salz
	Sambal Oelek
100 g	*gekochter Reis*
1 EL	*gehackte Petersilie*

Zubereitungszeit: 30 Minuten
Garzeit: 10–15 Minuten

1. Staudensellerie putzen und die harten Außenfäden abziehen. Selleriestangen waschen, abtropfen lassen und in Würfel schneiden. Schinken ebenfalls würfeln.

2. Jeweils etwas Speiseöl in einem Topf erhitzen. Sellerie-, Schinkenwürfel und Muschelfleisch darin portionsweise andünsten.

3. Gemüsefond oder -brühe hinzugießen. Mit Pfefferbeeren, -körnern, Salz und Sambal Oelek würzen. Die Zutaten zum Kochen bringen und 10–15 Minuten bei schwacher Hitze kochen lassen.

4. Den gekochten Reis in der Suppe erhitzen. Die Suppe mit Petersilie bestreuen.

Scharfes Putenchili | Raffiniert

4 Portionen

Pro Portion:
E: 29 g, F: 6 g, Kh: 19 g, kJ: 1091, kcal: 260

400 g Putenbrustfilet
3 Paprikaschoten (rot, grün, gelb)
400 g Kartoffeln
3 EL Speiseöl
1 Dose stückige Tomaten (Einwaage 400 g)
200 ml Geflügelfond oder -brühe
1 kleine Flasche süße Chilisauce (300 ml)
2 kleine Chilischoten
Sambal Oelek
Salz, frisch gemahlener Pfeffer

Zubereitungszeit: 35 Minuten
Garzeit: etwa 30 Minuten

1. Putenbrustfilet unter fließendem kalten Wasser abspülen, trocken tupfen und in kleine Würfel schneiden.

2. Die Paprikaschoten halbieren, entstielen, entkernen und die weißen Scheidewände entfernen. Schotenhälften waschen, abtropfen lassen, in Würfel schneiden.

3. Kartoffeln waschen, schälen, abspülen, abtropfen lassen und ebenfalls in Würfel schneiden.

4. Jeweils die Hälfte des Speiseöls in einem Topf erhitzen. Fleisch-, Kartoffel- und Paprikawürfel darin in 2 Portionen von allen Seiten anbraten. Tomatenstücke, Geflügelfond oder -brühe und Chilisauce hinzugießen, zum Kochen bringen und etwa 30 Minuten unter gelegentlichem Rühren garen.

5. Chilischoten waschen, trocken tupfen, halbieren, entstielen und entkernen. Die Schotenhälften in kleine Würfel schneiden und kurz vor Ende der Garzeit zum Putenchili geben.

6. Das Putenchili mit Sambal Oelek, Salz und Pfeffer feurig abschmecken.

Tipp: Dazu passen Fladenbrot oder Baguette, Salat und ein fruchtiger Weißwein.

Schaumsüppchen von Kresse und Kartoffeln | Für Gäste

4 Portionen

Pro Portion:
E: 20 g, F: 19 g, Kh: 15 g, kJ: 1327, kcal: 317

400 g mehligkochende Kartoffeln
2 Schalotten
1 großes Bund Wasserkresse (Brunnenkresse)
1 kleine oder ½ Stange Porree
1 l Gemüsebrühe oder -fond
Salz, frisch gemahlener Pfeffer
200 g Schlagsahne

8 kleine Rotbarbenmedaillons (je etwa 40 g)
etwas Limettensaft
2 EL Olivenöl

Wasserkresse (Brunnenkresse)
Kapuzinerkresse-Blüten

Zubereitungszeit: 40 Minuten
Garzeit: etwa 40 Minuten

1. Kartoffeln waschen, schälen, abspülen, abtropfen lassen und in Stücke schneiden. Schalotten abziehen und in kleine Würfel schneiden. Die Kresse abspülen, trocken tupfen und klein schneiden. Porree putzen, die Stange längs halbieren, gründlich waschen, abtropfen lassen und in dünne Streifen schneiden.

2. Brühe oder Fond in einem Topf zum Kochen bringen. Die vorbereiteten Zutaten hinzufügen, wieder zum Kochen bringen und zugedeckt etwa 40 Minuten garen. Mit Salz und Pfeffer würzen.

3. Suppe mit einem Stabmixer pürieren und schaumig aufschlagen. Sahne unterrühren. Die Suppe nochmals erhitzen. Mit Salz und Pfeffer abschmecken.

4. Die Rotbarbenmedaillons unter fließendem kalten Wasser abspülen und trocken tupfen. Mit Limettensaft beträufeln, mit Salz und Pfeffer würzen.

5. Das Olivenöl in einer Pfanne erhitzen. Rotbarbenmedaillons darin von beiden Seiten 3–5 Minuten braten.

6. Die Kresse und Kapuzinerkresse-Blüten vorsichtig abspülen und trocken tupfen.

7. Die Suppe in 4 Suppentassen füllen und jeweils 2 Rotbarbenmedaillons hineingeben. Mit Kresseblättchen bestreuen. Mit Kapuzinerkresse-Blüten garniert servieren.

Beilage: Walnussbrot oder Baguette.

Schlesischer Bigos | Mit Alkohol

6–8 Portionen

Pro Portion:
E: 40 g, F: 32 g, Kh: 26 g, kJ: 2562, kcal: 613

1 kg Schweinebug (Schweineschulter)
Salz
frisch gemahlener Pfeffer
100 g durchwachsener Speck
3 Zwiebeln
3 Äpfel
2 EL Schweineschmalz
1 kg frisches Sauerkraut
Zucker
1 Gewürzbeutel (bestehend aus 1 TL Kümmelsamen, 6 Wacholderbeeren, 1 Lorbeerblatt)
500 ml (1/2 l) trockener Riesling
1 kg festkochende Kartoffeln, z. B. Linda, Grata oder Sieglinde
200 g Knoblauchwurst

Zubereitungszeit: 45 Minuten
Garzeit: etwa 60 Minuten

1. Den Schweinebug unter fließendem kalten Wasser abspülen, trocken tupfen und in etwa 30 g schwere Würfel schneiden. Fleischwürfel mit Salz und Pfeffer würzen. Speck in Streifen schneiden. Zwiebeln abziehen und in kleine Würfel schneiden. Äpfel schälen, vierteln und entkernen. Apfelviertel in Spalten schneiden.

2. Den Backofen vorheizen.
Ober-/Unterhitze: etwa 200 °C
Heißluft: etwa 180 °C

3. Schmalz in einem großen, feuerfesten Topf oder Bräter erhitzen. Die Zwiebelwürfel und Speckstreifen darin andünsten. Die Fleischwürfel hinzugeben und kurz mitdünsten lassen. Sauerkraut mit einer Gabel auseinanderzupfen und darauf verteilen. Apfelspalten daraufgeben und mit etwas Zucker bestreuen. Den Gewürzbeutel hineinlegen. Die Zutaten mit Wein übergießen und zum Kochen bringen. Den Topf oder Bräter zugedeckt auf dem Rost in den vorgeheizten Backofen schieben. Bigos etwa 30 Minuten garen.

4. In der Zwischenzeit Kartoffeln waschen, schälen, abspülen, abtropfen lassen und in dünne Scheiben schneiden oder hobeln. Die Knoblauchwurst in Scheiben schneiden.

5. Nach etwa 30 Minuten Garzeit zuerst die Kartoffelscheiben, dann die Wurstscheiben auf das Sauerkraut schichten. Eventuell etwas Wasser hinzugießen. Die Backofentemperatur um etwa 20 °C mindern. Bigos weitere etwa 30 Minuten garen. Den Gewürzbeutel entfernen.

Beilage: Frisches Bauernbrot.

Tipp: Für die Zubereitung des Bigos eignet sich eine ofenfeste, irdene Form (Auflaufform), in der auch gut serviert werden kann. Dann die angedünsteten Zutaten mit Sauerkraut, Apfelspalten, Kartoffelscheiben, Wurstscheiben und Gewürzsäckchen in die Form schichten, mit Wein übergießen und wie angegeben garen.

Schnelle Bouillabaisse | Für Gäste

5 Portionen

Pro Portion:
E: 29 g, F: 48 g, Kh: 31 g, kJ: 2804, kcal: 670

2 Möhren
1 Stange Porree (Lauch)
2 EL Olivenöl
2 getrocknete Chilischoten
1 Glas Fischsuppenkonzentrat (800 ml, erhältlich beim Fischhändler)
800 ml Wasser

½ Baguette
2 EL Olivenöl

12 küchenfertige Garnelen
8 Jakobsmuscheln (ausgelöstes Muschelfleisch)
200 g Seeteufelfilet
200 g Lachsfilet (ohne Haut und Gräten)
Salz
frisch gemahlener Pfeffer
1 Pck. TK-Mediterrane Kräuter (25 g, 8-Kräuter-Mischung)

1 Glas Aioli (Knoblauchmayonnaise)

Zubereitungszeit: 40 Minuten
Garzeit: etwa 20 Minuten

1. Möhren putzen, schälen, abspülen, abtropfen lassen und in dünne Scheiben schneiden. Porree putzen, die Stange längs halbieren, gründlich waschen, abtropfen lassen und in dünne Streifen schneiden.

2. Den Backofen vorheizen.
Ober-/Unterhitze: etwa 180 °C
Heißluft: etwa 160 °C

3. Das Olivenöl in einem Topf erhitzen. Möhrenscheiben- und Porreestreifen darin andünsten. Chilischoten zerbröseln und mit andünsten. Das Fischsuppenkonzentrat und Wasser hinzugeben, zum Kochen bringen und etwa 10 Minuten bei schwacher Hitze kochen lassen.

4. Baguette in Scheiben schneiden und mit Olivenöl bestreichen. Baguettescheiben auf ein Backblech (mit Backpapier belegt) legen. Das Backblech in den vorgeheizten Backofen schieben. Die Baguettescheiben in etwa 10 Minuten goldbraun backen.

5. Garnelen, Jakobsmuscheln, Seeteufel und Lachsfilet unter fließendem kalten Wasser abspülen und trocken tupfen. Seeteufel- und Lachsfilet in jeweils 8 Portionen schneiden. Die einzelnen Fischsorten mit Salz und Pfeffer bestreuen, vorsichtig in die köchelnde Suppe gleiten lassen und dann in etwa 10 Minuten gar ziehen lassen. Die Bouillabaisse mit Salz und Pfeffer abschmecken, Kräuter unterrühren.

6. Die Bouillabaisse mit den gerösteten Baguettescheiben und der Knoblauchmayonnaise servieren.

Tipp: Wer mag, kann die Bouillabaisse mit etwas Pernod (Anisschnaps) abschmecken.

Schnittlauch-Fleischtopf I

Dauert länger

4 Portionen

Pro Portion:
E: 47 g, F: 5 g, Kh: 18 g, kJ: 1311, kcal: 314

800 g	*mageres Rindfleisch aus der Hüfte (Tafelspitz)*
	Salz, frisch gemahlener Pfeffer
4	*Möhren (etwa 350 g)*
1 Stck.	*Petersilienwurzel oder*
	1 kleines Bund glatte Petersilie
½ Kopf	*Wirsing (etwa 250 g)*
400 g	*festkochende Kartoffeln*
2 Bund	*Schnittlauch*
500 ml (½ l)	*Fleischbrühe*

Zubereitungszeit: 40 Minuten
Garzeit: etwa 2 Stunden 25 Minuten

1. Rindfleisch unter fließendem kalten Wasser abspülen und trocken tupfen. Mit Salz und Pfeffer würzen.

2. Die Möhren putzen, schälen, abspülen, abtropfen lassen und in Scheiben schneiden. Petersilienwurzel schälen und in Scheiben schneiden oder die glatte Petersilie abspülen und trocken tupfen. Die Blättchen von den Stängeln zupfen. Vom Wirsing die groben, äußeren Blätter entfernen. Wirsing halbieren und den Strunk herausschneiden. Wirsingviertel abspülen, abtropfen lassen und in grobe Würfel schneiden.

3. Kartoffeln waschen, schälen, abspülen, abtropfen lassen und in Würfel schneiden.

4. Schnittlauch abspülen und trocken tupfen. Einige Halme zum Garnieren beiseitelegen. Den restlichen Schnittlauch in etwa 3 cm lange Stücke schneiden.

5. Die vorbereiteten Gemüsezutaten in einer Schüssel mischen, mit Salz und Pfeffer würzen. In den gewässerten Römertopf® (3-Liter-Inhalt) geben und gleichzeitig eine Vertiefung hineindrücken. Rindfleisch in die Vertiefung legen, die Brühe hinzugießen.

6. Den Römertopf® mit dem Deckel verschließen und auf dem Rost in den kalten Backofen schieben.
Ober-/Unterhitze: 180–200 °C
(untere Einschubleiste)
Heißluft: 160–180 °C

7. Schnittlauch-Fleischtopf mit den beiseitegelegten Schnittlauchhalmen garnieren.

Schottische Graupensuppe I

Klassisch

4 Portionen

Pro Portion:
E: 14 g, F: 12 g, Kh: 16 g, kJ: 1011, kcal: 241

160 g Lammkeulenfleisch
2 EL Speiseöl
60 g Möhrenwürfel
60 g Staudenselleriewürfel
60 g gewürfelter Wirsing
80 g Graupen
800 ml Lammfond oder -brühe
Salz
frisch gemahlener Pfeffer

2 EL gehackte Petersilie

Zubereitungszeit: 25 Minuten
Garzeit: etwa 50 Minuten

1. Lammkeulenfleisch unter fließendem kalten Wasser abspülen, trocken tupfen und in kleine Würfel schneiden. Speiseöl in einem Topf erhitzen. Die Fleisch- und Gemüsewürfel darin leicht andünsten.

2. Graupen in ein Sieb geben, mit kaltem Wasser abspülen, abtropfen lassen und hinzufügen.

3. Lammfond oder -brühe hinzugießen, zum Kochen bringen und zugedeckt etwa 50 Minuten bei schwacher Hitze kochen lassen. Mit Salz und Pfeffer abschmecken.

4. Die Graupensuppe in Tellern verteilen und mit Petersilie bestreuen.

Schottische Hühner-Porree-Suppe | Für die Party

8–10 Portionen

Pro Portion:
E: 25 g, F: 7 g, Kh: 22 g, kJ: 1080, kcal: 258

750 g Hähnchenbrustfilet
60 g Butter
800 ml Geflügelbrühe
2 Gläser Kalbsfond (je 400 ml)
2–3 Stangen Porree (Lauch)
250–300 g entsteinte Backpflaumen
Salz
frisch gemahlener Pfeffer
frisch geriebene Muskatnuss

Zubereitungszeit: 30 Minuten
Garzeit: 13–15 Minuten

1. Die Hähnchenbrustfilets unter fließendem kalten Wasser abspülen, trocken tupfen und dann in Streifen schneiden.

2. Die Butter in einem großen Topf zerlassen. Die Fleischstreifen darin von allen Seiten andünsten. Mit Brühe und Fond ablöschen, zum Kochen bringen und etwa 10 Minuten bei schwacher bis mittlerer Hitze leicht kochen lassen.

3. In der Zwischenzeit Porree putzen, die Stangen längs halbieren, gründlich waschen, abtropfen lassen und in dünne Streifen schneiden. Porreestreifen zu den Fleischstreifen geben und noch 3–5 Minuten garen.

4. Backpflaumen vierteln, in die Suppe geben und miterhitzen. Die Suppe mit Salz, Pfeffer und Muskat würzen.

Selleriecremesuppe mit Forellenfilets | Für Gäste – raffiniert

4 Portionen

Pro Portion:
E: 13 g, F: 11 g, Kh: 8 g, kJ: 815, kcal: 195

1 Gemüsezwiebel (etwa 250 g)
1 Knollensellerie (etwa 800 g)
2 EL Speiseöl
800 ml Gemüsebrühe
Salz
Cayennepfeffer
25 g Pinienkerne
2 geräucherte Forellenfilets (je 60–70 g)
200 ml Milch
1 TL Apfelessig

evtl. glatte Petersilienblättchen

Zubereitungszeit: 25 Minuten
Garzeit: etwa 20 Minuten

1. Gemüsezwiebel abziehen, halbieren und in Würfel schneiden. Sellerie putzen, schälen, abspülen, abtropfen lassen und in Stücke schneiden. Speiseöl in einem Topf erhitzen. Die Zwiebelwürfel darin unter gelegentlichem Rühren andünsten. Selleriestücke hinzugeben und 2–3 Minuten unter Rühren mit andünsten.

2. Brühe hinzugießen, mit Salz und Cayennepfeffer würzen. Die Zutaten zum Kochen bringen und zugedeckt etwa 20 Minuten kochen lassen, bis die Selleriestücke weich sind. Die Suppe mit dem Stabmixer fein pürieren.

3. In der Zwischenzeit Pinienkerne in einer Pfanne ohne Fett unter Rühren goldbraun rösten, herausnehmen und auf einem Teller abkühlen lassen. Forellenfilets in mundgerechte Stücke zupfen, eventuell die Gräten entfernen.

4. Milch unter die pürierte Selleriesuppe rühren und unter Rühren kurz erwärmen. Die Suppe mit Essig, Salz und Cayennepfeffer abschmecken. Die Suppe in 4 Tellern verteilen. Mit Pinienkernen und Forellenfilets anrichten. Die Suppe nach Belieben mit abgespülten und trocken getupften Petersilienblättchen garnieren.

Tipps: Statt Forellenfilets können Sie auch die gleiche Menge Räucherlachs (in Streifen) oder Krabbenfleisch verwenden. Wer keinen Fisch mag, kann den Fisch durch etwas Gartenkresse ersetzen. Die Pinienkerne können auch durch Sonnenblumenkerne ausgetauscht werden.

Selleriesuppe mit Birnen und Gorgonzola | Raffiniert

4 Portionen

Pro Portion:
E: 10 g, F: 20 g, Kh: 26 g, kJ: 1370, kcal: 327

1 Knollensellerie (400–450 g)
1 große, mehligkochende Kartoffel
100 g Zwiebeln
2 reife Birnen, z. B. Williams oder Abate
Salz
750 ml (3/4 l) Geflügelbrühe
125 g Schlagsahne
Saft von
1 Zitrone
frisch gemahlener Pfeffer

125 g Gorgonzola-Käse
4 EL Preiselbeerkompott (aus dem Glas)

Zubereitungszeit: 25 Minuten
Garzeit: etwa 55 Minuten

1. Knollensellerie putzen, schälen, abspülen, abtropfen lassen und in etwa 1 cm große Würfel schneiden. Die Kartoffel waschen, schälen, abspülen, abtropfen lassen und in kleine Würfel schneiden. Die Zwiebeln abziehen und ebenfalls klein würfeln. 1 Birne waschen, trocken tupfen, vierteln und das Kerngehäuse herausschneiden. Die Birnenviertel mit der Schale in Würfel schneiden.

2. Die Sellerie-, Kartoffel-, Zwiebel- und Birnenwürfel in einen gewässerten Römertopf® (2 1/2-Liter-Inhalt) geben. Mit Salz würzen. Brühe hinzugießen.

3. Den Römertopf® mit dem Deckel verschließen und auf dem Rost in den kalten Backofen schieben.
Ober-/Unterhitze: etwa 200 °C
Heißluft: etwa 180 °C

4. Nach etwa 45 Minuten Garzeit den Römertopf® aus dem Backofen nehmen. Dann die Suppe in dem Römertopf® mit einem Stabmixer pürieren. Die Sahne unterrühren. Den Römertopf nochmals auf dem Rost in den Backofen schieben und die Suppe weitere etwa 10 Minuten garen.

5. Restliche Birne waschen, trocken tupfen, halbieren und das Kerngehäuse entfernen. Birne mit der Schale in Würfel schneiden. Mit Zitronensaft beträufeln.

6. Die Suppe mit Salz und Pfeffer abschmecken. Birnenwürfel unterheben. Die Suppe in 4 vorgewärmte Teller füllen. Gorgonzola eventuell entrinden. Gorgonzola zerbröseln und über die Suppe streuen. Die Suppe jeweils mit 1 Esslöffel Preiselbeeren garnieren.

Beilage: Graubrot oder dunkles Nussbrot.

Tipp: Durch die Süße der Birne bekommt die Suppe eine liebliche Note.

Serbische Bohnensuppe | Klassisch

8 Portionen

Pro Portion:
E: 36 g, F: 11 g, Kh: 18 g, kJ: 1357, kcal: 324

1 kg Hohe Rippe (vom Rind)
1 ½ l Fleischbrühe
8 Zwiebeln
4 Knoblauchzehen
je 2 rote und grüne Paprikaschoten
2 Stangen Porree (Lauch)
250 g Knollensellerie
1 Dose geschälte Tomaten (Einwaage 800 g)
1 Dose weiße Bohnen (Abtropfgewicht 500 g)
Salz, frisch gemahlener Pfeffer
Cayennepfeffer
Paprikapulver rosenscharf

Zubereitungszeit: 40 Minuten
Garzeit: 2–2 ¼ Stunden

1. Hohe Rippe unter fließendem kalten Wasser abspülen und trocken tupfen. Brühe in einem großen Topf zum Kochen bringen. Das Fleisch hinzufügen, wieder zum Kochen bringen und zugedeckt 1 ½–2 Stunden kochen lassen.

2. In der Zwischenzeit Zwiebeln und Knoblauch abziehen, in kleine Würfel schneiden. Die Paprikaschoten halbieren, entstielen, entkernen und die weißen Scheidewände entfernen. Schotenhälften waschen, trocken tupfen und in Streifen schneiden.

3. Porree putzen, die Stangen längs halbieren, gründlich waschen, abtropfen lassen und in Streifen schneiden. Den Sellerie putzen, schälen, abspülen, abtropfen lassen und in Würfel schneiden.

4. Das gare Fleisch aus der Brühe nehmen und etwas abkühlen lassen. Vorbereitetes Gemüse in die Brühe geben, wieder zum Kochen bringen und 10–15 Minuten kochen lassen.

5. Tomaten mithilfe einer Gabel in der Dose etwas zerkleinern, mit den weißen Bohnen (beides mit der Flüssigkeit) hinzufügen und wieder zum Kochen bringen. Die Suppe weitere 2–3 Minuten kochen lassen.

6. Die Suppe mit Salz, Pfeffer, Cayennepfeffer und Paprika würzen. Das Fleisch in kleine Würfel schneiden, in die Suppe geben und miterhitzen.

Tipps: Die Bohnensuppe lässt sich sehr gut einfrieren, daher können Sie auch sofort die doppelte Menge zubereiten. Die Bohnensuppe mit Petersilienblättchen garnieren.

Spanische Bauernsuppe | Für Gäste

8–10 Portionen

Pro Portion:
E: 40 g, F: 21 g, Kh: 22 g, kJ: 1967, kcal: 470

600 g Lammfleisch (aus der Keule, ohne Knochen)
1 Gemüsezwiebel
3 EL Olivenöl
Salz
frisch gemahlener Pfeffer
gerebelter Oregano
gerebeltes Bohnenkraut
1 l Gemüsebrühe
2 Stangen Porree (Lauch)
etwa 400 g Wirsing
2 Dosen weiße Bohnen (Abtropfgewicht je 250 g)
1 Dose geschälte Tomaten (Einwaage 800 g)
3–4 Chorizo (spanische Knoblauchwurst)
2 EL in Streifen geschnittene, glatte Petersilie

Zubereitungszeit: 40 Minuten
Garzeit: etwa 55 Minuten

1. Das Lammfleisch unter fließendem kalten Wasser abspülen, trocken tupfen und in Würfel oder Streifen schneiden. Gemüsezwiebel abziehen, vierteln und in Streifen schneiden.

2. Das Olivenöl in einem großen Topf erhitzen. Die Fleischwürfel oder -streifen darin von allen Seiten anbraten. Die Zwiebelstreifen hinzugeben und mitdünsten lassen. Mit Salz, Pfeffer, Oregano und Bohnenkraut würzen. Die Hälfte der Gemüsebrühe hinzugießen und zum Kochen bringen. Das Lammfleisch zugedeckt etwa 40 Minuten garen.

3. In der Zwischenzeit den Porree putzen, die Stangen längs halbieren, gründlich waschen, abtropfen lassen und in Streifen schneiden. Von dem Wirsing die groben, äußeren Blätter entfernen. Den Wirsing vierteln und den Strunk herausschneiden. Die Wirsingviertel abspülen, abtropfen lassen und in Streifen schneiden. Bohnen in einem Sieb abtropfen lassen.

4. Die Porree-, Wirsingstreifen, Bohnen und Tomaten mit der Flüssigkeit zu der Suppe in den Topf geben. Restliche Brühe hinzugießen. Die Zutaten wieder zum Kochen bringen. Die Suppe weitere etwa 15 Minuten garen.

5. Die Knoblauchwurst in Scheiben schneiden, in die Suppe geben und kurz miterhitzen. Die Suppe mit Petersilie bestreut servieren.

Tipps: Nach Belieben zusätzlich 4 Knoblauchzehen abziehen, durch eine Knoblauchpresse drücken und mit den Zwiebelstreifen andünsten.
Anstelle der Chorizo können Sie auch Rauchenden (Mettwürstchen) oder Salamiwürfel verwenden.
Sie können die Suppe bis einschließlich Punkt 2 am Vortag vorbereiten. Das Gemüse ebenfalls vorbereiten und zugedeckt kalt stellen.

Spanische Julienne-Suppe I

Raffiniert – vegetarisch – für Kinder

6 Portionen

Pro Portion:
E: 7 g, F: 15 g, Kh: 28 g, kJ: 1179, kcal: 281

4 Möhren
250 g weiße Rübchen
1 Stück Knollensellerie
3 Kartoffeln
1 Zwiebel
3 Stangen Porree (Lauch)
3 Salatblätter (Römersalat)
2 kleine Zucchini
100 g zarte, grüne Bohnen
60 g Butter
Salz
frisch gemahlener Pfeffer
1 1/2 l Gemüsebrühe

6 Scheiben Weißbrot
1–2 EL Speiseöl

1 Bund Kerbel

Zubereitungszeit: 60 Minuten
Garzeit: etwa 20 Minuten

1. Die Möhren, Rübchen und Sellerie putzen, schälen, abspülen und abtropfen lassen. Kartoffeln waschen, schälen, abspülen und abtropfen lassen. Die Zwiebel abziehen.

2. Die vorbereiteten Gemüsezutaten und die Kartoffeln in feine Streifen (Julienne) schneiden.

3. Porree putzen, die Stangen längs halbieren, gründlich waschen, abtropfen lassen und in feine Streifen schneiden.

4. Salatblätter abspülen, trocken tupfen und in Streifen schneiden. Die Zucchini waschen, abtrocknen und die Enden abschneiden. Zucchini ebenfalls in Streifen schneiden. Von den Bohnen die Enden abschneiden, eventuell abfädeln. Bohnen waschen und abtropfen lassen.

5. Dann jeweils etwas Butter in einem großen Topf zerlassen. Das vorbereitete Gemüse, die Salatblätter und die Kartoffeln darin portionsweise andünsten. Mit Salz und Pfeffer würzen. Brühe hinzugießen und zum Kochen bringen. Die Suppe zugedeckt etwa 20 Minuten bei schwacher Hitze kochen lassen.

6. Die Brotscheiben entrinden und in Würfel schneiden. Speiseöl in einer Pfanne erhitzen. Die Brotwürfel darin von allen Seiten goldbraun rösten und herausnehmen.

7. Kerbel abspülen und trocken tupfen. Die Blättchen von den Stängeln zupfen. Blättchen nach Belieben etwas zerkleinern.

8. Die Suppe in eine vorgewärmte Terrine füllen. Die Brotwürfel und Kerbelblättchen darauf verteilen.

Spargelcremesuppe | Vegetarisch

4 Portionen

Pro Portion:
E: 7 g, F: 21 g, Kh: 12 g, kJ: 1143, kcal: 273

500 g weißer Spargel
1 l Wasser
1 gestr. TL Salz
1 gestr. TL Zucker
60 g Butter
etwa 300 ml Milch
30 g Weizenmehl
½ Bund glatte Petersilie
frisch gemahlener, weißer Pfeffer
frisch geriebene Muskatnuss
2 Eigelb (Größe M)
3 EL Schlagsahne

Zubereitungszeit: 45 Minuten
Garzeit: etwa 30 Minuten

1. Spargel von oben nach unten schälen. Dabei darauf achten, dass die Schalen vollständig entfernt, die Köpfe aber nicht verletzt werden. Die unteren Enden abschneiden, holzige Stellen vollkommen entfernen. Den Spargel abspülen, abtropfen lassen und in etwa 3 cm lange Stücke schneiden.

2. Wasser mit Salz, Zucker und 20 g von der Butter in einen Topf geben. Spargelenden und -schalen hinzufügen, zum Kochen bringen, zugedeckt etwa 15 Minuten bei mittlerer Hitze kochen lassen.

3. Spargelenden und -schalen in ein Sieb geben, die Kochflüssigkeit dabei auffangen, wieder in den Topf geben und zum Kochen bringen. Die Spargelstücke hinzugeben, zum Kochen bringen und zugedeckt in 10–12 Minuten bissfest garen.

4. Die Spargelstücke anschließend in einem Sieb abtropfen lassen, dabei die Kochflüssigkeit wieder auffangen und mit Milch auf 1 l auffüllen.

5. Die restliche Butter in einem Topf zerlassen. Mehl unter Rühren darin erhitzen, bis es hellgelb ist. Die Spargel-Milch-Flüssigkeit nach und nach hinzugießen und mit einem Schneebesen kräftig durchschlagen. Dabei darauf achten, dass keine Klümpchen entstehen.

6. Die Suppe zum Kochen bringen und etwa 5 Minuten bei schwacher Hitze ohne Deckel leicht kochen lassen. Dabei gelegentlich umrühren. Die Petersilie abspülen und trocken tupfen. Die Blättchen von den Stängeln zupfen. Zwei Drittel der Petersilienblättchen klein schneiden.

7. Die Suppe mit Salz, Zucker, Pfeffer und Muskat würzen. Eigelb mit Sahne verschlagen. 4 Esslöffel von der Suppe unterrühren. Eigelb-Sahne unter die Suppe rühren (abziehen). Die Suppe nicht mehr kochen lassen.

8. Abgetropfte Spargelstücke hinzufügen und erwärmen. Die Suppe mit Petersilie garniert servieren.

Tipp: Nach Belieben zusätzlich 50 g Kochschinken in Streifen schneiden und mit den Spargelstücken in der Suppe erhitzen.

Spargeleintopf | Für Gäste

4–6 Portionen

Pro Portion:
E: 7 g, F: 9 g, Kh: 23 g, kJ: 846, kcal: 202

800 g weißer Spargel
300 g grüner Spargel
2 l Wasser
2 TL Zucker
2 gestr. TL Salz
frisch gemahlener Pfeffer
2 Zwiebeln
2 Knoblauchzehen
50 g Ingwerwurzel
50 g Butter
500 g neue Kartoffeln
250 g Möhren
1 kleiner Kohlrabi
100 g Zuckerschoten
1 Bund Petersilie

Zubereitungzeit: 60 Minuten
Garzeit: etwa 30 Minuten

1. Den weißen Spargel von oben nach unten schälen. Dabei darauf achten, dass die Schalen vollständig entfernt, die Spargelköpfe aber nicht verletzt werden. Die unteren Enden abschneiden (holzige Stellen vollkommen entfernen). Von dem grünen Spargel das untere Drittel schälen und die unteren Enden abschneiden. Spargelstangen, -schalen und -enden waschen und abtropfen lassen.

2. Die Spargelschalen und -enden in einem Topf mit Wasser, Zucker, Salz und Pfeffer zum Kochen bringen, zugedeckt etwa 10 Minuten bei schwacher Hitze kochen lassen. Spargelschalen und -enden in ein Sieb geben, dabei den Spargelfond auffangen.

3. Zwiebeln und Knoblauch abziehen, in kleine Würfel schneiden. Den Ingwer schälen und ebenfalls in kleine Würfel schneiden.

4. Butter in einem großen Topf zerlassen. Zwiebel-, Knoblauch- und Ingwerwürfel darin glasig dünsten. Spargelfond hinzugießen und zum Kochen bringen.

Kartoffeln waschen, schälen, abspülen, abtropfen lassen und in kleine Würfel schneiden. Kartoffelwürfel in dem Spargelfond etwa 5 Minuten bei schwacher Hitze kochen lassen.

5. Die Möhren putzen, schälen, abspülen, abtropfen lassen und in Scheiben schneiden. Kohlrabi putzen, schälen, abspülen und abtropfen lassen. Den Kohlrabi zuerst in Scheiben, dann in Würfel schneiden. Den weißen Spargel in 2–3 cm große Stücke schneiden. Möhrenscheiben, Kohlrabiwürfel und Spargelstücke zu dem Spargelfond in den Topf geben, wieder zum Kochen bringen und zugedeckt etwa 10 Minuten garen. Den grünen Spargel ebenfalls in 2–3 cm große Stücke schneiden und hinzufügen. Den Eintopf zugedeckt weitere etwa 5 Minuten kochen lassen.

6. Von den Zuckerschoten die Enden abschneiden, eventuell abfädeln. Dann die Zuckerschoten waschen und abtropfen lassen. Je nach Größe 2–3-mal durchschneiden. Zuckerschoten in den Eintopf geben und etwa 1 Minute mitkochen lassen. Mit Salz und Pfeffer abschmecken.

7. Petersilie abspülen und trocken tupfen. Die Blättchen von den Stängeln zupfen. Blättchen klein schneiden. Den Eintopf mit Petersilie bestreut servieren.

Tipp: Zusätzlich 150 g Schlagsahne unter den Eintopf rühren.

Spargelrahmtopf mit Garnelen und Estragon | Mit Alkohol

6 Portionen

Pro Portion:
E: 30 g, F: 18 g, Kh: 29 g, kJ: 1749, kcal: 419

800 g	*neue Kartoffeln*
je 1 kg	*weißer und grüner Spargel*
2	*Schalotten*
2 EL	*Butter*
3 EL	*Weizenmehl*
100 ml	*trockener Riesling*
	Salz, frisch gemahlener Pfeffer
200 g	*Schlagsahne*
600 g	*geschälte, entdarmte Garnelen*
4 Stängel	*Estragon*

Zubereitungszeit: 50 Minuten
Garzeit: etwa 15 Minuten

1. Kartoffeln waschen, schälen, abspülen, abtropfen lassen und in etwa 1 cm dicke Scheiben schneiden. Den weißen Spargel von oben nach unten schälen. Darauf achten, dass die Schalen vollständig entfernt, die Köpfe aber nicht verletzt werden. Die unteren Enden abschneiden (holzige Stellen vollständig entfernen). Von dem grünen Spargel nur das untere Drittel schälen und die Enden abschneiden. Spargelstangen abspülen, abtropfen lassen und in etwa 3 cm lange Stücke schneiden.

2. Schalotten abziehen und in kleine Würfel schneiden. Butter in einem Topf zerlassen. Schalottenwürfel darin andünsten. Weiße Spargelstücke und Kartoffelscheiben portionsweise hinzugeben und mitdünsten lassen. Mit Mehl bestäuben. Mit Wein ablöschen. So viel kaltes Wasser hinzugießen, dass die Zutaten bedeckt sind. Mit Salz und Pfeffer würzen.

3. Die Zutaten zum Kochen bringen und etwa 10 Minuten bei mittlerer Hitze garen. Grüne Spargelstücke hinzugeben, eventuell etwas Wasser hinzugießen, wieder zum Kochen bringen und weitere etwa 5 Minuten kochen lassen. Sahne unterrühren.

4. Dann die Garnelen abspülen, trocken tupfen, in den Spargelrahmtopf geben und in etwa 5 Minuten gar ziehen lassen.

5. Estragon abspülen und trocken tupfen. Die Blättchen von den Stängeln zupfen. Blättchen klein schneiden. Den Spargelrahmtopf anrichten und mit Estragon bestreut servieren.

Spargelschaumsuppe von grünem Spargel | Für Gäste – schnell

4 Portionen

Pro Portion:
E: 8 g, F: 17 g, Kh: 9 g, kJ: 940, kcal: 225

600 g grüner Spargel
1 l Wasser
200 g neue Kartoffeln
Salz, frisch gemahlener Pfeffer
80 g eiskalte Butter
einige Stängel Kerbel
12 Crevetten (Garnelen)

Zubereitungszeit: 25 Minuten
Garzeit: etwa 17 Minuten

1. Von dem Spargel das untere Drittel schälen und die unteren Enden abschneiden. Spargel und Schalen waschen und abtropfen lassen.

2. Die Spargelschalen mit Wasser in einem Topf zum Kochen bringen und zugedeckt etwa 10 Minuten bei schwacher Hitze kochen lassen. Spargelschalen in einem Sieb abtropfen lassen, dabei das Spargelwasser auffangen.

3. Die Spargelstangen längs halbieren und quer in feine Scheiben schneiden. Spargelscheiben in dem kochenden Spargelwasser zugedeckt etwa 5 Minuten bei schwacher Hitze garen.

4. Kartoffeln waschen, schälen, abspülen, abtropfen lassen und grob raspeln. Kartoffelraspel zu den Spargelscheiben in den Topf geben und etwa 2 Minuten mitgaren lassen. Mit Salz und Pfeffer würzen.

5. Den Topf von der Kochstelle nehmen. Die Suppe mit einem Stabmixer fein pürieren. Butter in Stückchen schneiden und unter die Suppe rühren.

6. Den Kerbel abspülen und trocken tupfen. Von den Crevetten eventuell den Darm entfernen. Crevetten kurz abspülen, trocken tupfen, in die heiße Suppe geben und kurz miterhitzen.

7. Die Suppe mit Kerbelstängeln garniert servieren.

Tipp: Zusätzlich können Sie geröstete Weißbrotwürfel zu der Suppe reichen.

Spicy Jambalaya | Raffiniert

6 Portionen

Pro Portion:
E: 43 g, F: 30 g, Kh: 41 g, kJ: 2585, kcal: 617

4 Hühnerkeulen oder Hähnchenkeulen (je etwa 180 g)
1 TL Cayennepfeffer
1 TL frisch gemahlener, schwarzer Pfeffer
1 TL gerebelter Thymian
Salz
1 Gemüsezwiebel
2 Knoblauchzehen
3 Süßkartoffeln (etwa 400 g)
300 g Okraschoten
4 große Tomaten
200 g Chorizo (spanische Paprikasalami oder eine andere pikant, scharfe Wurst)
200 g Kochschinken
2–3 EL Speiseöl
250 ml (1/4 l) Tomatensaft
250 ml (1/4 l) Hühnerbrühe

200 g mittelgroße Garnelen (ohne Schale, entdarmt)
500 g gegarter Langkornreis
Saft von
1 Limette

Zubereitungszeit: 50 Minuten
Garzeit: etwa 20 Minuten

1. Hühner- oder Hähnchenkeulen unter fließendem kalten Wasser abspülen, trocken tupfen und im Gelenk durchschneiden. Cayennepfeffer mit schwarzem Pfeffer, Thymian mit gut 1 Prise Salz mischen. Die Hühner- oder Hähnchenteile damit einreiben.

2. Gemüsezwiebel und Knoblauch abziehen. Die Zwiebel halbieren und in kleine Würfel schneiden. Knoblauch durch eine Knoblauchpresse drücken. Die Süßkartoffeln waschen, schälen, abspülen, abtropfen lassen und grob würfeln. Okraschoten putzen, waschen, abtropfen lassen und die Stängelansätze entfernen. Okraschoten in dicke Ringe schneiden. Tomaten waschen, abtropfen lassen, halbieren und die Stängelansätze entfernen. Tomatenhälften in grobe Stücke schneiden.

3. Chorizo in kleine Würfel schneiden. Kochschinken in breite Streifen schneiden.

4. Speiseöl in einem großen Schmortopf oder Bräter erhitzen. Die Hühner- oder Hähnchenteile darin von allen Seiten anbraten und herausnehmen. Zwiebelwürfel, Knoblauch, Kartoffelwürfel, Okraschotenringe und Tomatenstücke portionsweise in dem verbliebenen Bratfett unter Rühren andünsten. Chorizowürfel und Schinkenstreifen hinzufügen, einige Minuten mitdünsten lassen. Hühner- oder Hähnchenteile wieder hinzugeben.

5. Tomatensaft und Hühnerbrühe hinzugießen, zum Kochen bringen. Die Zutaten so lange bei schwacher Hitze kochen lassen, bis eine kräftige rote Sauce entstanden ist (etwa 15 Minuten).

6. Garnelen abspülen, trocken tupfen, hinzugeben und etwa 5 Minuten in der Sauce gar ziehen lassen. Reis unterrühren und miterhitzen. Mit Salz, Limettensaft und eventuell Cayennepfeffer abschmecken.

Spinateintopf | Für Kinder
4 Portionen

Pro Portion:
E: 21 g, F: 31 g, Kh: 45 g, kJ: 2360, kcal: 563

1 kg Blattspinat
1 große Zwiebel
6 mittelgroße Kartoffeln
4 EL Olivenöl
Salz
frisch gemahlener Pfeffer
gemahlener Safran
1 l kochende Gemüsebrühe
2 Knoblauchzehen

4 Eier (Größe M)
4 Scheiben Vollkorn-Toastbrot
4 EL Butter

Zubereitungszeit: 35 Minuten
Garzeit: etwa 15 Minuten

1. Spinat verlesen, gründlich waschen und tropfnass in einen Topf geben. Den Spinat so lange erhitzen, bis die Blätter zusammenfallen. Spinat in ein Sieb geben und abtropfen lassen.

2. Zwiebel abziehen und in kleine Würfel schneiden. Kartoffeln waschen, schälen, abspülen, abtropfen lassen und in Scheiben schneiden.

3. Olivenöl in einem Topf erhitzen. Zwiebelwürfel darin glasig dünsten. Spinat hinzufügen und unter Rühren so lange dünsten, bis die Flüssigkeit verdampft ist.

4. Kartoffelscheiben hinzugeben. Mit Salz, Pfeffer und Safran würzen. Brühe hinzugießen. Knoblauch abziehen, in kleine Würfel schneiden und unterrühren. Den Eintopf zugedeckt etwa 15 Minuten bei schwacher Hitze kochen lassen.

5. Die Eier einzeln in einer Tasse oder Kelle aufschlagen, vorsichtig in die Suppe gleiten und stocken lassen (Eier sollen getrennt voneinander stocken).

6. Toastbrot in Würfel schneiden. Die Butter in einer Pfanne zerlassen. Die Toastbrotwürfel darin von allen Seiten goldbraun rösten. Den Eintopf mit Brotwürfeln bestreut servieren.

Steckrübeneintopf | Preiswert – klassisch

4 Portionen

Pro Portion:
E: 26 g, F: 13 g, Kh: 25 g, kJ: 1390, kcal: 332

500 g Kasseler (ohne Knochen)
2 Zwiebeln
1 EL Speiseöl
Salz, frisch gemahlener Pfeffer
500 ml (1/2 l) Gemüsebrühe
750 g Steckrüben
500 g vorwiegend festkochende Kartoffeln
1 EL gehackte Petersilie

Zubereitungszeit: 30 Minuten
Garzeit: etwa 50 Minuten

1. Kasseler kurz unter fließendem kalten Wasser abspülen, trocken tupfen und in kleine Würfel schneiden. Zwiebeln abziehen und ebenfalls klein würfeln.

2. Speiseöl in einem Topf erhitzen. Fleischwürfel darin von allen Seiten hellbraun anbraten. Die Zwiebelwürfel hinzufügen und kurz mitdünsten lassen. Mit Salz und Pfeffer würzen. Etwa die Hälfte der Gemüsebrühe hinzugießen und zum Kochen bringen. Die Fleischwürfel zugedeckt etwa 30 Minuten bei mittlerer Hitze garen.

3. In der Zwischenzeit die Steckrüben und Kartoffeln schälen, abspülen, abtropfen lassen und in Stifte schneiden.

4. Steckrüben-, Kartoffelstifte und die restliche Brühe zu den Fleischwürfeln in den Topf geben. Mit Salz und Pfeffer würzen. Den Eintopf wieder zum Kochen bringen und zugedeckt weitere etwa 20 Minuten garen.

5. Den Eintopf nochmals mit den Gewürzen abschmecken und mit Petersilie bestreut servieren.

Tipps: Schmecken Sie den Eintopf mit mittelscharfem Senf ab. Würzen Sie den Eintopf nach Belieben zusätzlich mit gerebeltem Majoran oder bestreuen Sie ihn vor dem Servieren mit 1–2 abgespülten, abgetropften und dann in feine Scheiben geschnittenen Frühlingszwiebeln. Der Steckrübeneintopf ist gefriergeeignet.

Variante 1: Für einen **Steckrübeneintopf mit Linsen** (4 Portionen) zusätzlich 100 g Linsen (z. B. Berglinsen) nach Packungsanleitung mitgaren. Dafür etwa 1 Liter Gemüsebrühe verwenden.

Variante 2: Für einen **Steckrübeneintopf mit Süßkartoffeln** (4 Portionen) statt der Kartoffeln orangefleischige Süßkartoffeln verwenden. Den Eintopf mit schwarzem Sesam (erhältlich im Asialaden) bestreut servieren.

Steckrübensuppe mit Salami und Petersilie | Gut vorzubereiten

4 Portionen

Pro Portion:
E: 9 g, F: 32 g, Kh: 10 g, kJ: 1530, kcal: 367

400 g Steckrüben
200 g Möhren
1 Zwiebel
3 Schalotten
100 g Salami, im Stück
1 EL Butter
1 l Gemüsebrühe
1 Becher (150 g) Crème fraîche
Salz
frisch gemahlener Pfeffer
2 EL Butter

1 Bund glatte Petersilie

Zubereitungszeit: 30 Minuten
Dämpfzeit: etwa 15 Minuten

1. Steckrüben und Möhren putzen, schälen, abspülen, abtropfen lassen und in Würfel schneiden. Einen Topf (mit Dämpfeinsatz, Ø etwa 24 cm) etwa 3 cm hoch mit Wasser füllen und das Wasser zum Kochen bringen. Das Gemüse in den Dämpfeinsatz legen. Den Einsatz in den Topf hängen und mit einem Deckel zudecken. Gemüse etwa 15 Minuten dämpfen.

2. Zwiebel und Schalotten abziehen, halbieren und in Scheiben schneiden. Salami in etwa 1 cm große Würfel schneiden.

3. Butter in einem Topf zerlassen. Zwiebelscheiben darin andünsten. Gemüsebrühe hinzugießen und zum Kochen bringen. Gedämpftes Gemüse hinzufügen. Die Suppe pürieren. Crème fraîche unterrühren. Die Suppe mit Salz und Pfeffer abschmecken.

4. Die Butter in einer Pfanne zerlassen. Salamiwürfel und Schalottenscheiben darin anbraten. Die Petersilie abspülen und trocken tupfen. Die Blättchen von den Stängeln zupfen. Blättchen in feine Streifen schneiden. Die Suppe mit Salamiwürfeln, Schalottenscheiben und Petersilie bestreut servieren.

Stielmuseintopf I

Einfach

4 Portionen

Pro Portion:
E: 34 g, F: 28 g, Kh: 23 g, kJ: 2164, kcal: 517

600 g	*Schweinenacken (ohne Knochen)*
750 g	*Stielmus*
500 g	*Kartoffeln*
40 g	*Butter oder Margarine*
	Salz
	frisch gemahlener Pfeffer
250 ml (1/4 l)	*Wasser*

Zubereitungszeit: 30 Minuten
Garzeit: etwa 40 Minuten

1. Schweinefleisch unter fließendem kalten Wasser abspülen, trocken tupfen und dann in kleine Würfel schneiden.

2. Stielmus putzen und die welken Blätter entfernen. Stielmus waschen, abtropfen lassen und klein schneiden. Kartoffeln waschen, schälen, abspülen, abtropfen lassen und klein würfeln.

3. Die Butter oder Margarine in einem Topf zerlassen. Die Fleischwürfel darin von allen Seiten leicht bräunen. Mit Salz und Pfeffer würzen.

4. Stielmus und Kartoffelwürfel zu den Fleischwürfeln in den Topf geben. Wasser hinzugießen und zum Kochen bringen. Den Eintopf zugedeckt etwa 40 Minuten garen. Mit Salz und Pfeffer abschmecken.

Süßkartoffelcremesuppe I

Exotisch – schnell

4 Portionen

Pro Portion:
E: 4 g, F: 6 g, Kh: 38 g, kJ: 961, kcal: 229

700 g orangefleischige Süßkartoffeln
2 Zwiebeln
1 rote Chilischote
2 EL Olivenöl
1 l Gemüse- oder Geflügelbrühe
100 ml Kokosmilch (ungesüßt)
Salz
frisch gemahlener Pfeffer
frisch geriebene Muskatnuss
Kardamom- oder Currypulver
Zucker

1 Bund Schnittlauch

Zubereitungszeit: 15 Minuten
Garzeit: etwa 20 Minuten

1. Süßkartoffeln waschen, schälen, abspülen, abtropfen lassen und in grobe Stücke schneiden. Zwiebeln abziehen und grob würfeln. Die Chilischote halbieren, entstielen, entkernen, abspülen, trocken tupfen und in Stücke schneiden.

2. Das Olivenöl in einem Topf erhitzen. Kartoffel- und Zwiebelwürfel darin andünsten. Brühe hinzugießen und Chilischotenstücke hinzugeben. Die Zutaten zum Kochen bringen und zugedeckt etwa 20 Minuten garen.

3. Die Suppe mit einem Stabmixer pürieren. Kokosmilch unterrühren. Anschließend die Suppe mit Salz, Pfeffer, Muskat, Kardamom oder Curry und etwas Zucker abschmecken.

4. Schnittlauch abspülen, trocken tupfen und in Röllchen schneiden. Die Suppe in 4 Suppentassen füllen und mit Schnittlauchröllchen bestreut servieren.

Beilage: Ofenfrisches Baguette oder Fladenbrot.

Tipp: Sie können die Suppe kurz vor dem Servieren z. B. mit Croûtons, Fetawürfeln (Schafkäse), Fleischklößchen, 50–75 g rohen Schinken oder Kochschinken (in Streifen geschnitten), 75 g Räucherlachsstreifen oder 50–100 g Krabben anreichern.

Süßkartoffel-Kürbis-Topf I

Vegetarisch – exotisch

6–8 Portionen

Pro Portion:
E: 12 g, F: 8 g, Kh: 33 g, kJ: 1071, kcal: 256

1 kleiner Kürbis, z. B. Hokkaido (etwa 1 kg)
4 Süßkartoffeln (etwa 800 g)
250 g kleine, rote Schalotten
2 Knoblauchzehen
2 grüne Chilischoten
2 EL Sesamöl
2 EL rote Currypaste (erhältlich im Asialaden)
2 ½ l Gemüsebrühe
4 Limettenblätter (erhältlich im Asialaden)
Salz
250 g Tofu
4 EL süße Sojasauce
1 Bund Thai-Basilikum
1 Bund Koriander

Zubereitungszeit: 45 Minuten, ohne Marinierzeit
Garzeit: etwa 20 Minuten

1. Kürbis schälen, halbieren und die Kerne mit einem Löffel herauskratzen. Das Kürbisfleisch in grobe Würfel schneiden. Süßkartoffeln waschen, schälen, abspülen, abtropfen lassen und ebenfalls grob würfeln. Schalotten und Knoblauch abziehen. Schalotten halbieren und Knoblauch durch eine Knoblauchpresse drücken. Chilischoten abspülen, trocken tupfen und in feine Ringe schneiden.

2. Das Sesamöl in einem Topf erhitzen. Knoblauch und Chiliringe darin andünsten. Die Kürbis-, Kartoffelwürfel und Schalottenhälften portionsweise hinzugeben und mitdünsten lassen.

3. Die Currypaste unterrühren. Gemüsebrühe hinzugießen. Limettenblätter abspülen, trocken tupfen, mit 1 Teelöffel Salz hinzufügen.

4. Den Eintopf zum Kochen bringen. Die Zutaten etwa 20 Minuten bei schwacher Hitze garen.

5. Den Tofu in Würfel schneiden und in eine Schüssel geben. Mit Sojasauce beträufeln und etwa 10 Minuten marinieren. Tofuwürfel in den Eintopf geben und heiß werden lassen.

6. Das Basilikum und den Koriander abspülen und trocken tupfen. Die Blättchen von den Stängeln zupfen. Basilikumblättchen klein schneiden.

7. Den Süßkartoffel-Kürbis-Topf vor dem Servieren mit Basilikum und Korianderblättchen bestreuen.

Süßsaure Caponata | Vegetarisch

6 Portionen

Pro Portion:
E: 7 g, F: 16 g, Kh: 28 g, kJ: 1324, kcal: 316

2	rote Zwiebeln
2	Knoblauchzehen
2	Auberginen (je etwa 200 g)
1	große Zucchini (etwa 200 g)
je 1	rote und gelbe Paprikaschote
4 EL	Olivenöl
	Salz
	frisch gemahlener Pfeffer
4 EL	Weißweinessig
2 l	Tomatensaft
100 g	Rosinen
2 Rispen	kleine Tomaten (etwa 250 g)
evtl.	Zucker
1 Bund	Basilikum
100 g	geröstete Pinienkerne

Zubereitungszeit: 35 Minuten
Garzeit: etwa 15 Minuten

1. Zwiebeln und Knoblauch abziehen. Zwiebeln und Knoblauch in kleine Würfel schneiden. Auberginen und Zucchini waschen, abtrocknen und die Stängelansätze bzw. Enden abschneiden. Auberginen und Zucchini in etwa 1 cm große Würfel schneiden. Die Paprikaschoten halbieren, entstielen, entkernen und die weißen Scheidewände entfernen. Schotenhälften ebenfalls in etwa 1 cm große Würfel schneiden.

2. Olivenöl in einem Topf erhitzen. Zwiebel- und Knoblauchwürfel darin andünsten. Vorbereitete Gemüsewürfel portionsweise hinzugeben und mit andünsten. Mit Salz und Pfeffer würzen. Mit Essig ablöschen, den Tomatensaft hinzugießen. Rosinen unterrühren. Die Zutaten zum Kochen bringen und etwa 15 Minuten bei mittlerer Hitze kochen lassen.

3. In der Zwischenzeit die Tomaten waschen, trocken tupfen, in den Eintopf geben und miterhitzen. Mit Salz, Pfeffer und eventuell etwas Zucker abschmecken. Das Basilikum abspülen und trocken tupfen. Die Blättchen von den Stängeln zupfen. Blättchen in Streifen schneiden. Caponata mit Pinienkernen und Basilikumstreifen bestreut servieren.

Beilage: Ofenfrisches Baguette.

Tipp: Für Fleischesser gebratene Salciccia (italienische Bratwurst) dazureichen.

Süßsaurer Gemüseeintopf

Vegetarisch

4 Portionen

Pro Portion:
E: 6 g, F: 8 g, Kh: 23 g, kJ: 812, kcal: 194

1	*rote Peperoni*
10 g	*Ingwerwurzel*
je 1	*rote und grüne Paprikaschote (je 200 g)*
1 Stange	*Porree (Lauch, etwa 200 g)*
1	*kleiner Blumenkohl (etwa 650 g)*
400 g	*Möhren*
1	*Kohlrabi (etwa 200 g)*
3 EL	*Apfelessig*
2 EL	*Sojasauce*
etwa 120 g	*passierte Tomaten*
2 EL	*brauner Zucker*
1 gestr. EL	*Speisestärke*
750 ml (3/4 l)	*Gemüsebrühe*
3 EL	*Speiseöl*
8	*Maiskölbchen (60 g, aus dem Glas)*
	Salz
	frisch gemahlener Pfeffer
	Zucker

Zubereitungszeit: 50 Minuten
Garzeit: 5–8 Minuten

1. Peperoni längs aufschneiden, entkernen, abspülen, trocken tupfen und in feine Streifen schneiden. Ingwer schälen und fein würfeln.

2. Die Paprikaschoten halbieren, entstielen, entkernen und die weißen Scheidewände entfernen. Die Schotenhälften waschen, abtropfen lassen und in schmale Streifen schneiden.

3. Porree putzen, die Stange längs halbieren, gründlich waschen, abtropfen lassen. Den Porree in feine Streifen schneiden.

4. Die Blätter von dem Blumenkohl entfernen. Die schlechten Stellen entfernen und den Strunk abschneiden. Blumenkohl in mundgerechte Röschen teilen, waschen und abtropfen lassen.

5. Möhren putzen, schälen, abspülen, abtropfen lassen und in dünne Streifen schneiden. Kohlrabi schälen, abspülen und abtropfen lassen. Kohlrabi vierteln und in dünne Scheiben schneiden.

6. 2 Esslöffel Apfelessig mit Sojasauce, passierten Tomaten und braunem Zucker in einer Schüssel verrühren. Getrennt davon Speisestärke mit Brühe verrühren.

7. Vorbereitete Gemüsezutaten portionsweise andünsten. Dafür 1 Esslöffel Speiseöl in einem Topf erhitzen. Peperonistreifen, Ingwerwürfel, Paprika- und Porreestreifen darin etwa 2 Minuten unter gelegentlichem Rühren andünsten. Das Gemüse herausnehmen und beiseitestellen.

8. Wieder 1 Esslöffel Speiseöl in dem Topf erhitzen. Blumenkohlröschen darin etwa 3 Minuten unter gelegentlichem Rühren andünsten, herausnehmen und beiseitestellen.

9. Restliches Speiseöl in dem Topf erhitzen. Die Möhrenstreifen und Kohlrabischeiben darin etwa 3 Minuten unter gelegentlichem Rühren andünsten.

10. Das beiseitegestellte, gedünstete Gemüse mit den Maiskölbchen wieder in den Topf geben und das gesamte Gemüse anschließend kurz weiterdünsten lassen.

11. Die Essig-Soja-Tomaten-Mischung mit der angerührten Brühe hinzugeben. Die Zutaten unter Rühren zum Kochen bringen und zugedeckt 5–8 Minuten bei schwacher Hitze leicht kochen lassen.

12. Die Suppe mit Salz, Pfeffer, 1 Esslöffel Apfelessig und 1 Prise Zucker süßsauer abschmecken.

Tipp: Mit etwa 1,2 kg TK-Gemüse (z. B. Bohnen, Erbsen, Brokkoli, Möhren) statt frischem Gemüse verringert sich die Zubereitungszeit um etwa 20 Minuten. Das TK-Gemüse muss nämlich nicht extra angedünstet werden.

Tagine (Arabischer Eintopf) I

Raffiniert

6–8 Portionen

Pro Portion:

E: 62 g, F: 24 g, Kh: 25 g, kJ: 2378, kcal: 568

1 Lammkeule (ohne Knochen, etwa 1 kg)
1 ausgelöstes Huhn (Fleischmenge etwa 800 g)
2 Bund Möhren
8 große Tomaten
2 Zwiebeln
2 Knoblauchzehen
2–3 EL Speiseöl
Salz
2 TL Paprikapulver rosenscharf
1 Msp. gemahlener Safran
1 ½ l Hühnerbrühe
1 Gewürzbeutel (10 Pfefferkörner, 2 Gewürznelken, 1 Zimtstange, 1 TL Fenchelsamen)
8 Artischockenböden (aus dem Glas)
600 g Kichererbsen (aus der Dose)

Zubereitungszeit: 45 Minuten
Garzeit: etwa 60 Minuten

1. Lammkeule und Hühnerfleisch unter fließendem kalten Wasser abspülen, trocken tupfen und in etwa 30 g schwere Stücke schneiden. Die Möhren putzen, schälen, abspülen, abtropfen lassen und in Würfel schneiden. Die Tomaten waschen, abtropfen lassen, halbieren und die Stängelansätze herausschneiden. Tomatenhälften grob zerkleinern. Zwiebeln und Knoblauch abziehen. Zwiebeln in kleine Würfel schneiden. Knoblauch durch eine Knoblauchpresse drücken.

2. Speiseöl in einem Topf erhitzen. Die Fleischstücke mit Salz bestreuen und in dem Speiseöl von allen Seiten anbraten. Die Möhren-, Zwiebelwürfel und Knoblauch hinzufügen. Mit Paprika und Safran bestäuben. kurz mit andünsten. Hühnerbrühe hinzugießen. Tomatenwürfel und Gewürzbeutel hinzugeben. Die Zutaten zum Kochen bringen und zugedeckt etwa 30 Minuten bei mittlerer Hitze garen.

3. Die Artischockenböden in ein Sieb geben, mit kaltem Wasser abspülen, abtropfen lassen und halbieren. Die Kichererbsen in einem Sieb abtropfen lassen. Die Artischockenbodenhälften und Kichererbsen in den Eintopf geben. Wieder zum Kochen bringen und zugedeckt weitere etwa 30 Minuten garen, bis das Lammfleisch weich ist. Den Gewürzbeutel entfernen. Tagine mit den Gewürzen abschmecken.

Beilage: Reis.

Terlaner Graupentopf mit Südtiroler Bauernspeck | Mit Alkohol

4 Portionen

Pro Portion:
E: 14 g, F: 10 g, Kh: 43 g, kJ: 1401, kcal: 335

2 Zwiebeln
1 Knoblauchzehe
2 Möhren
4 Stangen Staudensellerie
100 g Wirsingblätter
100 g Südtiroler Bauernspeck
2–3 EL Olivenöl
200 g Perlgraupen
100 ml Terlaner Riesling
2 l Fleischbrühe
Salz, frisch gemahlener Pfeffer
2 Lorbeerblätter
1 Bund Petersilie

Zubereitungszeit: 30 Minuten
Garzeit: etwa 50 Minuten

1. Zwiebeln und Knoblauch abziehen. Die Zwiebeln zuerst in Scheiben schneiden, dann in Ringe teilen. Knoblauch durch eine Knoblauchpresse drücken. Die Möhren putzen, schälen, abspülen, abtropfen lassen und in Scheiben schneiden. Sellerie putzen und die harten Außenfäden abziehen. Sellerie waschen, abtropfen lassen und in Würfel schneiden. Kohlblätter abspülen, trocken tupfen und in etwa 2 cm große Quadrate schneiden.

2. Von dem Speck Schwarte und Knorpel abschneiden. Den Speck in feine Scheiben schneiden.

3. Das Olivenöl in einem Topf erhitzen. Die Zwiebelringe und Knoblauch darin andünsten. Die Möhrenscheiben, Selleriewürfel, Kohlstücke und Speckscheiben portionsweise hinzugeben und mit andünsten.

4. Perlgraupen in ein Sieb geben, mit kaltem Wasser abspülen, abtropfen lassen und zu den angedünsteten Gemüsezutaten und Speckscheiben in den Topf geben. Mit Wein ablöschen. Fleischbrühe hinzugießen. Mit Salz und Pfeffer würzen. Lorbeerblätter hinzufügen. Die Zutaten zum Kochen bringen und zugedeckt etwa 50 Minuten bei mittlerer Hitze kochen lassen.

5. Petersilie abspülen und trocken tupfen. Die Blättchen von den Stängeln zupfen. Blättchen grob zerkleinern. Den Graupentopf mit Salz und Pfeffer abschmecken. Lorbeerblätter entfernen.

6. Den Graupentopf mit Petersilie bestreut servieren.

Thailändischer Fischeintopf I

Für Gäste

4 Portionen

Pro Portion:

E: 17 g, F: 13 g, Kh: 19 g, kJ: 1153, kcal: 274

1	*grüne Chilischote*
1	*rote Chilischote*
1/2 Stängel	*Zitronengras*
20 g	*Ingwerwurzel*
2 TL	*Korianderkörner*
1 1/2 l	*Fischfond oder -brühe*
400 g	*Rotbarbenfilet (mit Haut)*
1/2 Bund	*Koriander*
400 g	*gegarte Tintenfischringe*
200 g	*gegarte, geschälte Garnelen*
300 g	*gegarter Reis*
	Sojasauce
	Salz, frisch gemahlener, weißer Pfeffer

Zubereitungszeit: 35 Minuten

Garzeit: etwa 20 Minuten

1. Chilischoten halbieren, entstielen und entkernen. Schotenhälften waschen, trocken tupfen und quer in schmale Streifen schneiden.

2. Das Zitronengras putzen, abspülen, trocken tupfen, eventuell etwas klopfen und in etwa 2 cm lange Stücke schneiden. Ingwer schälen und in Scheiben schneiden. Korianderkörner in einem Mörser leicht zerstoßen.

3. Fischfond oder -brühe mit Zitronengrasstücken, der Hälfte der Chilistreifen, Korianderkörnern und Ingwerscheiben in einen Wok geben, zum Kochen bringen und etwa 15 Minuten bei schwacher Hitze köcheln lassen.

4. In der Zwischenzeit Rotbarbenfilet unter fließendem kalten Wasser abspülen, trocken tupfen und in Stücke schneiden.

5. Koriander abspülen und trocken tupfen. Die Blättchen von den Stängeln zupfen.

6. Die Brühe durch ein Sieb gießen, wieder in den Wok geben und aufkochen lassen. Restliche Chilistreifen, Rotbarbenstücke, Tintenfischringe, Garnelen und Reis in die Brühe geben. Die Zutaten 5–8 Minuten in der Brühe ziehen lassen.

7. Den Eintopf mit Sojasauce, Salz und Pfeffer abschmecken. Korianderblättchen kurz vor dem Servieren hinzufügen.

Tipps: Beim Entkernen der Chilischoten müssen Sie vorsichtig sein, da die Schoten sehr scharf sind. Nach dem Schneiden am besten die Hände waschen. Nicht in die Augen fassen, da es sehr stark brennt.
Wenn Sie kein frisches Zitronengras bekommen, können Sie ersatzweise getrocknetes Zitronengras oder 1 breiten Streifen Zitronenschale von 1 Bio-Zitrone (unbehandelt, ungewachst) verwenden.

Tiroler Speckknödelsuppe | Raffiniert

8–10 Portionen

Pro Portion:
E: 8 g, F: 19 g, Kh: 21 g, kJ: 1228, kcal: 293

Für die Speckknödel:

1 Pck. Semmelknödel (200 g, im Kochbeutel)
kochendes Salzwasser
200 g magerer Speck oder Schinken
1 EL Speiseöl

Für die Suppe:

1 kleiner Kopf Wirsing (etwa 400 g)
1 Bund Frühlingszwiebeln (etwa 250 g)
5 Fleischtomaten (etwa 750 g)
2 l Gemüsebrühe
Salz
frisch gemahlener Pfeffer
frisch geriebene Muskatnuss
1 Bund Liebstöckel

Zubereitungszeit: 50 Minuten, ohne Quellzeit
Garzeit: etwa 20 Minuten

1. Für die Speckknödel die Semmelknödel nach Packungsanleitung in Wasser quellen lassen. Dann die Knödel in kochendes Salzwasser geben und ziehen lassen (aber nur die Hälfte der angegebenen Zeit ziehen lassen).

2. Knödel aus den Kochbeuteln nehmen und die Masse in eine Rührschüssel geben.

3. Speck oder Schinken klein würfeln. Das Speiseöl in einer Pfanne erhitzen. Speck- oder Schinkenwürfel darin anbraten, herausnehmen und etwas abkühlen lassen. Speck- und Schinkenwürfel unter die Knödelmasse rühren. Aus der Knödelmasse mit angefeuchteten Händen etwa 30 kleine Knödel formen.

4. Für die Suppe vom Wirsing die groben, äußeren Blätter lösen. Wirsing vierteln und den Strunk herausschneiden. Wirsing abspülen, abtropfen lassen und in breite Streifen schneiden. Wirsingstreifen quer halbieren. Frühlingszwiebeln putzen, waschen, abtropfen lassen und in feine Scheiben schneiden.

5. Die Tomaten waschen, kreuzweise einschneiden und einige Sekunden in kochendes Wasser legen. Tomaten kurz in kaltem Wasser abschrecken, enthäuten, halbieren, entkernen und die Stängelansätze herausschneiden. Die Tomatenhälften in Würfel schneiden.

6. Die Brühe in einem großen Topf erhitzen. Wirsingstreifen, Frühlingszwiebelscheiben und Tomatenwürfel hinzugeben, zum Kochen bringen und etwa 10 Minuten bei schwacher Hitze kochen lassen. Die Suppe mit Salz, Pfeffer und Muskat würzen.

7. Liebstöckel abspülen und trocken tupfen. Die Blättchen von den Stängeln zupfen. Liebstöckelblättchen und Speckknödel in die Suppe geben. Speckknödel etwa 10 Minuten in der Suppe ziehen lassen.

Tofu-Gemüse-Suppe | Exotisch

4 Portionen

Pro Portion:
E: 13 g, F: 7 g, Kh: 28 g, kJ: 937, kcal: 224

25 g	*getrocknete Shiitake-Pilze*
500 ml (1/2 l)	*kochendes Wasser*
200 g	*Möhren*
200 g	*Zucchini*
200 g	*Pak Choi oder Chinakohl*
800 ml	*Gemüsebrühe*
200 ml	*Pilz-Einweichwasser*
2 EL	*Sojabohnen-Paste (erhältlich im Asialaden)*
80 g	*chinesische Nudeln (aus Weizenmehl)*
150 g	*Tofu*
1 Bund	*Frühlingszwiebeln*
1 EL	*Sesamöl*
	chinesische Sojasauce
	Chilisauce

Zubereitungszeit: 30 Minuten, ohne Einweichzeit
Garzeit: etwa 10 Minuten

1. Shiitake-Pilze in eine flache Schale geben, mit kochendem Wasser übergießen und etwa 60 Minuten einweichen. Die Pilze mit einem Schaumlöffel aus dem Einweichwasser nehmen und abtropfen lassen. Die Pilzköpfe in Streifen schneiden. Von dem Einweichwasser 200 ml abmessen.

2. Die Möhren putzen, schälen, abspülen, abtropfen lassen und in etwa 1/2 cm dicke Scheiben schneiden. Die Zucchini waschen, abtrocknen und die Enden abschneiden. Zucchini ebenfalls in Scheiben schneiden. Dann die Möhren- und Zucchinischeiben mit einem Buntmesser in etwa 1 cm breite und etwa 3 cm lange Streifen schneiden.

3. Pak Choi oder Chinakohl putzen, halbieren und den Strunk herausschneiden. Pak Choi oder Chinakohl grob zerschneiden.

4. Die Brühe mit dem abgemessenen Einweichwasser und der Sojabohnen-Paste in einem Topf zum Kochen bringen. Nacheinander Möhrenstreifen, Shiitake-Pilze, Zucchinistreifen und Pak Choi oder Chinakohl hinzugeben. Die Zutaten zum Kochen bringen und bei schwacher Hitze etwa 10 Minuten köcheln lassen. Nudeln hinzugeben und kurz mitgaren lassen.

5. Tofu in Würfel schneiden. Frühlingszwiebeln putzen, waschen, abtropfen lassen und in etwa 3 cm lange Stücke schneiden. Die Tofuwürfel und Frühlingszwiebelstücke in die Suppe geben und miterhitzen. Die Suppe anschließend mit Sesamöl, Soja- und Chilisauce würzen.

Tomateneintopf mit Grießnocken

Raffiniert – für Kinder

4 Portionen

Pro Portion:

E: 23 g, F: 30 g, Kh: 27 g, kJ: 2073, kcal: 496

3 Zwiebeln (etwa 150 g)
2 Knoblauchzehen
1 kg Fleischtomaten
1 Chorizo (spanische Paprikawurst, 225 g)
500 ml (1/2 l) Gemüsebrühe

Für die Grießnocken:

250 ml (1/4 l) Wasser
1 EL Olivenöl
80 g Hartweizengrieß
Salz
frisch geriebene Muskatnuss
1 Ei (Größe M)

350 g gelbe Zucchini
1 Bund Oregano
1 Prise Zucker
30 g frisch geriebener, alter Gouda-Käse

Zubereitungszeit: 30 Minuten
Garzeit: etwa 75 Minuten

1. Zwiebeln und Knoblauch abziehen, in kleine Würfel schneiden. Die Tomaten waschen, abtropfen lassen, halbieren und die Stängelansätze herausschneiden. Die Tomatenhälften grob würfeln. Die Paprikawurst in Scheiben schneiden.

2. Die vorbereiteten Zutaten mit der Gemüsebrühe in einen gewässerten Römertopf® (4-Liter-Inhalt) geben und vermischen. Den Römertopf® mit dem Deckel verschließen und auf dem Rost in den kalten Backofen schieben.
Ober-/Unterhitze: etwa 200 °C
Heißluft: etwa 180 °C

3. In der Zwischenzeit Wasser und Olivenöl in einem Topf aufkochen. Grieß einrühren und unter Rühren

kurz aufkochen lassen. Den Topf von der Kochstelle nehmen. Grieß mit Salz und Muskat würzen, Ei unterrühren. Die Grießmasse etwas abkühlen lassen.

4. Die Zucchini waschen, abtrocknen und die Enden abschneiden. Zucchini in Stücke schneiden. Oregano abspülen und trocken tupfen. Die Blättchen von den Stängeln zupfen. Blättchen klein schneiden.

5. Nach etwa 60 Minuten Garzeit Zucchinistücke und Oregano zu dem Gemüse in den Römertopf® geben und unterrühren. Mit Salz und Zucker abschmecken.

6. Aus der Grießmasse mithilfe von zwei angefeuchteten Teelöffeln Nocken abstechen und auf den Eintopf setzen. Die Nocken mit Gouda-Käse bestreuen. Den Römertopf® wieder in den heißen Backofen schieben. Den Eintopf ohne Deckel weitere etwa 15 Minuten garen.

Tipp: Chorizo ist eine sehr scharfe, spanische Paprikawurst. Sie können auch ersatzweise Cabanossi (schnittfeste Knoblauchwurst) verwenden, die milder im Geschmack ist.

Tomatensuppe I

Einfach – für Kinder

4 Portionen

Pro Portion:
E: 5 g, F: 6 g, Kh: 13 g, kJ: 535, kcal: 126

1 ½ kg Fleischtomaten
2 Zwiebeln
2 Knoblauchzehen
2 EL Olivenöl
500 ml (½ l) Gemüse- oder Geflügelfond
1 Lorbeerblatt
1 Prise Zucker
Salz
frisch gemahlener Pfeffer
Cayennepfeffer
gerebelter Oregano

einige Basilikumblättchen

Zubereitungszeit: 30 Minuten
Garzeit: etwa 15 Minuten

1. Tomaten waschen, abtropfen lassen, vierteln und die Stängelansätze herausschneiden. Tomatenviertel in Würfel schneiden. Zwiebeln und Knoblauch abziehen, klein würfeln.

2. Das Olivenöl in einem Topf erhitzen. Zwiebel- und Knoblauchwürfel darin andünsten.

3. Die Tomatenwürfel, Fond und Lorbeerblatt hinzufügen. Mit Zucker, Salz, Pfeffer, Cayennepfeffer und Oregano würzen.

4. Die Zutaten zum Kochen bringen und zugedeckt etwa 15 Minuten bei schwacher Hitze kochen lassen.

5. Das Lorbeerblatt entfernen. Die Suppe pürieren und durch ein Sieb streichen. Die Tomatensuppe nochmals aufkochen lassen und mit den Gewürzen abschmecken.

6. Die Basilikumblättchen abspülen und trocken tupfen. Die Tomatensuppe mit den Basilikumblättchen bestreut servieren.

Tipps: Anstelle von frischen Tomaten können Sie auch 1 Dose geschälte Tomaten (Einwaage 800 g) verwenden.
Servieren Sie die Suppe mit etwas Olivenöl beträufelt.
Fleischtomaten schmecken im Sommer besonders aromatisch.
Wenn Sie keine Fleischtomaten bekommen, so verwenden Sie runde Tomaten. Diese sind nicht so schnittfest und schmecken nicht so süß. Für das Rezept dann 1–2 Prisen Zucker mehr verwenden.
Die Tomatensuppe lässt sich prima auf Vorrat einfrieren. Die Suppe nach dem Auftauen nochmals mit den Gewürzen abschmecken. Die Suppe mit je 1 Klecks Crème fraîche oder je 1 Teelöffel grünem Pesto servieren.

Variante 1: Tomatensuppe mit Mozzarella-Klößchen (4 Portionen). Für die Klößchen 250 g Mozzarella abtropfen lassen, grob zerkleinern und pürieren. 1 Topf Basilikum abspülen und trocken tupfen. Die Blättchen von den Stängeln zupfen. Blättchen klein schneiden und unter die Mozzarellamasse kneten. Mit Salz und Pfeffer würzen. Aus der Mozzarellamasse mit angefeuchteten Händen 18–24 Klößchen formen und in Suppentellern verteilen. Die Tomatensuppe daraufgeben.

Variante 2: Tomatensuppe mit Käsecroûtons (4 Portionen). Für die Käsecroûtons den Backofen vorheizen. Ober-/Unterhitze: etwa 240 °C, Heißluft: etwa 220 °C. 20 g weiche Butter in eine kleine Schüssel geben. Mit Salz, Pfeffer, gerebeltem Thymian und 1 Teelöffel klein geschnittenen Basilikumblättchen glatt rühren. 2 Toastbrotscheiben mit der Basilikumbutter bestreichen und auf ein Backblech (mit Backpapier belegt) legen. Das Backblech in den vorgeheizten Backofen schieben. Dann die Käsecroûtons etwa 3 Minuten backen. Das Backblech aus dem Backofen nehmen. Die Toastbrotscheiben mit 1–2 Esslöffeln Parmesan-Käse bestreuen. Das Backblech wieder in den Backofen schieben und die Toastbrotscheiben weitere 2–3 Minuten backen, bis der Käse zerlaufen ist. Die Toastbrotscheiben vom Backblech nehmen, auf einen Teller legen und etwas abkühlen lassen. Die Toastbrotscheiben in kleine Würfel schneiden. Die Tomatensuppe mit den Käsecroûtons in Tellern anrichten.

Tschechisches Bierfleisch I

Mit Alkohol

6 Portionen

Pro Portion:
E: 32 g, F: 18 g, Kh: 18 g, kJ: 1553, kcal: 371

800 g	*Schweineschulter*
	Salz
	frisch gemahlener Pfeffer
2 EL	*Butter*
200 g	*Zwiebeln*
2	*Knoblauchzehen*
1 TL	*gemahlener Kümmelsamen*
1 TL	*Paprikapulver edelsüß*
200 ml	*dunkles Bier*
2 l	*Brühe*
1	*Lorbeerblatt*
2	*Gewürznelken*
1	*dicke Möhre*
½ Kopf	*Weißkohl (etwa 400 g)*
4	*große, festkochende Kartoffeln*
2 Rispen	*kleine Tomaten (etwa 250 g)*
1 Bund	*glatte Petersilie*

Zubereitungszeit: 45 Minuten
Garzeit: etwa 60 Minuten

1. Schweineschulter unter fließendem kalten Wasser abspülen, trocken tupfen und in etwa 4 cm große Würfel schneiden. Fleischwürfel mit Salz und Pfeffer würzen.

2. Butter in einem Topf zerlassen. Die Fleischwürfel darin von allen Seiten anbraten.

3. Die Zwiebeln abziehen und in kleine Würfel schneiden. Knoblauch abziehen und durch eine Knoblauchpresse drücken.

4. Die Zwiebelwürfel und Knoblauch zu den Fleischwürfeln in den Topf geben und mitdünsten lassen. Mit Kümmel und Paprika bestreuen. Mit Bier ablöschen.

5. Brühe hinzugießen. Die Zutaten zum Kochen bringen. Mit Salz und Pfeffer würzen. Die Fleischwürfel zugedeckt etwa 30 Minuten bei schwacher Hitze leicht kochen lassen. Lorbeerblatt und Nelken hinzugeben.

6. Möhre putzen, schälen, abspülen, abtropfen lassen und in etwa 2 cm große Würfel schneiden. Von dem Weißkohl die äußeren Blätter entfernen. Den Weißkohl halbieren und den Strunk herausschneiden. Die Weißkohlviertel in Streifen schneiden. Kartoffeln waschen, schälen, abspülen, abtropfen lassen und in Würfel schneiden.

7. Möhrenwürfel, Kohlstreifen und Kartoffelwürfel zu den Fleischwürfeln in den Topf geben. Wieder zum Kochen bringen. Den Eintopf zugedeckt weitere etwa 30 Minuten bei schwacher Hitze kochen lassen.

8. Tomaten waschen, abtropfen lassen, halbieren und die Stängelansätze herausschneiden. Tomatenhälften in Würfel schneiden, zum Bierfleisch geben und mit erhitzen.

9. Petersilie abspülen und trocken tupfen. Die Blättchen von den Stängeln zupfen. Blättchen klein schneiden. Das Bierfleisch mit Petersilie bestreut servieren.

Beilage: Rustikales Landbrot und frisch gezapftes Bier (Pils).

Türkischer Lamm-Gemüse-Topf

Für Gäste

8–10 Portionen

Pro Portion:
E: 28 g, F: 18 g, Kh: 25 g, kJ: 1696, kcal: 405

800 g Lammfleisch (aus der Keule, ohne Knochen)
1 Dose weiße Bohnen (Abtropfgewicht 500 g)
3 Gemüsezwiebeln (etwa 750 g)
2 Fleischtomaten
2 Auberginen (je etwa 250 g)
250 g Kürbisfruchtfleisch
4 Knoblauchzehen
5 EL Olivenöl
400 ml Lammfond
gerebelter Thymian
Salz
frisch gemahlener Pfeffer

Zubereitungszeit: 45 Minuten
Garzeit: etwa 60 Minuten

1. Das Lammfleisch unter fließendem kalten Wasser abspülen, trocken tupfen und in Würfel schneiden. Die Bohnen in einem Sieb abtropfen lassen.

2. Gemüsezwiebeln abziehen, halbieren und in Scheiben schneiden. Tomaten und Auberginen waschen, abtrocknen und die Stängelansätze abschneiden. Die Tomaten, Auberginen und das Kürbisfruchtfleisch in Würfel schneiden. Den Knoblauch abziehen und zerdrücken oder durch eine Knoblauchpresse drücken.

3. Den Backofen vorheizen.
Ober-/Unterhitze: etwa 200 °C
Heißluft: etwa 180 °C

4. Olivenöl in einem Bräter oder feuerfesten, großen Topf erhitzen. Die Lammfleischwürfel darin von allen Seiten anbraten. Zwiebelscheiben hinzugeben und mit anbraten.

5. Tomaten-, Auberginen-, Kürbiswürfel und Bohnen hinzufügen. Lammfond hinzugießen. Mit Thymian, Knoblauch, Salz und Pfeffer würzen. Die Zutaten aufkochen lassen. Den Bräter oder Topf mit dem Deckel verschließen und auf dem Rost in den vorgeheizten Backofen schieben. Den Lamm-Gemüse-Topf etwa 60 Minuten garen.

Tipps: Sie können den Lamm-Gemüse-Topf auch auf der Kochstelle garen. Dann jedoch zwischendurch häufiger umrühren. Nach Belieben zusätzlich noch etwas türkischen Joghurt unterrühren.

Ungarische Gulaschsuppe

Für die Party – mit Alkohol

8–10 Portionen

Pro Portion:
E: 25 g, F: 24 g, Kh: 8 g, kJ: 1632, kcal: 390

800 g	*Rindergulasch*
4	*Zwiebeln*
4–6	*Knoblauchzehen*
4	*große, gelbe Paprikaschoten (je etwa 250 g)*
2	*große, grüne Paprikaschoten (je etwa 250 g)*
2	*Peperoni*
7 EL	*Speiseöl*
	Salz
	frisch gemahlener Pfeffer
2 gestr. EL	*Paprikapulver edelsüß*
4 EL	*Tomatenmark*
1 ½ l	*Fleischbrühe*
250 ml (¼ l)	*Rotwein*
	Cayennepfeffer

Zubereitungszeit: 45 Minuten
Garzeit: 45–60 Minuten

1. Gulasch mit Küchenpapier trocken tupfen und die Fleischwürfel nach Belieben etwas kleiner schneiden. Dann Zwiebeln und Knoblauch abziehen, in kleine Würfel schneiden.

2. Paprikaschoten halbieren, entstielen, entkernen und die weißen Scheidewände entfernen. Schotenhälften waschen, abtropfen lassen und in Würfel schneiden. Die Peperoni längs halbieren, entstielen und entkernen. Peperonihälften waschen, trocken tupfen und in Streifen schneiden.

3. Jeweils etwas Speiseöl in einem großen Topf erhitzen. Gulasch darin portionsweise von allen Seiten anbraten. Mit Salz, Pfeffer und Paprika würzen.

4. Zwiebel-, Knoblauch-, Paprikawürfel und Peperonistreifen zu dem Gulasch in den Topf geben und unter Rühren mit andünsten. Tomatenmark unterrühren.

5. Die Brühe und Rotwein hinzugießen, zum Kochen bringen. Die Suppe zugedeckt 45–60 Minuten bei schwacher Hitze kochen lassen.

6. Die Gulaschsuppe kräftig mit Salz, Pfeffer, Paprika und Cayennepfeffer würzen.

Vegetarischer Gemüseeintopf

Klassisch – mit Alkohol

4 Portionen

Pro Portion:
E: 8 g, F: 14 g, Kh: 27 g, kJ: 1182, kcal: 281

1	*Gemüsezwiebel (etwa 300 g)*
500 g	*festkochende Kartoffeln*
150 g	*Knollensellerie*
300 g	*Möhren*
200 g	*Brechbohnen*
½	*Blumenkohl (etwa 400 g)*
3 EL	*Olivenöl*
100 ml	*Weißwein, z. B. Riesling*
500 ml (½ l)	*Gemüsebrühe*
	Salz
	frisch gemahlener Pfeffer
	frisch geriebene Muskatnuss
4 Stängel	*Thymian*
6	*Tomaten (etwa 300 g)*
2 EL	*gehackte Petersilie*
einige	*vorbereitete Basilikumblättchen*
2 EL	*Olivenöl*

Zubereitungszeit: 25 Minuten
Garzeit: etwa 25 Minuten

1. Gemüsezwiebel abziehen, halbieren und in Würfel schneiden. Die Kartoffeln waschen, schälen, abspülen, abtropfen lassen, in etwa 3 cm große Stücke schneiden. Sellerie und Möhren schälen, abspülen und abtropfen lassen. Sellerie und Möhren in gleich große Stücke schneiden.

2. Von den Bohnen die Enden abschneiden, eventuell abfädeln. Die Bohnen waschen, abtropfen lassen und 2–3-mal durchbrechen oder -schneiden. Von dem Blumenkohl die Blätter und schlechten Stellen entfernen. Blumenkohl in Röschen teilen, waschen und abtropfen lassen.

3. Das Olivenöl in einem großen Topf erhitzen. Zuerst Zwiebelwürfel darin andünsten. Dann Kartoffel-, Möhren- und Selleriestücke hinzufügen und mit andünsten. Mit Weißwein und Brühe ablöschen, kräftig aufkochen lassen. Mit Salz, Pfeffer und Muskat würzen. Thymian abspülen, trocken tupfen und hinzugeben.

4. Bohnen und Blumenkohlröschen in den Eintopf geben, wieder zum Kochen bringen und zugedeckt etwa 20 Minuten garen.

5. In der Zwischenzeit Tomaten waschen, abtropfen lassen, kreuzweise einschneiden, kurz in kochendes Wasser legen und in kaltem Wasser abschrecken. Die Tomaten enthäuten, vierteln, entkernen und die Stängelansätze herausschneiden.

6. Thymian aus dem Eintopf nehmen. Wenn die Kartoffelstücke noch nicht gar sind, den Eintopf weitere 5 Minuten garen.

7. Tomatenviertel hinzugeben und kurz in dem Eintopf erhitzen. Den Eintopf nochmals mit den Gewürzen abschmecken und in eine Terrine füllen. Mit Petersilie und Basilikumblättchen bestreuen. Den Eintopf kurz vor dem Servieren mit Olivenöl beträufeln.

Vegetarisches Chili | Einfach

4 Portionen

Pro Portion:
E: 13 g, F: 3 g, Kh: 53 g, kJ: 1272, kcal: 304

je 2	*rote und gelbe Paprikaschoten*
150 g	*Zwiebeln*
3	*Knoblauchzehen*
1 Dose	*Kidneybohnen (Abtropfgewicht 225 g)*
1 Dose	*Gemüsemais (Abtropfgewicht 225 g)*
150 g	*Staudensellerie*
1 Flasche	*Chilisauce (200 ml)*
200 ml	*Tomatenketchup*
	Salz
1 Msp.	*Kreuzkümmel*
1 Msp.	*gemahlener Zimt*
250 g	*reife Tomaten*
1	*Bio-Orange (unbehandelt, ungewachst)*
½ TL	*Chilipulver*
1 Bund	*Koriander*

Zubereitungszeit: 35 Minuten
Garzeit: etwa 60 Minuten

1. Die Paprikaschoten halbieren, entstielen, entkernen und die weißen Scheidewände entfernen. Die Schotenhälften waschen, trocken tupfen und in etwa 2 cm große Würfel schneiden.

2. Zwiebeln und Knoblauch abziehen. Die Zwiebeln in Spalten schneiden. Knoblauch durch eine Knoblauchpresse drücken. Bohnen und Mais in je einem Sieb abtropfen lassen. Den Sellerie putzen und die harten Außenfäden abziehen. Selleriestangen waschen, abtropfen lassen und in Würfel schneiden.

3. Paprikawürfel, Zwiebelspalten, Knoblauch, Bohnen, Mais und Selleriewürfel in einen gewässerten Römertopf® (4-Liter-Inhalt) geben und gut vermischen. Chilisauce und Ketchup unterrühren. Mit Salz, Kreuzkümmel und Zimt würzen.

4. Den Römertopf® mit dem Deckel verschließen und auf dem Rost in den kalten Backofen schieben.
Ober-/Unterhitze: etwa 200 °C
Heißluft: etwa 180 °C

5. In der Zwischenzeit die Tomaten waschen, trocken tupfen, vierteln, entkernen und die Stängelansätze herausschneiden. Tomatenviertel in Spalten schneiden. Orange heiß abwaschen, abtrocknen und die Schale abreiben. Orange halbieren und den Saft auspressen.

6. Nach etwa 50 Minuten Garzeit die Tomatenspalten unter das Chili heben. Chili mit Deckel weitere etwa 10 Minuten garen.

7. Orangensaft und -schale unterrühren. Mit Chili und Salz abschmecken.

8. Koriander abspülen und trocken tupfen. Die Blättchen von den Stängeln zupfen. Chili mit Korianderblättchen bestreut servieren.

Tipp: Mit Crème fraîche und geriebenem Cheddar-Käse schmeckt das Chili besonders lecker.

Wan-Tan-Suppe | Klassisch

4 Portionen

Pro Portion:
E: 32 g, F: 17 g, Kh: 43 g, kJ: 1980, kcal: 474

Für die Füllung:

200 g Hähnchenfilet oder Hähnchenschenkel (ohne Knochen)
1 Ei (Größe M)
20 g Wasserkastanien (aus der Dose)
20 g fein geschnittene Möhre
20 g sehr klein gehackte Frühlingszwiebeln
4 Prisen Salz
4 Prisen Pfeffer
2 TL Sesamöl
2 EL Weizenmehl
1 TL fein gehackte Ingwerwurzel
4 Blättchen Spinat oder Chinakohl
4–6 Champignons

20 Wan-Tan-Teighüllen
2 l Wasser
1 l Hühnerbrühe
1 TL Pfeffer
4 TL Zucker
3 gestr. TL Salz
etwa 2 TL Sesamöl

Zubereitungszeit: 50 Minuten
Garzeit: etwa 5 Minuten

1. Für die Füllung das Hähnchenfilet oder die Hähnchenschenkel unter fließendem kalten Wasser abspülen, trocken tupfen, klein schneiden und im Mixer zerkleinern.

2. Die Fleischmasse in eine Rührschüssel geben. Ei, zerkleinerte Wasserkastanien, Möhren-, Frühlingszwiebelstücke, Salz, Pfeffer, Sesamöl, Mehl und Ingwer gut unterarbeiten.

3. Spinat- oder Chinakohlblättchen putzen, waschen, trocken tupfen und in Streifen schneiden. Champignons putzen, mit Küchenpapier abreiben, eventuell abspülen, trocken tupfen und in Scheiben schneiden.

4. Die Wan-Tan-Teighüllen auf einer Arbeitsfläche ausbreiten. Jeweils 1 Teelöffel der Fleischfüllung in die Mitte geben. Anschließend die sich gegenüberliegenden Ecken aufeinanderlegen und fest um die Füllung herum andrücken, sodass die Füllung ganz vom Teig umschlossen ist.

5. Das Wasser in einem Wok zum Kochen bringen. Die Wan-Tans hinzugeben und etwa 5 Minuten kochen lassen. Die Wan-Tans herausnehmen und in Suppenschalen geben. Mit Spinat- oder Chinakohlstreifen bestreuen.

6. Brühe mit den Champignonscheiben zum Kochen bringen. Mit Pfeffer, Zucker und Salz abschmecken. Die Hühnerbrühe über die Wan-Tans in die Schalen gießen und mit etwas Sesamöl abrunden.

Tipp: Für eine größere Portionenzahl können die Zutatenmengen vervielfacht werden.

Weiß-grüner Kohltopf mit Petersilienpesto | Raffiniert

6–8 Portionen

Pro Portion:
E: 37 g, F: 27 g, Kh: 21 g, kJ: 2006, kcal: 479

2 Zwiebeln
2 Knoblauchzehen
2 EL Butter
1 kg Lammgulasch (etwa 40 g schwere Würfel)
Salz, frisch gemahlener Pfeffer
1 1/2 l Gemüsebrühe
1 kleiner Spitzkohl (etwa 600 g)
1 kleiner Weißkohl (etwa 800 g)
800 g festkochende Kartoffeln

Für das Petersilienpesto:
1 Knoblauchzehe
60 g Pecorino-Käse
1 Bund glatte Petersilie
40 g geröstete Mandeln
4 EL mildes Olivenöl

Zubereitungszeit: 60 Minuten
Garzeit: 90–100 Minuten

1. Zwiebeln und Knoblauch abziehen, jeweils in feine Scheiben schneiden. Die Butter in einem großen Topf zerlassen. Die Zwiebel- und Knoblauchscheiben darin andünsten. Lammgulasch mit Küchenpapier trocken tupfen, mit Salz und Pfeffer würzen, hinzugeben und mitdünsten lassen. So viel Gemüsebrühe hinzugießen, dass die Fleischwürfel bedeckt sind. Das Lammgulasch zugedeckt etwa 60 Minuten garen.

2. In der Zwischenzeit Spitz- und Weißkohl von den äußeren Blättern befreien. Kohlköpfe vierteln und jeweils den Strunk herausschneiden. Kohlviertel in etwa 3 cm große Würfel schneiden. Kartoffeln waschen, schälen, abspülen, abtropfen lassen und grob würfeln.

3. Nach etwa 60 Minuten Garzeit die Kartoffelwürfel auf dem Lammfleisch verteilen, leicht mit Salz würzen. Dann den Kohl daraufgeben. So viel von der restlichen Gemüsebrühe hinzugießen, dass die Kohlschicht bedeckt ist. Den Kohltopf wieder zum Kochen bringen und zugedeckt weitere 30–40 Minuten garen.

4. In der Zwischenzeit für das Pesto Knoblauch abziehen und den Pecorino-Käse fein reiben. Petersilie abspülen und trocken tupfen oder trocken schleudern. Grobe Stängel entfernen. Knoblauch, Petersilie und Mandeln in einen hohen Rührbecher geben und mit einem Stabmixer fein pürieren. Das Olivenöl und den geriebenen Käse unterrühren. Mit Salz und Pfeffer abschmecken.

5. Den Eintopf anrichten. Pesto dazureichen.

Winterlicher Puteneintopf | Raffiniert

4–6 Portionen

Pro Portion:
E: 30 g, F: 11 g, Kh: 18 g, kJ: 1238, kcal: 296

2 Putenunterkeulen (etwa 1 1/2 kg)
1 1/2 l Salzwasser

500 g festkochende Kartoffeln
350 g Möhren
1/2 Kopf Wirsing (etwa 400 g)
1 kleiner Blumenkohl (etwa 500 g)
Salz, frisch gemahlener Pfeffer
gekörnte Hühnerbrühe (Instant)
1/2 Bund glatte Petersilie

Zubereitungszeit: 50 Minuten
Garzeit: etwa 80 Minuten

1. Putenunterkeulen unter fließendem kalten Wasser abspülen und trocken tupfen. Salzwasser in einem Topf zum Kochen bringen. Putenunterkeulen hinzugeben, wieder zum Kochen bringen und abschäumen. Die Putenkeulen zugedeckt etwa 60 Minuten bei schwacher Hitze garen.

2. Die Kartoffeln waschen, schälen, abspülen, abtropfen lassen. Die Möhren putzen, schälen, abspülen und ebenfalls abtropfen lassen. Kartoffeln und Möhren in Würfel schneiden.

3. Von dem Wirsing die groben, äußeren Blätter entfernen. Den Wirsing halbieren und den Strunk herausschneiden. Wirsingviertel abspülen, abtropfen lassen und in Streifen schneiden. Von dem Blumenkohl die Blätter und schlechten Stellen entfernen. Blumenkohl in Röschen teilen, waschen und abtropfen lassen.

4. Die garen Putenunterkeulen aus der Brühe nehmen und etwas abkühlen lassen. Kartoffel-, Möhrenwürfel, Wirsingstreifen und Blumenkohlröschen in die Brühe geben, wieder zum Kochen bringen und zugedeckt etwa 20 Minuten bei schwacher Hitze garen.

5. Von den Putenkeulen die Haut abziehen und das Fleisch von den Knochen und Sehnen lösen. Fleisch in Stücke schneiden. Die Fleischstücke nach Ende der Garzeit in den Eintopf geben und miterhitzen. Mit Salz, Pfeffer und Instant-Hühnerbrühe würzen.

6. Petersilie abspülen und trocken tupfen. Die Blättchen von den Stängeln zupfen. Die Blättchen in feine Streifen schneiden. Petersilienstreifen in den Eintopf geben.

Tipps: Den Eintopf mit Speckstreifen belegt servieren. Dafür etwas Butterschmalz in einer Pfanne erhitzen. Streifen von geräuchertem Schwarzwälder Schinkenspeck hinzugeben und kross anbraten.
Den Eintopf können Sie statt mit Blumenkohl auch mit Schwarzwurzeln zubereiten.

Wirsingeintopf | Klassisch

4 Portionen

Pro Portion:
E: 33 g, F: 16 g, Kh: 17 g, kJ: 1461, kcal: 350

500 g Rind- oder Lammfleisch (aus der Schulter)
2 Zwiebeln
30 g Schweineschmalz oder 3 EL Speiseöl
Salz
frisch gemahlener Pfeffer
gemahlener Kümmelsamen
750 ml (3/4 l) heiße Gemüsebrühe
1 kg Wirsing
375 g vorwiegend festkochende Kartoffeln
2 EL gehackte Petersilie

Zubereitungszeit: 30 Minuten
Garzeit: etwa 50 Minuten

1. Rind- oder Lammfleisch unter fließendem kalten Wasser abspülen, trocken tupfen und in etwa 2 cm große Würfel schneiden. Zwiebeln abziehen, halbieren und in Scheiben schneiden.

2. Schmalz oder Speiseöl in einem großen Topf erhitzen. Die Fleischwürfel darin von allen Seiten schwach bräunen. Zwiebelscheiben hinzufügen und kurz mit andünsten. Mit Salz, Pfeffer und Kümmel würzen.

3. Gemüsebrühe hinzugießen, zum Kochen bringen und zugedeckt etwa 30 Minuten bei schwacher Hitze kochen.

4. In der Zwischenzeit von dem Wirsing die groben, äußeren Blätter entfernen. Wirsing vierteln und den Strunk herausschneiden. Wirsing in Streifen schneiden, abspülen und abtropfen lassen. Die Kartoffeln waschen, schälen, abspülen, abtropfen lassen und in Würfel schneiden.

5. Nach etwa 30 Minuten Garzeit die Wirsingstreifen und Kartoffelwürfel zu den Fleischwürfeln in den Topf geben und wieder zum Kochen bringen. Den Eintopf zugedeckt weitere etwa 20 Minuten garen.

6. Den Eintopf nochmals mit den Gewürzen abschmecken und mit Petersilie bestreut servieren.

Tipps: Zum Eintopf in Butter geröstete Schwarzbrotwürfel reichen. Den Eintopf statt mit Petersilie mit Gartenkresse bestreuen.

Wirsingeintopf mit grünen Bohnen, Kartoffeln und Kasseler

Klassisch

4 Portionen

Pro Portion:
E: 22 g, F: 14 g, Kh: 16 g, kJ: 1166, kcal: 278

½ Kopf Wirsing (etwa 400 g)
150 g grüne Bohnen
400 g vorwiegend festkochende Kartoffeln
400 g Kasseler (ohne Knochen)
1 l Fleischbrühe
2 EL Speiseöl
Salz, frisch gemahlener Pfeffer
frisch geriebene Muskatnuss

Zubereitungszeit: 40 Minuten, ohne Abkühlzeit
Garzeit: 30–40 Minuten

1. Vom Wirsing die groben, äußeren Blätter entfernen und den Strunk herausschneiden. Wirsing halbieren. Wirsinghälfte in schmale Streifen schneiden, waschen und abtropfen lassen. Von den Bohnen die Enden abschneiden. Bohnen eventuell abfädeln, waschen, abtropfen lassen und in Stücke schneiden oder brechen. Die Kartoffeln waschen, schälen, abspülen, abtropfen lassen und in Würfel schneiden.

2. Das Kasselerfleisch unter fließendem kalten Wasser abspülen und trocken tupfen. Die Brühe in einem Topf erhitzen. Das Kasseler hinzugeben und zugedeckt 20–25 Minuten garen.

3. In der Zwischenzeit Speiseöl in einem zweiten Topf erhitzen. Die Wirsingstreifen und Bohnenstücke darin 5–8 Minuten unter gelegentlichem Rühren andünsten.

4. Nach etwa 10 Minuten Fleischgarzeit das angedünstete Gemüse mit den Kartoffelwürfeln zum Kasseler in den Topf geben. Mit Salz und Pfeffer würzen. Den Eintopf zugedeckt die restlichen 10–15 Minuten leicht köcheln lassen.

5. Nach Ende der Garzeit das Kasseler aus der Suppe nehmen und etwas abkühlen lassen. Das Fleisch in kleine Würfel schneiden, in den Eintopf geben und kurz erwärmen. Nochmals mit Salz, Pfeffer und Muskat abschmecken.

Tipps: Statt frischer, grüner Bohnen können Sie ebenso gut TK-Bohnen verwenden. Die angetauten, klein geschnittenen Bohnen brauchen nicht mit angedünstet zu werden.
Kasseler ist das gepökelte, geräucherte Kotelettstück vom Schwein.

Variante: Wirsingeintopf mit Mettenden (4 Portionen). Anstelle des Kasselers können Sie 4 Mettenden zur Suppe geben. Die Suppe wie im Rezept beschrieben, aber ohne Kasseler zubereiten. Die Mettenden in Scheiben schneiden, kurz vor Ende der Garzeit zur Suppe geben und miterwärmen. Anschließend die Suppe abschmecken.

Wirsingeintopf mit Mettwurst, Kümmel und Birnen I

Raffiniert – mit Alkohol

4 Portionen

Pro Portion:
E: 27 g, F: 56 g, Kh: 31 g, kJ: 3104, kcal: 746

½ Kopf Wirsing (etwa 600 g)
1 Gemüsezwiebel (etwa 150 g)
100 g Frühstücksspeck (Bacon)
2 Möhren
2 festkochende Kartoffeln
1 EL Kümmelsamen
3 EL Butter
800 ml Geflügelbrühe
Salz
frisch gemahlener Pfeffer
frisch geriebene Muskatnuss

2 Birnen
2 EL Zucker
2 cl Birnenschnaps

4 kleine, geräucherte Mettwürste (je etwa 100 g)
6 Stängel Thymian

Zubereitungszeit: 40 Minuten
Garzeit: etwa 30 Minuten

1. Von dem Wirsing die groben, äußeren Blätter entfernen. Den Wirsing vierteln und den Strunk herausschneiden. Wirsingviertel abspülen, abtropfen lassen und in Rauten schneiden.

2. Die Gemüsezwiebel abziehen, halbieren und in kleine Würfel schneiden. Frühstücksspeck ebenfalls klein würfeln. Die Möhren putzen, schälen, abspülen, abtropfen lassen. Kartoffeln waschen, schälen, abspülen, abtropfen lassen. Möhren und Kartoffeln in Würfel schneiden. Kümmel und etwas Butter auf ein Schneidbrett geben, Kümmel fein hacken.

3. Restliche Butter in einem großen Topf zerlassen. Speck- und Zwiebelwürfel darin andünsten. Kümmelbutter, Möhren- und Kartoffelwürfel hinzufügen, kurz mitdünsten lassen. Brühe hinzugießen, mit Salz, Pfeffer und Muskat würzen. Die Zutaten kräftig aufkochen lassen. Wirsingrauten hinzugeben und wieder zum Kochen bringen. Den Eintopf zugedeckt etwa 30 Minuten bei mittlerer Hitze garen.

4. In der Zwischenzeit Birnen schälen, vierteln und entkernen. Birnenviertel in Würfel schneiden. Zucker in einer Pfanne hellbraun karamellisieren, Birnenwürfel hinzugeben und darin schwenken. Mit Birnenschnaps ablöschen. Birnenwürfel warm halten.

5. Die Mettwürste in Scheiben schneiden. Den Thymian abspülen und trocken tupfen. Die Blättchen von den Stängeln zupfen.

6. Mettwurstscheiben und Thymian in den Eintopf geben und kurz erhitzen. Den Eintopf mit den Gewürzen abschmecken.

7. Kurz vor dem Servieren die Birnenwürfel unter den Eintopf rühren.

Würzige Kartoffel-Bohnen-Suppe

Klassisch

4 Portionen

Pro Portion:
E: 14 g, F: 15 g, Kh: 30 g, kJ: 1330, kcal: 317

300 g	*Kartoffeln*
2	*Zwiebeln (etwa 150 g)*
1 Dose	*weiße Bohnenkerne (Abtropfgewicht 500 g)*
4 Blättchen	*Salbei*
2 EL	*Speiseöl*
1 l	*Gemüsebrühe*
	Salz
	frisch gemahlener Pfeffer
200–300 g	*Pfifferlinge*
150 g	*frische Steinpilze*
100 g	*Cabanossi*
evtl. 1 EL	*Speiseöl*

Zubereitungszeit: 20 Minuten
Garzeit: etwa 30 Minuten

1. Kartoffeln waschen, schälen, abspülen, abtropfen lassen und in Würfel schneiden. Dle Zwiebeln abziehen und klein würfeln. Die Bohnen in ein Sieb geben, mit kaltem Wasser abspülen und abtropfen lassen. Salbeiblättchen abspülen und trocken tupfen.

2. Speiseöl in einem großen Topf erhitzen. Zwiebel- und Kartoffelwürfel darin andünsten. Die Bohnen und Salbeiblättchen hinzugeben und unter Rühren kurz mit andünsten.

3. Die Brühe hinzugießen. Mit Salz und Pfeffer würzen. Die Zutaten zum Kochen bringen und zugedeckt etwa 30 Minuten bei schwacher Hitze kochen lassen.

4. Pfifferlinge und Steinpilze putzen, mit Küchenpapier abreiben, eventuell kurz abspülen und trocken tupfen. Große Pfifferlinge und Steinpilze halbieren.

5. Cabanossi in Scheiben schneiden, in einer Pfanne ohne Fett von beiden Seiten knusprig anbraten und herausnehmen. Pfifferlinge und Steinpilze in dem verbliebenen Bratfett (eventuell 1 Esslöffel Speiseöl hinzufügen) kräftig anbraten. Mit Salz und Pfeffer würzen.

6. Pilze und Cabanossischeiben in die Suppe geben und kurz mitkochen lassen. Die Suppe mit Salz und Pfeffer abschmecken und servieren.

Würzige Möhrensuppe | Raffiniert

4 Portionen

Pro Portion:
E: 10 g, F: 24 g, Kh: 24 g, kJ: 1502, kcal: 359

Für die Suppe:

1 Zwiebel
1 rote Chilischote
600 g Möhren
1 kleine Stange Porree (Lauch)
3 EL Olivenöl
400 ml Gemüsebrühe
400 ml Möhrensaft
1 Stängel Zitronenthymian
Salz
100 g Schlagsahne
1 EL Zitronensaft
frisch gemahlener Pfeffer
1 TL Butter

Für die Croûtons:

1 Baguettebrötchen (etwa 100 g)
25 g Butter
4 Scheiben Bacon (Frühstücksspeck, etwa 100 g)

Thymianblättchen- und Estragonstängel

Zubereitungszeit: 30 Minuten
Garzeit: etwa 15 Minuten

1. Für die Suppe die Zwiebel abziehen und in kleine Würfel schneiden. Chilischote längs halbieren, entstielen und entkernen. Schotenhälften abspülen, trocken tupfen und klein schneiden. Möhren putzen, schälen, abspülen, abtropfen lassen und in etwa 1 cm große Würfel schneiden. Porree putzen. Die Stange längs halbieren, gründlich waschen, abtropfen lassen und in dünne Streifen schneiden.

2. Olivenöl in einem großen Topf erhitzen. Zwiebelwürfel, Chili, Möhrenwürfel und Porreestreifen darin gut andünsten. Brühe und Möhrensaft hinzugießen. Thymian abspülen, trocken tupfen und hinzufügen. Mit Salz würzen. Die Zutaten zum Kochen bringen und zugedeckt etwa 15 Minuten bei schwacher Hitze köcheln lassen.

3. Den Thymianstängel aus der Suppe nehmen. Die Suppe mit einem Stabmixer grob pürieren. Sahne und Zitronensaft hinzufügen, unter Rühren kurz aufkochen lassen. Die Suppe mit Salz und Pfeffer abschmecken. Butter kurz unterrühren.

4. Für die Croûtons Baguettebrötchen in etwa 1 cm kleine Würfel schneiden. Butter in einer Pfanne zerlassen. Brötchenwürfel hinzugeben und bei schwacher Hitze unter Rühren goldbraun rösten. Brötchenwürfel herausnehmen und auf einen Teller legen. Die Frühstücksspeckscheiben in breite Streifen schneiden und in der erhitzten Pfanne ohne Fett goldbraun braten. Frühstücksspeckstreifen herausnehmen.

5. Die Suppe in Tellern verteilen. Mit den Croûtons und Frühstücksspeckstreifen servieren. Die Suppe mit abgespülten, trocken getupften Thymianblättchen- und Estragonstängeln garnieren.

Würziger Lammtopf mit Zitrone und Minze | Mit Alkohol

6 Portionen

Pro Portion:
E: 56 g, F: 16 g, Kh: 23 g, kJ: 2017, kcal: 481

1	*Lammkeule (ohne Knochen, etwa 1 1/2 kg Fleisch)*
	Salz, frisch gemahlener Pfeffer
4	*Zwiebeln*
2–3 EL	*Olivenöl*
1 EL	*Paprikapulver edelsüß*
2 EL	*Tomatenmark*
200 ml	*Rotwein*
3	*dicke Möhren*
3 Stangen	*Staudensellerie*
6	*große, festkochende Kartoffeln*
2	*Knoblauchzehen*
1	*Bio-Zitrone (unbehandelt, ungewachst)*
1 Bund	*Minze*
2	*Lorbeerblätter*
	heißes Wasser

Zubereitungszeit: 45 Minuten
Garzeit: etwa 90 Minuten

1. Das Lammfleisch von Haut und Sehnen befreien. Lammfleisch unter fließendem kalten Wasser abspülen, trocken tupfen und in etwa 30 g schwere Würfel schneiden. Mit Salz und Pfeffer würzen. Die Zwiebeln abziehen und in kleine Würfel schneiden.

2. Olivenöl in einem großen Topf erhitzen. Die Zwiebelwürfel darin andünsten. Lammfleischwürfel hinzugeben und von allen Seiten anbraten. Mit Paprika bestreuen. Tomatenmark unterrühren. Mit Rotwein ablöschen. So viel kaltes Wasser hinzugießen, dass die Fleischwürfel gut bedeckt sind. Lammfleischwürfel zum Kochen bringen. Mit Salz würzen und zugedeckt etwa 60 Minuten bei schwacher Hitze kochen lassen.

3. Möhren putzen, schälen, abspülen und abtropfen lassen. Staudensellerie putzen und die harten Außenfäden abziehen. Selleriestangen waschen und abtropfen lassen. Die Kartoffeln waschen, schälen, abspülen und abtropfen lassen. Möhren, Selleriestangen und Kartoffeln in gleich große Würfel schneiden.

4. Den Knoblauch abziehen und klein würfeln. Die Zitrone heiß abwaschen, abtrocknen und die Schale dünn mit einem Sparschäler abschälen. Die Zitronenschale fein hacken. Minze abspülen und trocken tupfen. Die Blättchen von den Stängeln zupfen. Blättchen klein schneiden. Knoblauchwürfel mit Zitronenschale und Minze vermengen. Mit Frischhaltefolie zugedeckt kalt stellen.

5. Nach etwa 60 Minuten Garzeit die Gemüse-, Kartoffelwürfel und Lorbeerblätter zu den Lammfleischwürfeln in den Topf geben. Mit Salz würzen. So viel heißes Wasser hinzugießen, dass die Zutaten bedeckt sind, zum Kochen bringen. Den Lammtopf zugedeckt weitere etwa 30 Minuten kochen lassen. Den Lammtopf mit den Gewürzen abschmecken.

6. Den Lammtopf anrichten und mit der kalt gestellten Zitronen-Minze-Mischung bestreuen.

Zucchinicremesuppe mit Muscheln | Für Gäste – mit Alkohol

4 Portionen

Pro Portion:
E: 7 g, F: 10 g, Kh: 7 g, kJ: 675, kcal: 161

1	*Knoblauchzehe*
2	*Zwiebeln*
3	*Zucchini (etwa 800 g)*
3 EL	*Olivenöl*
750 ml (3/4 l)	*Gemüsebrühe*
	Salz, frisch gemahlener Pfeffer
500 g	*frische Miesmuscheln (ersatzweise vakuumverpackt)*
75 ml	*trockener Weißwein*
150 ml	*Milch*
1 EL	*in feine Streifen geschnittenes Basilikum*

Zubereitungszeit: 30 Minuten
Garzeit Suppe: etwa 15 Minuten
Garzeit Muscheln: 5–7 Minuten

1. Den Knoblauch und 1 Zwiebel abziehen, in kleine Würfel schneiden. Die Zucchini waschen, abtrocknen und die Enden abschneiden. Die Zucchini in Scheiben schneiden. 2 Esslöffel des Olivenöls in einem Topf erhitzen. Die Knoblauch- und Zwiebelwürfel darin unter gelegentlichem Rühren andünsten. Zucchinischeiben eventuell portionsweise hinzugeben, unter Rühren etwa 2 Minuten mitdünsten lassen.

2. Die Brühe hinzugießen, mit Salz und Pfeffer würzen. Die Zutaten zum Kochen bringen und zugedeckt etwa 15 Minuten bei schwacher Hitze leicht kochen lassen. Anschließend die Suppe mit einem Stabmixer fein pürieren.

3. In der Zwischenzeit die Miesmuscheln in reichlich kaltem Wasser gründlich waschen und einzeln abbürsten, bis sie nicht mehr sandig sind (Muscheln, die sich beim Waschen öffnen, sind ungenießbar). Restliche Zwiebel abziehen und klein würfeln.

4. Restliches Olivenöl in einem weiten Topf erhitzen. Zwiebelwürfel darin goldgelb andünsten.

5. Wein und Muscheln hinzugeben, zum Kochen bringen und zugedeckt 5–7 Minuten bei mittlerer Hitze garen, bis sich alle Muscheln geöffnet haben. Den Topf dabei mehrmals schwenken (Muscheln, die sich nach dem Garen nicht öffnen, sind ungenießbar). Die Miesmuscheln mit einer Schaumkelle aus der Kochflüssigkeit nehmen. Die Kochflüssigkeit durch ein feines Sieb in einen Topf gießen.

6. Das Muschelfleisch aus den Schalen lösen und mit Weinsud und Milch zur pürierten Zucchinisuppe geben. Die Zucchinisuppe nochmals erwärmen, mit Salz und Pfeffer abschmecken und mit den Basilikumstreifen garniert servieren. Nach Belieben mit einigen Muschelschalen garnieren.

Tipps: Ganzjährig gibt es beim Fischhändler vakuumverpackte Miesmuscheln zu kaufen. Diese Muscheln müssen vor dem Kochen nur noch gewaschen werden. Da die Ware frisch verpackt wird, gibt es so gut wie keinen Ausschuss.
Servieren Sie die Suppe statt mit Muschelfleisch mit Räucherlachs in Streifen. Diese anstelle des Muschelfleisches wie in Punkt 6 beschrieben in die Suppe geben.

Zucchini-Kartoffel-Suppe | Einfach

4–6 Portionen

Pro Portion:
E: 4 g, F: 10 g, Kh: 10 g, kJ: 615, kcal: 147

600 g Zucchini
200 g festkochende Kartoffeln
1 mittelgroße Zwiebel
2 EL Speiseöl
Currypulver
Salz, frisch gemahlener Pfeffer
750 ml (3/4 l) Gemüsebrühe
2 EL Pinienkerne
1 Bund Dill
4–6 TL Crème fraîche

Zubereitungszeit: 35 Minuten, ohne Abkühlzeit
Garzeit: 15–20 Minuten

1. Die Zucchini waschen, abtrocknen und die Enden abschneiden. Von 1 Zucchini die grüne Schale grob raspeln und beiseitelegen. Die Zucchini in grobe Würfel schneiden. Kartoffeln waschen, schälen, abspülen, abtropfen lassen und in Würfel schneiden. Zwiebel abziehen, halbieren und klein würfeln.

2. Jeweils 1 Esslöffel Speiseöl in einem Topf erhitzen. Die Zucchini-, Kartoffel- und Zwiebelwürfel darin in 2 Portionen andünsten. Mit Curry, Salz und Pfeffer würzen. Brühe hinzugießen und zum Kochen bringen. Die Zutaten 15–20 Minuten kochen lassen.

3. Pinienkerne in einer Pfanne ohne Fett hellbraun anrösten, herausnehmen und auf einem Teller abkühlen lassen. Dill abspülen und trocken tupfen. Die Spitzen von den Stängeln zupfen (einige Spitzen zum Garnieren beiseitelegen), Spitzen klein schneiden.

4. Die Suppe pürieren, Zucchiniraspel (eventuell einige Zucchiniraspel zum Garnieren beiseitelegen) und Dill unterrühren. Die Suppe mit den Gewürzen abschmecken.

5. Die Suppe in Tellern verteilen. Jeweils 1 Teelöffel Crème fraîche in jeden Teller geben. Die Suppe mit den Pinienkernen und beiseitegelegten Zucchiniraspeln bestreuen. Mit den Dillspitzen garnieren.

Zucchini-Käse-Suppe I

Schnell – mit Alkohol

4 Portionen

Pro Portion:
E: 15 g, F: 26 g, Kh: 14 g, kJ: 1674, kcal: 400

500 g	*Zucchini*
30 g	*Butter oder Margarine*
1	*Knoblauchzehe*
2–3 EL	*Weizenmehl*
750 ml (3/4 l)	*Gemüsebrühe*
200 ml	*trockener Weißwein*
80 g	*Gouda-Käse*
200 g	*Sahne-Schmelzkäse*
1 Bund	*Dill*
	Salz
	frisch gemahlener Pfeffer

Zubereitungszeit: 25 Minuten
Garzeit: 3–5 Minuten

1. Die Zucchini waschen, abtrocknen und die Enden abschneiden. Die Zucchini grob raspeln. Butter oder Margarine in einem Topf zerlassen. Zucchiniraspel darin andünsten.

2. Knoblauch abziehen, durch eine Knoblauchpresse drücken und zu den Zucchiniraspeln in den Topf geben. Mehl daraufstäuben und kurz mit andünsten.

3. Brühe und Wein hinzugießen und gut unterrühren. Dabei darauf achten, dass keine Klümpchen entstehen. Die Zutaten unter Rühren zum Kochen bringen und 3–5 Minuten kochen lassen.

4. Den Käse grob reiben, mit dem Schmelzkäse in die Suppe geben und unter Rühren schmelzen lassen.

5. Dill abspülen und trocken tupfen. Die Spitzen von den Stängeln zupfen. Spitzen klein schneiden und in die Suppe geben. Die Suppe mit Salz und Pfeffer würzen.

Zucchini-Kokos-Suppe

Exotisch – schnell

4 Personen

Pro Portion:
E: 10 g, F: 28 g, Kh: 8 g, kJ: 1319, kcal: 317

3–4 Knoblauchzehen
2 Zwiebeln
800 g Zucchini
2 EL Speiseöl
600 ml Gemüsebrühe
400 ml ungesüßte Kokosmilch
100 g Schafkäse
1 Bund Schnittlauch
gemahlenes Zitronengras
Salz, frisch gemahlener Pfeffer

Zubereitungszeit: 30 Minuten
Garzeit: etwa 5 Minuten

1. Knoblauch und Zwiebeln abziehen, jeweils in kleine Würfel schneiden. Die Zucchini waschen, abtrocknen und die Enden abschneiden. Zucchini ebenfalls klein würfeln.

2. Jeweils etwas Speiseöl in einem großen Topf erhitzen. Die Knoblauch- und Zwiebelwürfel darin unter gelegentlichem Rühren andünsten. Die Zucchiniwürfel portionsweise hinzugeben, kurz mitdünsten lassen.

3. Gemüsebrühe und Kokosmilch hinzugießen, unter gelegentlichem Rühren zum Kochen bringen und zugedeckt etwa 5 Minuten bei schwacher Hitze kochen lassen.

4. In der Zwischenzeit den Schafkäse in kleine Würfel schneiden. Schnittlauch abspülen, trocken tupfen und in Röllchen schneiden. Schafkäsewürfel, Schnittlauchröllchen und etwas Zitronengras kurz in der Suppe erhitzen.

5. Die Suppe mit Salz, Pfeffer und eventuell Zitronengras pikant abschmecken. Die Suppe in Suppentassen füllen und heiß servieren.

Tipps: Zitronengras sollte stets etwas mitgekocht werden. So entfaltet sich das asiatische Gewürz besser. Schafkäse ist meist salzig, deshalb die Suppe vorsichtig mit Salz abschmecken.

Variante: Für eine **Möhrensuppe mit Kokosmilch** (4 Portionen) Zucchini durch die gleiche Menge Möhren ersetzen. Möhren putzen, schälen, abspülen, abtropfen lassen und in kleine Würfel schneiden. Die Suppe wie im Rezept beschrieben weiter zubereiten.

Zucchinisuppe mit gerösteten Sonnenblumenkernen I

Einfach – für Kinder

4 Portionen

Pro Portion:
E: 5 g, F: 9 g, Kh: 7 g, kJ: 580, kcal: 138

1 kg Zucchini
1 Zwiebel
1 Knoblauchzehe
1 EL Speiseöl
600 ml Gemüsebrühe
Salz, frisch gemahlener Pfeffer
frisch geriebene Muskatnuss
gemahlener Kümmelsamen
oder Koriander
2 EL Sonnenblumenkerne
3 EL Schlagsahne (30 % Fett)
1 EL fein gehackte Petersilie oder Dill

Zubereitungszeit: 35 Minuten, ohne Abkühlzeit
Garzeit: etwa 15 Minuten

1. Zucchini waschen, abtrocknen und die Enden abschneiden. Zucchini in Würfel schneiden. Zwiebel und Knoblauch abziehen, in kleine Würfel schneiden.

2. Das Speiseöl in einem Topf erhitzen. Zwiebel- und Knoblauchwürfel darin andünsten. Die Zucchiniwürfel hinzugeben und unter Rühren kurz mit andünsten.

3. Die Brühe hinzugießen, mit Salz, Pfeffer, Muskat und Kümmelsamen oder Koriander würzen. Die Zutaten zum Kochen bringen und zugedeckt etwa 15 Minuten bei schwacher Hitze kochen lassen.

4. Die Sonnenblumenkerne in einer Pfanne ohne Fett leicht bräunen, herausnehmen und auf einem Teller abkühlen lassen.

5. Die Suppe mit einem Stabmixer fein pürieren und nochmals kurz erhitzen. Die Suppe mit Salz und Pfeffer abschmecken, Sahne unterrühren.

6. Die Suppe mit Petersilie oder Dill und den Sonnenblumenkernen anrichten.

Zwiebelsuppe, überbacken

Klassisch – mit Alkohol

4 Portionen

Pro Portion:
E: 9 g, F: 21 g, Kh: 22 g, kJ: 1428, kcal: 341

etwa 600 g	*Zwiebeln*
50 g	*Butter oder Margarine*
850 ml	*Gemüsebrühe*
150 ml	*Weißwein*
	Salz
	geschroteter, weißer Pfeffer
30 g	*Butter*
8 Scheiben	*Baguette*
50 g	*geriebener Parmesan-Käse*

Zubereitungszeit: 35 Minuten
Garzeit: 10–15 Minuten

1. Zwiebeln abziehen, halbieren und in dünne Scheiben schneiden oder hobeln. Butter oder Margarine in einem Topf zerlassen. Die Zwiebelscheiben darin unter Rühren bei mittlerer Hitze andünsten.

2. Gemüsebrühe hinzugießen, zum Kochen bringen und zugedeckt 10–15 Minuten bei mittlerer Hitze gar kochen. Weißwein hinzugießen. Die Suppe mit Salz und Pfeffer würzen.

3. Den Backofengrill vorheizen.

4. Die Butter in einer großen Pfanne zerlassen. Die Baguettescheiben darin von beiden Seiten goldgelb rösten.

5. Die Zwiebelsuppe in große, feuerfeste Suppentassen füllen. Die Baguettescheiben darauf verteilen und mit Parmesan-Käse bestreuen.

6. Die Suppentassen auf dem Rost unter den vorgeheizten Backofengrill schieben. Die Suppe kurz überbacken, bis der Käse leicht gebräunt ist.

7. Die Zwiebelsuppe sofort servieren.

Tipps: Die Zwiebelsuppe als kleines Gericht servieren. Als Vorspeise reicht die Menge für 6 Portionen. Dann 45 g Butter oder Margarine, 6 Baguettescheiben und 45 g Parmesan-Käse verwenden.
Falls Sie keine hitzebeständigen Suppentassen haben, können Sie die Baguettescheiben auch getrennt zubereiten. Dafür die Baguettescheiben auf ein mit Backpapier belegtes Backblech legen und mit Parmesan-Käse bestreuen. Das Backblech in den vorgeheizten Backofen schieben. Die Baguettescheiben bei Ober-/Unterhitze: etwa 220 °C, Heißluft: etwa 200 °C etwa 5 Minuten überbacken. Die Baguettescheiben vor dem Servieren auf die Suppe geben.

Für Gäste

Für Kinder

Vegetarisch

Mit Alkohol

Schnell und einfach

Gut vorzubereiten

Für die Party

International

Deftig

Kaiserstraße 14 b
D-80801 München

3. Auflage 2016

ISBN: 978–3–7670–1720–7

Projektleitung: Carola Reich

Redaktionelle Mitarbeit: Annette Riesenberg

Lektorat: no:vum, Susanne Noll

Nährwertberechnungen: Nutri Service

Rezeptentwicklung und -beratung: Rocco Dressel
Anke Rabeler,

Titelgestaltung: kontur:design GmbH

Grafische Gestaltung und Satz: MDH Haselhorst

Fotografie: Thomas Diercks, Kai Boxhammer, Christiane Krüger (Seite 6, 8, 9, 13, 14, 18, 21, 23–25, 37, 38, 46–48, 53–56, 63, 66, 67, 69, 71, 76, 78, 87, 88, 90, 91, 93, 96–98, 103, 104, 106, 110, 111, 114–118, 121–123, 130, 135, 137, 139, 140, 143, 149–153, 156–158, 161, 162, 165, 167, 169–173, 177–179, 182, 183, 189, 191, 193, 195, 196, 199–201, 204, 210, 216, 217, 220, 221, 223–229, 231, 232, 234, 237, 239–242, 244–246, 248, 249, 252–254, 259–262, 267, 269, 271, 273, 275, 280, 281)
Walter Cimbal (Seite 57, 83)
Ulli Hartmann (Seite 19, 27, 31, 36, 42, 50, 68, 81, 95, 107, 125, 127, 136, 138, 141, 168, 185, 192, 203, 212, 219, 235, 268, 277, 278)
Ulrich Kopp (Seite 39, 43, 65, 198, 202)
Bernd Lippert (Seite 12, 35, 40, 49, 77, 80, 94, 102, 164, 213, 215, 218, 222, 236, 255, 266)
Herbert Maas (Seite 243)
Antje Plewinski (Seite 11, 26, 28, 41, 64, 82, 119, 128, 132, 145, 155, 180, 184, 186, 188, 230, 238, 247, 279)
Hans-Joachim Schmidt (Seite 5, 16, 17, 32, 45, 51, 52, 58, 60, 62, 70, 73–75, 84, 85, 92, 101, 105, 108, 109, 126, 131, 133, 134, 142, 146, 154, 159, 160, 174, 181, 206–208, 214, 233, 251, 257, 265, 270, 272, 276)
Axel Struwe (Seite 59, 113)
Norbert Toelle (Seite 22, 29, 30, 33, 112, 175, 205, 209, 263)
Brigitte Wegner (Seite 7, 15, 20, 61, 99, 120, 148, 163, 176, 187, 197, 256, 264)
Bernd Wohlgemuth (Seite 89)

Producing: Jan Russok, Peter Karg-Cordes

Druck & Bindung: Optimal media GmbH, Röbel/Müritz

Die Bücher und E-Books unter der Marke Dr. Oetker Verlag erscheinen als Lizenz in der ZS Verlag GmbH. www.oetker-verlag.de | www.facebook.de/Dr.OetkerVerlag

Die ZS Verlag GmbH ist ein Unternehmen der Edel AG, Hamburg.
www.zsverlag.de / www.facebook.de/zs-verlag

Für Fragen, Vorschläge oder Anregungen steht Ihnen der Verbraucherservice der Dr. Oetker Versuchsküche Telefon: 00800 71 72 73 74 Mo.–Fr. 8:00–18:00 Uhr, Sa. 9:00–15:00 Uhr (gebührenfrei in Deutschland) zur Verfügung.